kritik & *utopie* ist die politische Edition im mandelbaum *verlag*.
Darin finden sich theoretische Entwürfe ebenso wie Reflexionen aktueller sozialer Bewegungen, Originalausgaben und auch Übersetzungen fremdsprachiger Texte, populäre Sachbücher sowie akademische und außeruniversitäre wissenschaftliche Arbeiten.

Nähere Informationen unter
www.kritikundutopie.net

KRITIK UND AKTUALITÄT DER REVOLUTION

herausgegeben von Martin Birkner
und Thomas Seibert

mandelbaum *kritik & utopie*

© mandelbaum *kritik* & *utopie*, wien, berlin 2017
alle Rechte vorbehalten

Lektorat: Elvira Gross
Satz & Umschlaggestaltung: Michael Baiculescu
Druck: Primerate, Budapest

Inhalt

7   Einleitung

    KARL REITTER
13 Klassenbewusstsein oder Arbeiterbewusstsein?
    Kann es heute noch eine proletarische Revolution geben?

    GEROLD WALLNER
29 Die bürgerliche Gesellschaft und ihre Revolution

    CLAIRE FONTAINE
49 Die Proletarier*innen, das Volk und die Plebs
    Fremde unter uns von 77 bis heute

    SILVIA FEDERICI
71 Marx, der Feminismus und der Aufbau der Commons

    MICHAEL HARDT UND SANDRO MEZZADRA
109 Versuch, groß zu denken
    Der Oktober 1917 und seine Folgen

    RITA CASALE
131 Die Heimatlosen der bürgerlichen Moderne

    THOMAS SEIBERT
151 Drei Thesen zur Existenzökologie der Revolution

    ISABELL LOREY
173 Zur Wiederkehr der Revolution

    GERALD RAUNIG
195 Die molekulare Revolution
    Sozialität, Sorge, Stadt

ULRICH BRAND
211 Sozial-ökologische Transformation als „halbe Revolution"
Perspektiven eines kritisch-emanzipatorischen Verständnisses

DENNIS EVERSBERG
231 Nach der Revolution
Degrowth *und die Ontologie der Abwicklung*

253 Autor_innen und Herausgeber

Einleitung

1917 erlebte die Welt den ersten Versuch einer sozialistischen Revolution. Die Überwindung der russischen Feudalgesellschaft sollte den Auftakt einer weltweiten Umwälzung bilden, um Unterdrückung und Ausbeutung ein für alle Mal abzuschaffen. 1989 riefen die kapitalistischen Sieger*innen der Blockkonfrontation das „Ende der Geschichte" aus. Die Krisen, aber auch soziale Bewegungen und das Emanzipationsdenken der letzten Jahre beweisen die Vorzeitigkeit dieses Diktums.

Die Beiträge dieses Bandes widmen sich der Frage, ob und inwiefern eine revolutionäre Umwälzung heute, 100 Jahre nach der Russischen Revolution, noch möglich und sinnvoll ist.

Maßgebende Parameter kapitalistischer Vergesellschaftung haben sich seither grundstürzend verändert. Erinnern wir das historisch zuvor ungekannte, auch unvorstellbare Zerstörungswerk des Zweiten Weltkriegs, das Entstehen und Vergehen der sowjetischen Satellitenregime in Osteuropa, das Scheitern der anti- und postkolonialen Staatsgründungen. Nennen wir die Zersetzung des fordistischen Klassenkompromisses im Westen, die längst noch nicht ausgeschöpfte, vielleicht nur unterbrochene Revolution von 1968 und ihre postfordistisch-neoliberale Absorption. Verweisen wir auf die wahrhaft weltgeschichtliche Revolution des Städtischen, die kybernetische Durchdringung und Überformung jeder Dimension des Lebens und die beiden Bewegungen gleichzeitige, zuvor unabsehbare Wiederkehr der Religion. Beziehen wir diese Entwicklungen auf das vielleicht apokalyptische Gefüge sich gegenseitig verstärkender Krisen, welches als „Vielfachkrise" zwar benannt, doch längst noch nicht begriffen ist. Zeigen wir, jetzt im

Blick auf das Tagesgeschehen, das Verdämmern des Politischen im Pseudoantagonismus von Terror und Antiterror und unsere Ratlosigkeit vor dem Aufstieg von zugleich vor- und nachmodernen Nationalismen und Rassismen wie vor der Normalisierung eines Ausnahmezustands, dessen Herr*innen vielerorts gar nicht mehr versuchen, die Gewaltförmigkeit ihrer Herrschaft zu kaschieren.

Eine grundlegende gesellschaftliche Transformation über den Kapitalismus hinaus ist dringlicher denn je. Sie entspräche dem Reichtum der Weltgesellschaft, dem Vergesellschaftungsgrad der Arbeit sowie dem Entwicklungsstand der gesellschaftlichen Produktivkräfte. Sie entspräche den Interessen, den Einsichten, den Wünschen und dem Begehren der vielgestaltig und unterschiedlich erfolgreichen Widerstände, die seit dem Ende der 1990er Jahre Kapitalismuskritik wieder gesellschaftsfähig und Geschichte zumindest wieder möglich gemacht haben. Zur möglichen Wiederkehr von Geschichte gehört, dass die Anrufung eines Kollektivsubjekts der Befreiung der Gesellschaft kaum noch jemanden überzeugt: Die „Arbeiterklasse" als mit „historischer Mission" ausgestattete, einheitliche oder zumindest zu vereinheitlichende Figur hat die Bühne der Geschichte verlassen. Bereits die neuen sozialen Bewegungen der 1970er Jahre stellten die Zentralität der Klassenfrage theoretisch und praktisch infrage. Antikoloniale, Frauen-, Student*innen-, Umwelt-, Jugend- und queere Bewegungen verwiesen mit Nachdruck auf die jeweils eigenen Widersprüchlichkeiten, Kampfformen und Emanzipationsvorstellungen, und allesamt zerstörten sie den Alleinvertretungsanspruch der Arbeiterbewegung und ihrer klassischen und hierarchischen (Partei-)Organisationen.

Allerdings verminderte sich dadurch nicht die Bedeutung von Ausbeutung für den postfordistischen Kapitalismus – ganz im Gegenteil: Flexibilität und Autonomie, einst Ziel und Inhalt widerständigen politischen Strebens, wurden zu zentralen Figuren neoliberaler Selbstzurichtung für einen deregulierten und allgegenwärtigen Arbeitsmarkt von Ich-AGs. Dennoch verlangt auch die veränderte Arbeitsteilung des Postfordismus eine analoge Neuzusammensetzung der kollektiven (Klassen-)Subjekte, ihrer Verbindung, Kooperation und Kommunikation. Gesteuert werden diese Formen der Relation nicht mehr durch unmittelbaren Zwang und Fabriksdisziplin, sondern durch die vermeintlich stummen Zwänge des „freien Marktes". Dies erschwert zwar einen koordinierten kollektiven Widerstand, bringt aber auch neue Verwundbarkeiten des Systems ans Tageslicht. Eine Just-in-Time-Produktion kann eben auch in Echtzeit angegriffen und unterbrochen werden. Wie aber können solche – notwendigen – Unterbrechungen und Destitutionen in Prozesse der Neukonstitution einer post-kapitalistischen Gesellschaft übergehen, welche Machtmittel braucht es, welche Institutionen müssen dafür zerstört, transformiert oder neu geschaffen werden? In der Linken wird gegenwärtig viel über Begriffe wie „Futuring", „Transformation" und „Transition" diskutiert, mit dem Anspruch, die traditionellen Schemata von Reform und Revolution neu zu akzentuieren und zugleich Bewegungsformen von Geschichte bestimmen zu können, die mehr und anderes als Bewegungen von Reform oder Revolution wären. Liegen in ihnen vielleicht die maßgeblichen Gründe, warum das überkommene Begriffsregister der Linken der Arbeiter*innenbewegung nicht mehr in der Lage zu sein scheint, ein Bündnis zwischen Theorie und „wirklicher Bewegung" hervorzubringen?

Wie aber können die mannigfaltigen Widerstände gegen Ausbeutung, Unterdrückung und Diskriminierung in eine gemeinsame Strategie zusammengeführt werden, ohne einer Vereinheitlichung subsumiert und damit abgewertet zu werden? Kann der Bezug auf die „klassischen" Revolutionen von 1789 bis 1917 überhaupt noch sinnstiftend für künftige gesellschaftliche Umwälzungen sein? Was lernen wir aus der offensichtlichen Kontinuität der jeder Revolution folgenden Konterrevolutionen? Ist angesichts der unterschiedlichen Geschwindigkeiten, ja Zeitlichkeiten von politischem und sozialem Wandel eine umfassende gesellschaftliche Revolution im Singular überhaupt sinnvoll denkbar? Was lässt sich in den Begriffen der schlechten gegenwärtigen Gesellschaft überhaupt über Befreiung aussagen?

Diese und viele andere Fragen stehen im Fokus der folgenden Beiträge. Einige sind dabei stärker historisch orientiert, andere zielen auf gegenwärtige politische Bewegungen oder gar auf Tendenzen einer (post)revolutionären Zukunft. Dem entspricht die Reihenfolge der hier versammelten, bewusst nicht in Kapitel gegliederten Beiträge. Die Herausgeber empfehlen deshalb auch keine spezifische Lesereihenfolge. Im Unterschied zu den vielen – und keineswegs unbedeutenden – Neuerscheinungen, die sich jubiläumsbedingt mit der Geschichte insbesondere der russischen Revolution auseinandersetzen, sollen die Beiträge dieses Bandes den Blick öffnen für die not-wendigen Umwälzungen im Hier und Jetzt. Die meisten Texte sind aus philosophischer Perspektive verfasst: Sie arbeiten sich nicht zuletzt an der Bereitstellung und Sinngebung von Begriffen ab, in denen über eine radikale Umwälzung des Bestehenden überhaupt erst nach- oder vielmehr vorausgedacht werden kann. Bei aller Unterschiedlichkeit der Beiträge sind ihnen doch mindestens drei Dinge gemein:

- Es gibt keine Garantie auf eine Vollendung von Geschichte, vielleicht kämpfen wir auf verlorenem Posten.
- Es gibt kein einheitliches revolutionäres Subjekt, das im Prozess der Revolution seine Identität bestätigt oder überhaupt erst herstellt.
- Die „Partei im großen historischen Sinne" ist nur insoweit eine Möglichkeit, als sie ein Ding der Unmöglichkeit ist. Als solche lohnt sie allemal den Einsatz.

Wir hoffen, mit diesem Band einen kleinen Teil dazu beitragen zu können, dass eine emanzipatorische Linke Umgangsweisen und Strategien (er)findet, die der Befreiung von einem Kapitalismus des 21. Jahrhunderts gerecht werden. Die alte Welt hat jeden Kredit bei den Menschen und ihrer Umwelt verspielt. Es gilt, darin die Versuchsanordnung zu erkennen und wo nötig noch einmal die Vorstellungen zu hinterfragen, die wir uns von der Veränderung der Gesellschaft machen. Dabei können alte Fragen plötzlich zu Fragen von äußerster Dringlichkeit werden, zu Fragen, die keinen Aufschub dulden.

Wien und Frankfurt a. M., im Oktober 2017

Martin Birkner und Thomas Seibert

KARL REITTER

Klassenbewusstsein oder Arbeiterbewusstsein?
Kann es heute noch eine proletarische Revolution geben?

Die Russische Revolution ist untrennbar mit dem Namen Marx, der Name Marx wiederum mit Klassenkampf und dem Begriff des Proletariats verbunden. In den gegenwärtigen Debatten um die Problematik einer möglichen Revolution werden zwei dieser drei genannten Bezugspunkte in der Regel nobel übergangen. Hat Marx Konjunktur, wird so etwas wie Klassenkampf noch irgendwie verschämt anerkannt, fungiert der Ausdruck Proletariat als heißes Eisen, das man lieber nicht anfasst. Ein Proletariat, jedenfalls eines im Sinne von Marx, scheint es nicht mehr zu geben. Die Frage auf der Höhe der Zeit müsste also lauten: Ist eine Revolution im Sinne von Marx angesichts des Fehlens des revolutionären Subjekts Proletariat überhaupt noch zeitgemäß? Die weit verbreitete Antwort lautet: Nein, eine proletarische Revolution sei obsolet. Es ist wahrlich ein seltsamer Konsens, der bürgerlich-akademische SoziologInnen, oppositionelle AktivistInnen, sich als revolutionär verstehende Gruppierungen und linke PublizistInnen eint: Das Proletariat als revolutionäres Subjekt sei Geschichte. Nur noch ein kleines Häuflein unentwegter ML-Gruppen und trotzkistischer Kader lässt verlautbaren, es habe sich im Grunde gar nichts verändert, das Proletariat gebe es sehr wohl, etwas geschrumpft in Europa, dafür um so mächtiger in China und anderen Ländern des Südens entstanden. So wirklich überzeugt diese Rede aber nicht. Wo soll sie in der Tat sein, die einst mächtige ArbeiterInnenklasse, wo ihre Organisationen, wo soll sich Klassenbewusstsein manifestieren? Zweifellos, völlig verschwunden ist es nicht, das Objekt revolutionärer Begierden. Donald Trump und Bernie Sanders hatten jeder auf seine Art begriffen, dass es eine kleine, aber doch existente Industriearbeiterschaft als Adressat politischer Botschaften gibt; Hillary Clinton kannte diese Gruppe offenbar nur vom Hörensagen. Aber die Arbeiter des niedergehenden Rust Belts in den USA können schwerlich als genuine Erben der historischen ArbeiterInnenklasse vorgeführt werden. Zumal solche traditionellen Arbeiterschichten, wie sie gerne bezeichnet werden, offenbar eine fatale Neigung haben, auch rechte und rechtspopulistische Parteien zu wählen.Auf das offenbare Verblassen des Proletariats gibt es mehre Reaktionen. Eine wurde bereits genannt: Es habe sich nichts geändert wird verkündet. Eine weitere Reaktion besteht in der Schaffung eines Marxismus ohne ArbeiterInnenklasse und Klassenkampf. Als ProtagonistInnen dieser Strömung wären unter anderem Moishe Postone und Michael Heinrich zu nennen. Ob und in welcher Form es das Proletariat noch gibt, ist für diese Denkrichtung weitestgehend unerheblich. Die kapitalistische Produktionsweise wird primär als durch Fetischverhältnisse bestimmt dargestellt. Alle wichtigen Charakteristika des Kapitalismus werden als klassenübergreifend ausgewiesen. *All-time-favorite* ist zweifellos die Rede vom „automatischen Subjekt Kapital", das als das tatsächliche Subjekt alle, egal ob Kapitalist oder ArbeiterInnen, den selben Sachzwängen unterwerfen würde. Das klingt dann zum Beispiel folgendermaßen:

> „Die einzelnen Akteure sind diesem ‚gesellschaftlichen Naturzusammenhang' genauso unterworfen wie dem Wetter oder irgendwelchen Naturkatastrophen. […] Es ist nur die andere Seite der unpersönlichen Herrschaft, dass die Individuen

einer bestimmten Sachlogik[1] folgen müssen, wenn sie ökonomisch überleben wollen." (Heinrich 2012: 27 ff.)
Die Pointe dabei: Tatsächlich formuliert Marx eine Figur der Entfremdung, der alle mehr oder minder unterworfen sind. Salopp gesagt, auch KapitalistInnen sind von wirtschaftlichen Krisen betroffen, wenn auch nicht mit gleicher Wucht wie Lohnabhängige und SubsistenzarbeiterInnen. Aber die Krisenhaftigkeit der kapitalistischen Ökonomie ist bei Marx nur ein Aspekt unter vielen anderen. Selbst das im engen ökonomischen Sinne Entscheidende ist immer noch der Klassenkampf, der über Länge und Intensität der Mehrarbeit entscheidet. Aus der Mehrarbeit entspringt der Mehrwert, aus dem Mehrwert wiederum das Kapital. „Früher hatten wir zu betrachten, wie der Mehrwert aus dem Kapital, jetzt wie das Kapital aus dem Mehrwert entspringt." (MEW 23: 605) Deswegen ist das Kapital auch als soziale Klassenbeziehung zu dechiffrieren. Ich führe den (eher bescheidenen) Erfolg dieser Strömung auf die Tatsache zurück, dass sie einen Marxismus ermöglicht, ohne so uncoole Worte wie Proletariat oder Klassenkampf in den Mund nehmen zu müssen. Ihre Handlungsorientierung kann als durchaus bescheiden bezeichnet werden: Es gelte, die Mechanismen des Kapitalismus zu begreifen und aufbauend auf diesen Einsichten den Kapitalismus abzuschaffen. Im Gegensatz dazu wartet der Diskurs um „das Politische" mit einem Feuerwerk an politisch-strategischen Begriffen und Orientierungen auf. Diese Theorie, unter anderem von Ernesto Laclau

---

1   Heinrich spricht offenbar bewusst nicht vom Wertgesetz, dem alle zu folgen hätten. Denn, wie Marx zeigt, es verkehren sich die Verhältnisse auf der Oberfläche der Zirkulation. Das Wertgesetz kann sich nur hinter dem Rücken und jenseits des Bewusstseins der Akteure durchsetzen, oder wie Paul Mattick konstatiert: „Das Wertgesetz kann nicht angewandt werden." (Mattick 1971: 332) Aber was meint Sachlogik dann? Erkenntnisse wie jene, dass man aus Dauer nicht mehr ausgeben als einnehmen kann?

und Chantal Mouffe erfunden, entsorgt die Frage nach dem Proletariat durch den Bannfluch des Ökonomismus. Die Positionierung des Individuums in ökonomischen Verhältnissen wird als letztlich belanglos ausgeschieden, wer dies nach wie vor als relevant erachte, denke ökonomistisch. Nicht Proletarier oder Bourgeois würden als politisch handelnde Subjekte agieren, sondern eben *Citoyens,* Bürger und Bürgerinnen. An die Stelle des Klassenkampfes tritt das Ringen um Hegemonie, wobei das Ziel der Hegemonie zumeist vage als Durchsetzung von Demokratie bestimmt wird. Da dieser Diskurs Anschlüsse an diverse Philosophien, etwa jene von Hannah Arendt oder Claude Lefort und nicht zuletzt an poststrukturalistische Meistererzählungen erlaubt, erfreut er sich einiger Beliebtheit, nicht zuletzt im akademischen Milieu. Auch hier liegt der Gewinn auf der Hand: Von Klassenkampf, Proletariat und ähnlichem altmodischen Zeugs muss nicht gesprochen werden. Ich vermute, dass der Mehrzahl jener, die sich am Diskurs um das Politische orientieren, kaum auffällt, dass sie jenen *Citoyen* zum politischen Subjekt hochstilisieren, den Marx in *Zur Judenfrage* als Resultat der sich selbst blockierenden bürgerlichen Revolution ausweist. Dort heißt es nämlich:

„Wo der politische Staat seine wahre Ausbildung erreicht hat, führt der Mensch nicht nur im Gedanken, im Bewußtsein, sondern in der Wirklichkeit, im Leben ein doppeltes, ein himmlisches und ein irdisches Leben, das Leben im politischen Gemeinwesen, worin er sich als Gemeinwesen gilt, und das Leben in der bürgerlichen Gesellschaft, worin er als Privatmensch tätig ist, die andern Menschen als Mittel betrachtet, sich selbst zum Mittel herabwürdigt und zum Spielball fremder Mächte wird. [...] Die Differenz zwischen dem religiösen Menschen und dem Staatsbürger ist die Differenz zwischen dem Kaufmann und dem Staatsbürger, zwischen dem Taglöhner und dem Staatsbürger, zwischen dem Grundbesit-

zer und dem Staatsbürger, zwischen dem *lebendigen Individuum* und dem *Staatsbürger*." (MEW 1: 354 f.)
Das Schwebende, die Losgelöstheit von konkreter sozial-ökonomischer Positionierung, das „himmlische Leben" bei Marx, wird vom Diskurs um „das Politische" mittels wuchernder Rhetorik zum Vorteil umgedeutet. That's all – im Prinzip.

Die vierte, wohl interessanteste Reaktion auf das offensichtliche Verblassen des Proletariats, besteht in dem Versuch, neue soziale Subjekte ausfindig zu machen, die das Erbe der ArbeiterInnenklasse antreten könnten. Die wichtigsten Begriffe sind wohl *Multitude,* von Antonio Negri und Michael Hardt im Anschluss an Spinoza entwickelt, das Konzept des *Prekariats* von Guy Standing, das *Multiversum der WeltarbeiterInnenklasse* von Karl-Heinz Roth und Marcel von der Linden, aber auch das *Wir sind die 99 Prozent* der Occupy Bewegung. Es wird meine LeserInnen kaum überraschen, dass ich diese Überlegungen für die ernsthaftesten halte, methodisch der „Es hat sich seit Lenin kaum etwas geändert"-Orientierung, dem Marxismus ohne Klassen und Klassenkampf und der Rede vom Politischen weit überlegen. Mit diesen Theorien wird ernsthaft die Frage nach sozialen Transformationsprozessen gestellt, die das Proletariat verändert oder abgelöst haben. Deswegen will ich hier auf nähere Charakterisierungen verzichten, zumal diese Denkweisen wiederum recht unterschiedlich sind und jede für sich einer spezifischen Würdigung bedürfen.

Seltsam ist, dass so manche, die im Brustton der Überzeugung das Ende des Proletariats verkünden, wenig Probleme damit haben, die Existenz und Wirksamkeit des Kapitals weiterhin anzuerkennen. Aber wie kann es ein Kapital geben ohne Proletariat? Das ist so eigenartig, wie die Existenz von Bergen zu behaupten, aber zu meinen, die Täler wären verschwunden. Ganz verwunderlich ist diese Auffassung aber auch wieder nicht. Wie Marx insbesondere im Abschnitt „Die Trinitarische Formel" im III Band des

Kapital zeigt, muss es so scheinen, als ob Arbeit, Boden und Kapital von einander unabhängige, für sich existierende, ewige Produktionsfaktoren darstellen würden. Wenn die Lohnarbeit als die „natürliche", „eigentliche" Form der Arbeit missgedeutet wird, dann kann diese Arbeit auch von der historischen Arbeiterschaft getrennt betrachtet werden. Für das Alltagsbewusstsein stellt sich dies etwa so dar: Alle üben Lohnarbeit aus, Männer wie Frauen, Einheimische wie MigrantInnen, Gebildete wie Ungebildete, Junge wie Alte. Früher war die Mehrzahl der Lohnempfänger eben ArbeiterInnen, heute sind sie nur noch eine kleine Gruppe, wie die Beamten, ebenfalls eine schwindende Spezies. Da aber das Proletariat im Marx'schen Sinne eben mit einer bestimmten, geschichtlich vergänglichen Arbeiterschaft und Arbeiterkultur identifiziert wird, soll das eine mit dem anderen verschwunden sein. Geblieben sei jedoch die Lohnarbeit, die eben nun durch „Menschen" mit verschiedensten Merkmalen ausgeübt wird. Aus einer notwendigen Relation, aus der Verknüpfung von Kapital und Proletariat, werden in der „Religion des Alltagslebens" (MEW 25: 838) für sich existierende Faktoren. So gibt es im Alltagsbewusstsein Kapital ohne Arbeit, Arbeit wiederum ohne den nötigen sozialen Träger, eben dem Proletariat. Ebenso werden Zins und Grundrente ohne Bezug zum Profit gedacht. Wie die Dinge erscheinen, so werden sie auch verstanden, so als ob das Wasser, das aus einer Quelle fließt, auch dort entstehen würde. Wenn wir das Kapital begreifen wollen, müssen wir an seinem Gegensatz, dem Proletariat, festhalten. Aber wie das scheinbare Rätsel des geschwundenen Proletariats lösen?

Ich kommen nun zum Kern meiner Argumentation. Mein zentrales Argument lautet: Die historische Arbeiterschaft war bloß eine bestimmte kulturelle Ausprägung des Proletariats, welches gegenwärtig zahllose andere Formen angenommen hat. Das bedeutet jedoch auch: *Das Arbeiterbewusstsein ist keineswegs Basis oder gar notwendiger Ausgangspunkt des Klassenbewusstseins. Diese Auffassung muss radikal überwunden werden.*

Für Marx war es selbstverständlich, ebenso für Engels, unzweifelhaft auch für Lenin – kurzum für wohl alle Denker und AktivistInnen der kommunistischen Bewegung: Arbeiterbewusstsein ist keineswegs gleichbedeutend mit Klassenbewusstsein, schon gar nicht mit revolutionärem. Aber Klassenbewusstsein könne nur aus dem Arbeiterbewusstsein erwachsen. Das war sozusagen in Stein gemeißelt: *Das Arbeiterbewusstsein ist die Basis, der Ausgangspunkt und die Grundlage des Klassenbewusstseins.* Wie sich diese Weiterentwicklung vollziehen kann, darüber gingen die Meinungen auseinander. Marx dachte diese Dynamik offenbar als evolutionären Prozess. Wobei festzuhalten ist, dass es die Ausdrücke „Klasse an sich" und „Klasse für sich" bei Marx gar nicht gibt. Diese zwei Stufen der Theorie wurden in Marx hineininterpretiert. Offenbar auch unter dem Einfluss von Lenin, der auf die ideologische Intervention einer Avantgardepartei setzte. Luxemburg und andere hielten Erfahrung und Selbstermächtigung für die entscheidenden Hebel. Aber dass der Adressat revolutionärer Politik unabänderlich jene soziale Gruppe sein muss, die sich als ArbeiterInnen versteht, das schien unmittelbar evident. Schon deshalb war die Lenin'sche Formel vom „trade-unistischen" Bewusstsein als Ausgangspunkt für tatsächliches Klassenbewusstsein so überzeugend. Alles sprach dafür. Historisch entstand unübersehbar eine Arbeiterschaft, die sich als solche begriff und auch von anderen sozialen Gruppen als solche wahrgenommen wurde. Diese Arbeiterschaft war aber das Milieu, in dem so etwas wie Klassenbewusstsein entstehen konnte, wo sonst? Es schien so, als ob dieses Arbeiterbewusstsein die Vorstufe, den Keim, die erste Etappe zum Klassenbewusstsein darstellte. Das war so selbstverständlich wie die Tatsache, dass auf die Nacht der Tag folgt. *Das Arbeiterbewusstsein fungierte als sinnliche Gewissheit für die Möglichkeit des*

Klassenbewusstsein. Nun ist dieses Arbeiterbewusstsein massiv geschwunden. Genüsslich rechnet uns die bürgerliche Soziologie vor, dass es kaum noch Menschen gibt, die sich bewusst als Arbeiter und Arbeiterinnen verstehen. Aber wenn die Bedingung für revolutionäres Klassenbewusstsein fehlt, nämlich das Arbeiterbewusstsein, dann sieht es auch düster mit revolutionärem Klassenbewusstsein und der proletarischen Revolution aus.

An sich ist am Entstehen wie am Schwinden des Arbeiterbewusstseins nichts Geheimnisvolles oder Rätselhaftes. Jede soziale Gruppe, die über bestimmte, klar erkennbare Merkmale verfügt, bildet ein Bewusstsein von sich selbst aus. Wir wissen, soziale Identitäten erwachsen zudem auch aus anderen Faktoren als nur aus der Art und Weise des Broterwerbs, siehe Religion, Geschlecht oder geographische Herkunft. Wenn sich klar erkennbare soziale Schichten und Gruppen ausbilden, dann schlägt sich dieses Faktum auch im Alltagsbewusstsein nieder. Für entscheidend halte ich die klare Abgrenzbarkeit von sozialen Merkmalen. Ich möchte dies am unverfänglicherem Beispiel der Studentenschaft illustrieren. Im 19. und noch lange im 20. Jahrhundert stellte die Studentenschaft eine klar abgeschottete Gruppe junger Männer aus „gutem Hause" mit gesicherter sozialer Perspektive dar, entsprechende Treffpunkte und Rituale inklusive. Die Entwicklung zur Massenuniversität löste diese klar ersichtliche und abgegrenzte soziale Identität auf. Studierender kann gegenwärtig, zumindest in unseren Breiten, jeder und jede sein. Oftmals ist es nicht klar, handelt es sich um eine Studentin, die auch für Lohn arbeitet, oder um eine Lohnabhängige, die auch studiert. Die radikale Verallgemeinerung des Status der Lohnabhängigkeit brachte auch die Abgrenzungen der Arbeiterschaft zum Verschwinden. Dass die Transformation des Fordismus zum Neoliberalismus als intendierte Auflösung gesellschaftlicher Großgruppen wirkte, ist geradezu ein Gemeinplatz. Die recht klare Trennung der Lohnabhängigen in

Beamte, Angestellte und Arbeiter im Fordismus wurde in dem Maße obsolet, in dem eine weitgehende Angleichung, sprich Verschlechterung, der sozialen Existenzsituation durchgesetzt werden konnte. Zusammenfassend kann gesagt werden: Eine klar abgegrenzte Arbeiterschaft mit eindeutigen Wohnorten, zuordenbarer Kultur und identifizierbaren politischen VertreterInnen ist geschwunden. Ist es tatsächlich verwunderlich, dass unter diesen gesellschaftlichen Voraussetzungen jede soziale Basis für ein allgemeines Arbeiterbewusstsein fehlt?

Identifizieren wir Proletariat *nicht* mit bestimmten, deskriptiv zu erfassenden Arbeitermilieus, so zeigt es sich, dass das Proletariat sich erst gegenwärtig in jener Form verwirklicht, die Marx vor Augen hatte. Marx knüpfte seinen Proletariatsbegriff niemals an ein bestimmtes Bewusstsein oder gar an die Existenz einer spezifischen Arbeiterkultur. Die Marx'sche Aussage „Sowenig man das, was ein Individuum ist, nach dem beurteilt, was es sich selbst dünkt" (MEW 13: 9) gilt selbstredend auch für das Proletariat. Marxens Verständnis ging auch weit über jene doppelte Freiheit hinaus, mit der der Begriff der ArbeiterInnenklasse oftmals identifiziert wird. Zumeist wird folgende Passage zitiert und suggeriert, damit sei schon vieles, wenn nicht alles gesagt:

> „Zur Verwandlung von Geld in Kapital muß der Geldbesitzer also den freien Arbeiter auf dem Warenmarkt vorfinden, frei in dem Doppelsinn, daß er als freie Person über seine Arbeitskraft als seine Ware verfügt, daß er andrerseits andre Waren nicht zu verkaufen hat, los und ledig, frei ist von allen zur Verwirklichung seiner Arbeitskraft nötigen Sachen." (MEW 23: 183)

In den elaboriertesten Passagen bei Marx wird das Proletariat hingegen systematisch als ein Pol eines sozialen Verhältnisses, des Klassenverhältnisses, bestimmt. Die doppelte Freiheit ist bloß ein Aspekt der sozialen Existenzweise des Proletariats. Es lohnt sich, folgende Absätze genau und aufmerksam durchzulesen, wenn verstanden werden soll, wie Marx das Proletariat tatsächlich definiert. Von irgendeiner Selbstzuschreibung oder gar einer ausgeprägten ArbeiterInnenkultur ist darin nicht im Ansatz die Rede.

„Der letzte Punkt, worauf noch aufmerksam zu machen ist, in der Arbeit, wie sie dem Kapital gegenübersteht, ist der, daß sie als *der* dem als Kapital gesetzten Geld gegenüberstehende Gebrauchswert nicht diese oder jene Arbeit, sondern *Arbeit schlechthin,* abstrakte Arbeit ist; absolut gleichgültig gegen ihre besondre *Bestimmtheit,* aber jeder Bestimmtheit fähig. Der besondren Substanz, worin ein bestimmtes Kapital besteht, muß natürlich die Arbeit als besondre entsprechen; aber da das Kapital *als solches* gleichgültig gegen jede Besonderheit seiner Substanz, und sowohl als die Totalität derselben wie als Abstraktion von allen ihren Besonderheiten ist, so die ihm gegenüberstehende Arbeit hat subjektiv dieselbe Totalität und Abstraktion an sich. In der zunftmäßigen, handwerksmäßigen Arbeit z. B., wo das Kapital selbst noch eine borniete Form hat, noch ganz in bestimmte Substanz versenkt ist, also noch nicht *Kapital als solches* ist, erscheint auch die Arbeit noch als versenkt in ihre besondre Bestimmtheit: nicht in der Totalität und Abstraktion, als *die* Arbeit, wie sie dem Kapital gegenübersteht. D. h., die Arbeit ist zwar in jedem einzelnen Fall eine bestimmte; aber das Kapital kann sich jeder *bestimmten* Arbeit gegenüberstehen; die *Totalität* aller Arbeiten steht ihm *dynamai* gegenüber, und es ist zufällig, welche ihm gerade gegenübersteht.

Andrerseits ist der Arbeiter selbst absolut gleichgültig gegen die Bestimmtheit seiner Arbeit; sie hat als solche nicht Interesse für ihn, sondern nur soweit sie überhaupt *Arbeit* und als solche Gebrauchswert für das Kapital ist. Träger der Arbeit als solcher, d. h. der Arbeit als *Gebrauchswert* für das Kapital zu sein, macht daher seinen ökonomischen Charakter aus; er ist *Arbeiter* im Gegensatz zum Kapitalisten. Dies ist nicht der Charakter der Handwerker, Zunftgenossen etc., deren ökonomischer Charakter grade in der *Bestimmtheit* ihrer Arbeit und dem Verhältnis zu einem *bestimmten Meister* liegt etc. Dies ökonomische Verhältnis – der Charakter, den Kapitalist und Arbeiter als die Extreme eines Produktionsverhältnisses tragen – wird daher desto reiner und adäquater entwickelt, je mehr die Arbeit allen Kunstcharakter verliert; ihre besondre Fertigkeit immer mehr etwas Abstraktes, Gleichgültiges wird und sie mehr und mehr *rein abstrakte Tätigkeit,* rein mechanische, daher gleichgültige, gegen ihre besondre Form indifferente Tätigkeit wird; bloß *formelle* Tätigkeit oder, was dasselbe ist, bloß *stoffliche,* Tätigkeit überhaupt, gleichgültig gegen die Form." (MEW 42: 218 f.)

Zusammenfassend kann also gesagt werden: Proletarier zu sein bedeutet, dem Kapital als abstraktes Arbeitsvermögen, das tendenziell zu jeder bestimmten Arbeit eingesetzt werden kann, gegenüberzustehen. Zeichnet sich die vor- und frühkapitalistische Arbeitskraft durch eine besondere Bestimmtheit aus (ich bin Schlosser, ich bin Buchdrucker usw.), eine Bestimmtheit, die notwendig ein ebenso bestimmtes Standes- und Schichtbewusstsein ergibt („wir Buchdrucker"), müssen entwickelte kapitalistische Verhältnisse dazu tendieren, die Arbeitskraft von allen bestimmten und identitätsprägenden Qualifikationen abzulösen. Das Kapital fordert zunehmend die Bereitschaft, ganz allgemein „Hirn, Nerv, Muskel, Sinnesorgan usw." (MEW 23: 85) zu verausgaben und dergestalt auf dem Arbeitsmarkt anzubieten. Dass die Anforderungen und Qualifikationsprofile im Neoliberalismus dazu tendieren, dürfte allgemein bekannt sein. Ebenso ist es evident, dass immer mehr Berufe und Tätigkeiten durch unsichere und wechselhafte Verhältnisse bestimmt werden. Privilegien und Vorrechte werden genommen, immer mehr Menschen üben im Laufe ihres Lebens unterschiedliche Tätigkeiten aus. Qualifikationen, zumal akademische, werden entwertet. Zugleich zwingt die – ebenso von Marx erwartete – Massenarbeitslosigkeit zum brutalen Kampf um Einkommen und soziale Stellung in der Hierarchie der Arbeitswelt. Wenn Geschlecht und geographische Herkunft wesentlich die Position in der Hierarchie der Einkommen und Kompetenzen bestimmen, dann ist der Verdacht, es gehe mitnichten um konkrete berufliche Qualifikationen, wohl nicht von der Hand zu weisen. Frédéric Lordon meint, die Antwort auf die Frage der Personaldirektion „Can he join our community of desire" (Lordon 2014: 85) würde wesentlich Karrierechancen ermöglichen oder umgekehrt verhindern, so sie mit Ja oder Nein beantwortet würde. Heinz Steinert wiederum meint, so manches in Universitätslehrgängen und auf Fachhochschulen vermittelte Wissen diene bloß einem aufgeblasenen, marktkonformen Ego:

„Die neueste Universitätsreform ist nur noch die Krönung dieser Instrumentalisierung von Bildung zu Ausbildung und noch von Ausbildung zur bloßen Fähigkeit, durch gekonnte Selbstanpreisung ein Einkommen zu machen." (Steinert 2007: 208)

Zudem sei das tatsächliche Wissen primär in Apparaten und Programmen verkörpert.

„Gegen alle Ankündigungen impliziert die Wissensgesellschaft für die gut ausgebildeten Entqualifizierung und Bürokratisierung der Wissensarbeit bei prekären Arbeitsverhältnissen und schlechterer Entlohnung." (Steinert 2007: 241)

Arbeiter und Arbeiterinnen haben in den imaginären Bildern der neoliberalen Gesellschaft äußerst schlechte Karten:

„Es seien die Wissensarbeiter, die Wachstum und Fortschritt bedeuten. Handarbeit wird abgewertet. Wie die agrarische Produktion des Feudalismus, so verliere die industrielle (und damit die körperliche Arbeit) an Bedeutung. In der Wissensgesellschaft werden Kategorisierungen wie ‚die Dummen', ‚die Überflüssigen', ‚die Unqualifizierbaren' erfunden. Diese ‚Abgehängten' und ‚Hoffnungslosen' seien von einer Gesellschaft nicht mehr finanzierbar, wenn sie im internationalen Konkurrenzdruck nicht untergehen wolle." (Resch, Steinert 2011: 279)

Sich mit der Arbeiterschaft zu identifizieren, sich als Teil der Arbeiterklasse zu fühlen, kann kaum zur Sicherung der materiellen Existenz, geschweige denn zu einer bescheidenen Karriere beitragen. Es wäre ein Wunder, wenn angesichts dieser Bedingungen eine selbstbewusste Arbeiteridentität, geknüpft an lebensweltliche, für alle klar erkennbare Verhältnisse, entstehen würde.

Diese Überlegungen führen uns zu einer entscheidenden Frage: *Ist das Schwinden des Arbeiterbewusstseins für die Herausbildung eines Klassenbewusstseins ein Hemmnis oder gar ein Vorteil?* Ich tendiere zu Letzterem. Zwischen Klassenbewusstsein und Arbeiterbewusstsein gab es nicht nur kontinuierlicher Übergänge, sondern auch klare Gegensätze. Arbeiterbewusstsein ohne Klassenbewusstsein trägt die Bejahung der Verhältnisse in sich. Wir sind Arbeiter, wir sind stolz darauf, wir fordern, gerade weil wir fleißig und ehrlich arbeiten, auch unseren Platz in der Gesellschaft – wie sie ist. Das Klassenbewusstsein ist hingegen verneinend. Es besteht im Kern im Streben nach der Selbstaufhebung des Proletariats als Proletariat. Soziale Verhältnisse, in denen Menschen gezwungen werden ihre Arbeitskraft zu verkaufen, soll es nicht mehr geben. Klassenbewusstsein beinhaltet auch die von Marx immer wieder geforderte Kritik der herrschenden Formen der gesellschaftlichen Arbeit.

Das bedeutet: Arbeit darf nicht mehr Lohnarbeit sein, die Produktionsmittel nicht mehr Kapital und die Oberfläche der Erde nicht mehr Privatbesitz. Es ist evident, dass das Arbeiterbewusstsein, insbesondere in seiner konservativen Ausprägung meilenweit von solchen Haltungen entfernt war und ist. Schon zu Lebzeiten von Marx existierten Konflikte zwischen dem Klassenbewusstsein, repräsentiert durch die Arbeiterorganisation von Bebel und Liebknecht, und dem damaligen Arbeiterbewusstsein, verkörpert in der von Lassalle beeinflussten Strömung. Zeugnis für diesen Gegensatz ist unter anderem die scharfe Kritik am Gothaer Programm durch Marx, das auf dem Vereinigungsparteitag 1875 als Grundlage für die neue gemeinsame Organisation der deutschen ArbeiterInnen beschlossen wurde. Die damals gegründete Sozialistische Arbeiterpartei Deutschlands (SAP) wurde später in SPD umbenannt. Gegenwärtig sehe ich diesen Gegensatz in der unterschiedlichen Haltung zur Lohnarbeit. Überwindung oder Schaffung (zu jedem Preis?), das ist die Frage. Während die das Arbeiterbewusstsein repräsentierenden sozialdemokratisch dominierten Gewerkschaften für eine Ausweitung der Lohnarbeit auf alle plädieren, tritt das Klassenbewusstsein in Form der Forderung nach dem bedingungslosen Grundeinkommen auf. Das mag etwas spitz und provokant formuliert sein, sachlich ist es jedenfalls zutreffend. Klassenbewusstsein nach Marx bedeutet, die existierenden Formen der Arbeit, sprich also die Lohnarbeit, zu kritisieren: „Statt des *konservativen* Mottos: ,*Ein gerechter Tagelohn für ein gerechtes Tagewerk!*', sollte sie auf ihr Banner die *revolutionäre* Losung schreiben: ,*Nieder mit dem Lohnsystem!*'" (MEW 16: 152)

Wenn die hier vertretene Auffassung akzeptiert und ernst genommen wird, so hat dies einige Konsequenzen. Insbesondere ist eine strikt soziologische Orientierung, die stets das Wort Arbeiter und Arbeiterin in den Mund nimmt, als nicht mehr adäquat zu verabschieden. Wollen wir nur jene Menschen ansprechen, die sich subjektiv als ArbeiterInnen fühlen, würden wir eine hoffnungslose Orientierung auf eine Minderheit propagieren. Wir würden die überwiegende Mehrheit des gegenwärtigen Proletariats nicht mehr ansprechen. *Wer heute von Arbeitern spricht, spricht nicht mehr vom Proletariat.* Diese für Marx und Engels noch geltende Identität ist Geschichte. Andererseits, wenn der Inhalt einer proletarischen Revolution darin besteht, die gesellschaftlich dominierenden Formen der Arbeit, also die Lohnarbeit und das damit notwendig verbundene Kapital sowie das moderne Grundeigentum, zu überwinden, dann ist, so verstanden, eine proletarische Revolution von höchster Aktualität. Was kann also proletarische Revolution bedeuten? Die Überwindung der gesellschaftlich dominierenden Formen der Arbeit, also Ware, Geld und Eigentum an Produktionsmitteln und an Grund und Boden.

Das Erfreuliche daran: Der innovative Teil der Linken denkt und handelt so, als ob er diesen Artikel bereits gelesen und akzeptiert hätte. So gesehen stellt dieser Text nur einen kleinen Betrag dar, das eigene Tun besser zu begreifen und zu begründen.

Literatur:

Heinrich, Michael (2012): „Individuum, Personifikation und unpersönliche Herrschaft in Marx' Kritik der politischen Ökonomie", in: I. Elbe, S. Ellmers, J. Eufinger (Hg.): Anonyme Herrschaft. Zur Struktur moderner Machtverhältnisse, Münster, Seite 15–34.

Laclau, Ernesto/Mouffe, Chantal (1991): Hegemonie und radikale Demokratie. Zur Dekonstruktion des Marxismus, Wien.

Lordon, Frédéric (2014): Willing Slaves of Capital, Spinoza & Marx on Desire, London, New York.

Marx, Karl (MEW 1): „Kritische Randglossen zu dem Artikel ‚Der König von Preußen und die Sozialreform. Von einem Preußen'", Seite 392–409.

Marx, Karl (MEW 1): Zur Judenfrage, Seite 347–377.

Marx, Karl (MEW 13): Zur Kritik der Politischen Ökonomie, Seite 3–160.

Marx, Karl (MEW 16): Lohn, Preis und Profit, Seite 103–152.

Marx, Karl (MEW 19): Kritik des Gothaer Programms, Seite 13–32.

Marx, Karl (MEW 23): Das Kapital, Band 1.

Marx, Karl (MEW 25): Das Kapital, Band 3.

Marx, Karl (MEW 42): Einleitung zu den Grundrissen der Kritik der politischen Ökonomie, Seite 15–46).

Marx, Karl (MEW 42): Grundrisse der Kritik der politischen Ökonomie, Seite 47–770.

Mattick, Paul (1971): Marx und Keynes. Die Grenzen des gemischten Wirtschaftssystems, Frankfurt am Main.

Opratko, Benjamin (2008): „Von der Harmlosigkeit radikaler Demokratie", in: grundrisse – zeitschrift für linke theorie & debatte Nr. 26, Wien, Seite 41–45 (www.grundrisse.net/PDF/grundrisse_26.pdf).

Reitter, Karl (2010): „Kritische Bemerkungen zum Marxverständnis von Marcel van der Linden und Karl Heinz Roth. Oder: Wie die Autoren im von ihnen herausgegebenen Buch ‚Über Marx hinaus' den Verfasser des Kapital kritisieren", in: grundrisse – zeitschrift für linke theorie & debatte Nr. 33, Seite 49–53.

Reitter, Karl (Hg.) (2015): Karl Marx – Philosoph der Befreiung oder Theoretiker des Kapitals? – Zur Kritik der Neuen Marx-Lektüre, Wien.

Resch, Christine/Steinert, Heinz (2011): Kapitalismus, Porträt einer Produktionsweise, 2. Auflage, Münster.

Standing, Guy (2011): The Precariat. The New Dangerous Class, London, New York.

Steinert, Heinz (2007): Das Verhängnis der Gesellschaft und das Glück der Erkenntnis: Dialektik der Aufklärung als Forschungsprogramm, Münster.

GEROLD WALLNER

Die bürgerliche Gesellschaft und ihre Revolution

La Grande Terreur

Der Begriff der Revolution hat einen Nimbus, der immer wieder abstumpft und seinen Glanz verliert. Die Gründe mögen zum einen darin liegen, dass Revolutionen in letzter Zeit eine inflationäre Blüte erleben, zum anderen darin, dass ihr Zweck, die Etablierung einer Herrschaft, mit Terror verbunden war, der offen propagiert und zur Schau gestellt wurde.

Hier ist auch der Anfang für die folgende Betrachtung gefunden: Revolution ist eine Form der Erringung von Herrschaft. Zunächst finden wir Revolutionen als Etablierung bürgerlicher, nicht feudaler, nicht adliger Herrschaftssysteme gegen die *Anciens Régimes.* Häufig ist diese Etablierung von Herrschaft mit dem Mord an Königen und der Abschaffung der Adelsprivilegien verbunden, gewichtiger als der Königsmord, wenn auch mit weniger Symbolkraft. Bezeichnend ist aber, dass diese Akte nicht aus Jux und Tollerei geschehen, sondern das Gefüge der bisherigen Verhältnisse bewusst und geplant auflösen. Mit dem Adel wird die Ständegesellschaft abgeschafft, an deren Stelle der Nationalstaat tritt, an Stelle der Stände finden sich nun verschiedene Klassen von Menschen, die anhand abstrakter, aber selbst gestellter Interessen mit- und gegeneinander in Konkurrenz um die Stellung im Nationalstaat treten.

Das unterscheidet im Übrigen Revolutionen von den so genannten Palastrevolutionen der vorbürgerlichen Gesellschaft, also den Ablösungen einer Dynastie durch eine andere, durch Emporkömmlinge, die ihre eigenen Familien an die Macht putschen, dabei Adelshäuser physisch oder sozial auslöschen und neue Geschlechter gründen. Wir kennen diese Phänomene von den Soldatenkaisern Roms und den Kaisern von Byzanz, den Merowingern und Karolingern der Frankia, den Streitenden Reichen Chinas oder der Sengoku Periode Japans, um verschiedene Zeiten und Gegenden zu zitieren. Niemals aber wurde bei diesen Umstürzen das Gefüge der Adelsherrschaft in der Ständegesellschaft angetastet.

Revolutionen erhalten ihre historische Bedeutung und ihre emotionale Auflädung dadurch, dass sie neue Herrschaftsverhältnisse oktroyieren. Die Herrschaft geht nicht von einer Fraktion der Macht auf die andere über, sondern die bislang waltenden gesellschaftlichen Zustände werden für obsolet erklärt und völlig neue, bisher noch nie dagewesene in die Welt gesetzt. Selbst dort, wo im Zuge dessen der Adel nicht abgeschafft wird wie bei Cromwells Herrschaft oder nach der Novemberrevolution in Deutschland, verliert dieser seine soziale Stellung. Zwar werden im Fall der englischen Revolution später König und Oberhaus wieder eingesetzt, aber die Gesellschaft kann, bei aller Reaktion auf die zerschlagene Herrschaft der „neuen Männer", bei aller absolutistischer Restauration, nicht mehr hinter eine Diskursivität zurückkehren, die nun Politik an Öffentlichkeit bindet – hier zieht sich ein roter Faden von der englischen zur amerikanischen Revolution (s. dazu das Kapitel „Ein buntscheckiger Haufen", Linebaugh/Rediker, S. 229 ff.).

Auch dort finden wir (noch vor der Unabhängigkeitserklärung) schon eine Herrschaft vor, die nicht mehr in den Händen der Adligen liegt. Lenin hätte von Doppelherrschaft sprechen können, wenngleich die Vertretungen der Kolonisten und des Parlaments im Mutterland weit auseinander lagen. Jedenfalls war das Anliegen die Etablierung einer neuen Ordnung; das galt für die revolutionären Kolonien ebenso wie für das revolutionäre Mutterland 100 Jahre davor. Und in beiden Fällen sind die militärischen Aktionen mit etwas unterfüttert, das in Form und Inhalt völlig neu ist. Die Ziele der Revolutionäre werden nämlich öffentlich bekanntgemacht und diskutiert, zur Verbreiterung der Basis, zum Verständnis der neuen Welt, zur Gestaltung der Gesellschaft.

Das betrifft das „Agreement of the People" der Levellers (Linebaugh/Rediker, S. 119 ff.) ebenso wie die „Declaration of the Independence" der Gründerväter und genauso das Pamphlet des (Abbé) Emmanuel Joseph Sieyès „Qu'est-ce que le tiers état". Das sollte nicht mit den bürgerlichen, nationalstaatlichen Verfassungen verwechselt werden. Die stehen auf einem anderen Blatt. Die angeführten Beispiele (und Lenins „Was tun?" fällt meiner Meinung nach auch in diese Kategorie) befassen sich unter dem Prätext des Systemwechsels, des Epochenbruchs, der Verwirklichung der menschlichen Bedingung, der Schaffung der idealen Gesellschaft gerade nicht mit dem Staat, sondern mit der Schaffung von Menschen, von menschlichen Verhältnissen, die neu und nicht da gewesen entstehen.

Es ist in der Folge der verschiedenen Verläufe von Revolutionen diese Autorität des Neuen, der alles untergeordnet wird, die dieses Neue in seiner reinen Unverfälschtheit zu bewahren sich anschickt, und alle Mittel sind dazu recht. Was heißt alle Mittel? Es gibt vor allem ein Mittel: den umfassenden Terror, in Form von Despotie, Disziplinierung, Bürgerkrieg und Militärregime. Dieser Terror aber kann sich nur durchsetzen und die neu geschaffenen Verhältnisse bewahren und entwickeln, wenn er sich auf die Zustimmung derer zu stützen vermag, oder wenigstens auf deren Verständnis, denen im gesellschaftlichen Diskurs die Einsicht in die Notwendigkeit der neuen Verhältnisse öffentlich vermittelt wurde. Mit dem Schwinden dieses Verständnisses oder dieser Zustimmung zeigt sich dann immer deutlicher das Ergebnis des Regimewechsels: Nationalstaat und Subjektivität, Konkurrenz und Klassengesellschaft stehen für den Triumph der bürgerlichen Gesellschaft, nicht aber für deren Überwindung.

Mit dem Verlust von Zustimmung und Einverständnis zum Terror schwinden nicht die emotionalen, historischen und ideologischen Verknüpfungen mit dem revolutionären Vorgang, aber sie werden anders gewichtet. Das strahlende Ergebnis des bürgerlichen Nationalstaats bestimmt dann auch die Erinnerung: Robespierre ist vergessen, aus dem Andenken verbannt, seine Grabstätte (wenn es denn eine gab) unbekannt, Napoléon aber ist der Held Frankreichs noch heute, seit 1840 steht ein großer Sarkophag mit seinen Überresten im Dôme des Invalides. Ähnlich selektiv ist die ideologische Erinnerung bei Gestalten wie Oliver Cromwell oder George Washington. Ihre politischen und persönlichen Mängel und Widersprüche werden aus dem Geschichtsbild herausgeglättet; es überwiegt das kollektive Gedächtnis, das sich an die Vorstellung der neuen Welt, der neuen Gesellschaft, der neuen Menschen bindet.

Diese Vorstellung des Neuen, Besseren, Gerechteren gibt der Revolution ihren Nimbus, der dann auch diejenigen umgibt, die ihr mit terroristischen Mitteln dienen mögen. Ich möchte das an zwei Stellen aus dem Werk Antoine de Saint-Exupérys illustrieren, bevor ich mich wieder der Revolution und ihrem Platz in der Menschheitsgeschichte – oder etwas weniger pathetisch ausgedrückt: in unserer Gesellschaft – widme. Die eine Stelle ist aus *Nachtflug* (*Vol de nuit*, 1931). Dieser Roman (wenn man Saint-Exupérys Werke denn Romane nennen kann; sie entwickeln ihr eigenes Format) spricht von der transkontinentalen Postfliegerei, die eben entstanden ist. Rivière, der Leiter einer Flugstation, verfolgt den Flug eines Piloten, bis der Funkkontakt abbricht und der Flieger wohl abstürzt. Dieser wurde von ihm zu dem riskanten Flug veranlasst, um das Reglement, den Flugplan, einzuhalten.

„Rivière geht mit verschränkten Armen durch die Schreiber hindurch. Vor einem Fenster bleibt er stehen, horcht und denkt.

Hätte er auch nur einen Start abgesagt, so wäre die Sache der Nachtflüge verloren gewesen. Aber er ist den Schwächlingen, die morgen über ihn zetern werden, noch in dieser selbigen Nacht zuvorgekommen.

Sieg ... Niederlage ... diese Worte haben keinen Sinn. Begriffe, Bilder, unter denen das Leben sich regt und schon wieder neue Bilder schafft. Ein Sieg schwächt ein Volk, eine Niederlage erweckt es neu. Die Niederlage, die Rivière erlitten hat, ist vielleicht eine Lehre, die den vollen Sieg näher bringt. Das Geschehen en marche allein gilt.

In fünf Minuten werden die Funkstellen die Stationen alarmiert haben. Auf fünfzehntausend Kilometer hin wird das Brausen des Lebens wieder surren und alle Zweifel und Fragen werden darin gelöst sein.

Schon steigt ein Orgelklang auf: das Flugzeug.

Und Rivière geht mit langsamen Schritten an seine Arbeit zurück, durch die Schreiber hindurch, die sich unter seinem harten Blick ducken. Rivière der Große, Rivière der Siegreiche, der die Last seines Sieges trägt. (Saint-Exupéry, Bd. 1, S. 173 f.)

Vier Jahre später ist Saint-Exupéry in Moskau; seine Eindrücke werden in sechs Artikeln im *Paris-Soir* veröffentlicht. Ein Jahr vor den Moskauer Prozessen spricht Saint-Exupéry mit einem sowjetischen Richter. Auch hier findet er – diesmal im richtigen Leben, aber ist nicht auch der fiktive Rivière aus dem richtigen Leben? –

wieder die gewalttätige Figur, die dem Fortschritt verpflichtet ist, der Besserung, der neuen Welt.

„Dieser Richter erlaubt sich nicht, zu richten. Er gleicht dem Arzt, der an nichts Anstoß nimmt. Er heilt, wenn er kann, aber da er vor allem der Gesellschaft dient, so erschießt er, wenn er nicht heilen kann. Und wenn der Verurteilte stottert oder den Mund verzieht oder Rheumatismus hat, der ihn uns menschlich so nahe bringt – durch all das ist seine Gnade nicht zu gewinnen.

Und ich ahne bereits, dass hier eine große Missachtung gegenüber dem Einzelnen herrscht, aber eine große Achtung gegenüber dem Menschen: ihm, der durch die Einzelnen hindurch fortlebt und dessen Größe es zu bauen gilt." (Saint-Exupéry, Bd. 3, S. 67)

Die Verbindung von Terror und Fortschritt in der Gestalt der Revolution ist unverbrüchlich an die Eroberung der politischen Herrschaft durch das Bürgertum gebunden; die Versprechen dieser Herrschaft machen den Terror erträglich. Dabei mag man ruhig an die französische Marianne und den amerikanischen Jefferson denken, aber auch an den Piloten, der sein Leben opfert: weniger dem technischen Fortschritt als dem abstrakten Erfordernis des Weiterbestands der Gesellschaft (in diesem Fall der Fluglinie).

Das Versprechen der Emanzipation

Dabei spielt es auch gar keine Rolle, ob diese Versprechen, für die die neue Herrschaft errungen wurde, je eingelöst werden oder ob sie nur eine Möglichkeit für die Subjekte der neuen Staatsbürgerlichkeit darstellen. So heißt es in der amerikanischen Unabhängigkeitserklärung, abgedruckt in der deutschsprachigen Zeitung *Pennsylvanischer Staatsbote* in Philadelphia:

„Wir halten diese Wahrheiten für ausgemacht, daß alle Menschen gleich erschaffen worden, daß sie von ihrem Schöpfer mit gewissen unveräußerlichen Rechten begabt worden, worunter sind Leben, Freyheit und das Bestreben nach Glückseligkeit."

Wir lesen hier „alle Menschen" – im Englischen zweideutig, weil es „all men" heißt (Gerstenberger, S. 191) – und wir erfahren gleichzeitig, dass das Streben nach Glück nun ein unveräußerliches Recht aller Menschen ist. Das Glück ist also nicht mehr Angelegenheit (oder Pflicht) eines Monarchen mit seiner guten Regierung, sondern Angelegenheit eines jeden Menschen. Ist ein Mensch nicht glücklich, so kann er die Schuld dafür nicht in einem schlechten monarchischen Regime suchen.

In diesen Gedanken und ihren Konsequenzen finden wir schon den Terror vor, der dann zur Festigung der neuen Verhältnisse ausgeübt wird, aber auch den Terror, den die bürgerlichen Subjekte verinnerlichen: Herrschaft ist nicht mehr Sache der persönlichen Freiheit oder persönlichen Knechtschaft. Herrschaft ist nun Beherrschung seiner selbst und Beherrschung seines Metiers, auch mit Zwang gegen sich selbst. Aber noch ist diese Selbstherrschaft nicht mit erzwungenem Einfügen in die neuen Verhältnisse verbunden. Doch nun kann für schlechtes Leben niemand mehr verantwortlich gemacht werden außer diejenigen, die – aus eigener Schuld – ein schlechtes Leben haben. („Wer immer strebend sich bemüht, den können wir erlösen", werden Goethes Engel 1831 über Faust sagen.)

Aber dieses strebende Bemühen ist noch nicht desavouiert. Noch überstrahlt die Möglichkeit neuer Verhältnisse, die Möglichkeit der Einlösung der Versprechen bürgerlicher Ideologie durch die bürgerliche Herrschaft alles andere. Der Terror des Nationalismus wird überstrahlt durch die Errungenschaft der Staatsbürgerlichkeit; der Terror der Vereinzelung in Atomisierung und Subjektivität wird hinter dem Schleier von Meinungs- und Koalitionsfreiheit unsichtbar gemacht; die Propagierung der Menschenrechte verbirgt die Rechtlosigkeit all jener, die sich nicht in die Segnungen der neuen Gesellschaft hineinemanzipiert haben: der Frauen, der Sklaven, der Kolonien, des Proletariats …

Kein Wunder also, dass ausständige Emanzipationsprozesse oft mit dem emotionalen Bezug auf Revolution unterfüttert, ja in einigen Fällen selbst als Revolutionen bezeichnet und mit gewaltsamen oder militärischen Mitteln durchgeführt werden. Kein Wunder auch, dass diese Emanzipationen und Befreiungen von alten Herrschaften – *Anciens Régimes,* die so *ancien* gar nicht mehr waren, nur die neuen bürgerlichen Verhältnisse, die die versprochenen propagierten Freiheiten den nicht Emanzipierten verweigern – sich den Elan, die Begeisterung, den Nimbus der Revolution zu eigen machten. Ebenso wenig Wunder, dass die Gewalt, die in der Revolution nicht nur zur Brechung alter Herrschaften, sondern auch zur Etablierung neuer angewandt wurde, mit Emanzipationsbestrebungen verbunden ist: Suffragetten, Arbeiterbewegung, Antiimperialismus und Antikolonialismus, sie alle hatten Gewalt zum Thema und zum Inhalt. Die Gewalt aber ist anfänglich sofort kriminell, weil sie die alten überkommenen Rechte und Gesetze infrage stellt.

Die Emanzipation, das heißt die Entmachtung des Adels und die Etablierung der bürgerlichen Gesellschaft oder der Eintritt in diese, hat also revolutionäre Tradition auf ihrer Seite und muss sich mit der Gewalt auseinandersetzen: Sie muss sie akzeptieren, sie ausüben, sie als friedlich kaschieren, auch wenn beispielsweise der pazifistische Druck der Gandhi-Bewegung ausgeübte Gewalt ist. Es geht darum, Gewalt durch Aneignung und Eroberung der Macht zu organisieren. Dies kann auf verschiedene Arten geschehen, sogar indem die unorganisierte, spontane Aktion propagiert wird. In der Regel aber trägt die revolutionäre Gewalt schon den Keim der Ausübung von Herrschaft und der Aneignung von Macht in sich, einen Keim, der schnurstracks zur Internalisierung der bürgerlichen Gesellschaft führt. Auf der persönlichen Ebene bedeutet es die Anerkennung der Subjektform für das bürgerliche, aktive, gesellschaftliche Leben und Handeln, auf der gesellschaftlichen Ebene bedeutet es, dass am Ende der Emanzipation der Nationalstaat steht. Besonders deutlich wird dies in der antikolonialen Befreiung, die die von imperialistischen Herren und imperialen Reichen gezogenen Grenzen nicht antastet, aber innerhalb dieser Grenzen eine Nation propagiert (und gewaltsam herstellt) wie etwa eine südafrikanische, ivorische oder malische.

Auch die Russische Revolution bleibt diesem Schema verhaftet. Im Übrigen haben die russischen Revolutionäre weder sich noch andere darüber belogen, dass sie diese Revolution als eine bürgerliche ansahen. Ihren Sonderstatus, politisch und emotional, erhält die Russische Revolution aus ihrem Zusammenfall mit der Emanzipation der europäischen Arbeiterklasse, ja sie wurde als ihr vorläufiger Höhepunkt im Klassenkampf wahrgenommen. Die von Marx propagierte Revolution, um dem Kapitalismus den Garaus zu machen, wurde zwar von allen Protagonisten als endgültiger proletarischer Sieg im Klassenkampf verstanden, ebenso aber herrschte Einheit und Klarheit darüber, dass die proletarische Machtergreifung erst von Erfolg gekrönt sein könne, wenn sich der Kapitalismus entwickelt und durchgesetzt hätte. Davor war Revolution nur als bürgerliche denk- und machbar, als Modernisierung der Gesellschaft durch die politische Machtübernahme der nationalen Bourgeoisie; dies galt als ausgemacht für die Bestrebungen der Arbeiterparteien und ihrer Führer wie auch für die Intellektuellen und Vordenker der antiimperialistischen Bewegungen in den Kolonien und Einflusszonen der europäischen und amerikanischen Großmächte.

Die Politik der Emanzipation der Arbeiterklasse, ihre Heranführung an die Staatsbürgerlichkeit, vollzog sich unter verschiedenen Vorzeichen. In Westeuropa mit hoch entwickelter Industrie und noch höher gebildetem Proletariat wurde die Emanzipation vorangetrieben entlang der Frage nach der Teilhabe am gesellschaftlichen Reichtum und an der gesellschaftlichen Mitbestimmung. Fragen des Lohns, der Arbeitszeit, des Wahlrechts und der Organisierung standen im Vordergrund. Im peripheren Osten, in Russland, China, dem Osmanischen Reich und den imperialistischen Kolonien ging es um die Entwicklung dieser Reiche oder unterworfenen Völker hin zu einer den Westen einholenden Modernisierung. Pankaj Mishra beschreibt in seinem durchwegs lesenswerten und somit an dieser Stelle empfohlenen Buch *Ruinen des Empire* (http://members.chello.at/~geroldwallner/legi/mishra. htm), wie die Rezepte und Vorstellungen der antiimperialistischen Bewegungen um die Jahrhundertwende vom kulturellen, ökonomischen und weltanschaulichen Gewicht der Metropolen geprägt waren. In diesem Zusammenhang ist auch die Nationalitätenpolitik der Bolschewisten und der Komintern zu sehen. Wenigstens in ihren Anfängen war eine Formulierung von antiimperialistischer und antikolonialer nationaler Befreiungspolitik beziehungsweise die nationale Autonomie und Abtrennung aus den vorbürgerlichen Reichsverbänden Wesensbestandteil ihrer Politik (Tamás, S. 97 ff.).

Es sollten also die vorbildlichen Entwicklungen im Westen nachgeholt und angeeignet werden; antiimperialistische Theoretiker und nationale Führer fielen rasch in eins. Nur selten war eine Stimme wie die der großen Rosa Luxemburg zu vernehmen, die gegen die sogenannten Segnungen der sogenannten Zivilisation Stellung bezog. Die Mehrheitsfraktion der russischen Sozialdemokratie machte da durchaus keine Ausnahme. Auch sie sah die Notwendigkeit einer gesellschaftlichen Modernisierung, die nach französischem, amerikanischem und europäischem Vorbild von 1848 nur als Sturz des Zarismus und als Machtergreifung der Bourgeoisie denkbar war. Allerdings sah sich die Sozialdemokratie mit der

Schwäche oder dem Unwillen der demokratischen und republikanischen Parteien konfrontiert, in diese Auseinandersetzung um die Herrschaft einzusteigen.

Die Bolschewiki saßen also zwischen allen Stühlen: Gemessen wurden sie an den sozialistischen und kommunistischen Idealen einer politischen Avantgarde, der sie sich selbst zugehörig fühlten; einer Avantgarde, die sich der proletarischen Sache ebenso verschrieben hatte, wie sie die Verbesserung der gesellschaftlichen Zustände ganz allgemein auf ihren Fahnen trug. Die Klammer für diese beiden Unterfangen sollte der Marxismus liefern, der die Verbesserung der gesellschaftlichen Zustände durch eine Umwälzung der bestehenden Verhältnisse durch das Proletariat als siegreiches revolutionäres Subjekt im Klassenkampf predigte: wohlgemerkt nicht eine evolutive Optimierung, sondern einen Eingriff in die ökonomischen Grundlagen der Herrschaft der Bourgeoisie und deren Enteignung nicht nur wirtschaftlich, sondern auch politisch.

Andrerseits vertraten die Bolschewiki eine Politik, die die Unwilligkeit der russischen Bourgeoisie, die Herrschaft anzutreten, wie der Vorwurf lautete, und deren gesellschaftliche Unterentwicklung kompensieren sollte. Die organisierte revolutionäre Arbeiterbewegung hatte sich also mit der Entwicklung bürgerlicher Politik herumzuschlagen, in der ihre klassenmäßigen, subjektiven Anliegen der Emanzipation sich finden konnten. Gleichzeitig ließ sie historische, philosophische oder allgemein menschliche Anliegen auf diesem Weg zurück: Aufhebung der Ausbeutung von Menschen durch Menschen, ein geordnetes planvolles Verhalten gegenüber der vorgefundenen Natur, Umwelt und Menschheit, ohne in bürgerliche Fortschritts- und Wachstumsideologie zu verfallen, von der Auflösung nationalstaatlicher Organisierung ganz zu schweigen – all dies wurde nie in Angriff genommen und verschwand hinter der Herrlichkeit der Herrschaft der organisierten Arbeiterklasse an den politischen Hebeln des Nationalstaats.

Sind hier Vorwürfe zu machen? Vorwürfe, die über das wohlfeile Beklagen des Terrors, der mit der Entwicklung des bürgerlichen Staats und der Herstellung von Nation einhergeht, hinausreichen? Wohl kaum, solange wir auf der Ebene der Realpolitik und der historischen Erinnerung bleiben. Nationale Größe respective deren Wiedererringung bildet hier ebenso den Bezugsrahmen wie der Zugang zu Wohlstand und respektabler Staatsbürgerlichkeit für die Klassenmacht des Proletariats in Ost und West. Und für Stalins Formel: „Den Kapitalismus einholen und überholen", gibt es sogar ein Datum. Es ist der 12. April 1961, der Tag, an dem Juri Gagarin in einem Wostok-Raumschiff die erste Erdumkreisung im All durchführte.

Einholen und überholen – das wurde zum Mantra der revolutionären Bewegungen, proletarisch oder antiimperialistisch. Vor allem nach dem Zweiten Weltkrieg war die Orientierung an der gesellschaftlichen Ordnung und dem ökonomischen Reichtum und Erfolg der kapitalistischen Metropolen allenthalben Ziel dieser Emanzipationen. Wenn hier überhaupt Vorwürfe erhoben werden können, dann die, dass – bezogen auf den Marx'schen Hintergrund, auf die Marx'sche Verbindung seiner wissenschaftlichen Analyse der bürgerlichen Gesellschaft und ihrer politischen Ökonomie mit der organisierten Arbeiterbewegung – von jenen, die es hätten wissen müssen, der Verwechslung von Wohlstand und erworbenem Respekt mit Sozialismus nicht entgegengewirkt wurde. Die Verbesserung der Lebenslage von Unterdrückten (etwa der soziale Wohnbau des Roten Wien), gegen Widerstände der herrschenden Ordnung und herrschenden Klassen erkämpft, schien schon zu genügen und wurde durch die Herrschaft oder Teilhabe an ihr durchgesetzt. Damit durchgesetzt wurde auch die Realpolitik, die Politik der kleinen Schritte, das wohlbekannte Bohren von harten Brettern. Und all dies wurde von den nun Herrschenden oder an der Herrschaft nun Beteiligten außer Streit gestellt mit dem Argument, das

Erreichte, Wohlstand und Macht, die neue Ordnung, die Errungenschaften der Kämpfe, nicht zu gefährden.

Was die Revolutionen aber emotional aufheizt, was ihnen ihren Hautgout gibt, was sie die Massen bewegen lässt und wie sie sie bewegt, das ist noch immer die Verbindung mit der Vorstellung eines anderen, freien Lebens, anderer gesellschaftlicher Verhältnisse, sind die noch immer nicht eingelösten Versprechen von Freiheit, von Überfluss, von gutem Leben in Einklang mit der Natur, der menschlichen und der umgebenden, der Großzügigkeit und der Fähigkeit, andere in Ruhe zu lassen (wieder Leute und Umwelt), kurz: der Herrschaftslosigkeit. All dies wurde von denselben Revolutionen versprochen und nicht gehalten. Die Versprechen sind noch nicht desavouiert, die Führer der Revolutionen sind es; wenigstens, wenn an sie die Messlatte eben dieser Versprechen, der Verwirklichung dieser Sehnsüchte, angelegt wird.

Misst man sie an den tatsächlich erreichten Fortschritten, bietet sich ein anderes Bild. Etablierte Herrschaft, die ihre ideologische Rechtfertigung offensiv vorträgt und keineswegs daran denkt, zu Gunsten des revolutionären Impulses sich selbst abzuschaffen oder wenigstens infrage zu stellen, im Gegenteil sich gegen ihn verfestigt und ihn unterdrückt, beschränkt sich auf das Erhalten des Erreichten oder das Erlangen von (von anderen schon) Erreichtem, das diese als Vorbild und als Schranke darstellen. Als ein etwas zurückliegendes Beispiel mag Portugal dienen, das 1975 nach dem revolutionären Coup der Hauptleute (Movimento dos Capitáes, später Movimento das Forças Armadas) zum Hoffnungsträger und Ankerpunkt der westeuropäischen Linken wurde. Ich will hier nicht all die Auseinandersetzungen, Diskussionen, Phantasien und Hoffnungen nachzeichnen, die alle in bürgerlicher Normalität, EU-Beitritt inclusive, landeten.

Was in Erinnerung bleibt, ist der Begriff der Nelkenrevolution, welcher vorbildhaft für die Benennung der zahllosen Regimewechsel nach Blumen oder Farben wurde, die dann gar nicht mehr vorgaben, mehr als den blanken Austausch der Herrschaft anzustreben. Die revolutionären Vorstellungen, Phantasien, Hoffnungen und Anstrengungen der Leute wurden indes enttäuscht. Selbst wenn sie – unorganisiert oder organisiert, organisiert durch Parteien und Hierarchien oder durch Facebook und Social Media – versuchten, sich die Erfahrungen früherer Revolten und Aufstände anzueignen, neue Verhaltensweisen und Umgangsformen zu entwickeln, so blieben sie doch immer im Korsett der bürgerlichen Gesellschaft gefangen, aus dem sie sich befreien wollten, aber in dem sie sich nur emanzipieren können. Sie sehen, dass bloß die Herrschaft gewechselt hat, die Macht aber geblieben ist.

Was ist hier also zu tun, um des Impulses, der grundlegende Umstürze der aktuellen Verhältnisse anstrebt, nicht verlustig zu gehen, um nicht nur die Herrschaft auszutauschen, sondern die Macht zu brechen? Es wird nicht zulangen, auf die bisherige ernüchternde Geschichte der Revolutionen in den bürgerlichen Gesellschaften (inclusive der vom russischen Oktober 1917 – oder November, wenn eins so will) mit der resignierten Feststellung zu reagieren, die Revolution fresse eben ihre Kindern. Ebenso wenig wird es genügen, mit Umbenennungen zu reagieren und nun von Transitionen, Transformationen und was da mehr zu sprechen, ohne davon abzulassen, in soziale Bewegungen, die sich für das eine oder andere Anliegen bis hin zum Regimewechsel engagieren, schon die Überwindung des Kapitalismus hinein zu imaginieren.

Eine ähnliche Umbenennung findet dort statt, wo das Proletariat als Träger, als Subjekt der antikapitalistischen Umwälzung, nicht mehr zu benennen gewagt und an Stelle dessen von Bewegungen gesprochen wird, die es in der politischen Auseinandersetzung ersetzen sollen. War das Proletariat noch definiert durch seine Stellung zu Eigentum, Produktionsmitteln und Arbeit, so sind die so genannten sozialen Bewegungen nicht mehr definiert –

es sei denn durch allgemeine Bezüge auf Antiimperialismus, Antirassismus, Antisexismus. Dies lässt sich durchaus auch noch in EU-Richtlinien wiederfinden, etwa in den Vorschriften zu geschlechtsneutraler Stellenausschreibung, was als Errungenschaft im feministischen Kampf, als Sichtbarmachung eines weiblichen Standpunkts in der Gesellschaft angesehen wird. Die Definition des Proletariats durch seine ökonomische Stellung wird durch die Behauptung der Existenz des Prekariats abgelöst, das dort, wo der politische Diskurs um Arbeit und die Stellung dazu, also der Diskurs um Ausbeutung durch Arbeit, noch geführt wird, als revolutionäres Subjekt, ähnlich der Industriearbeiterschaft früherer Zeiten, betrachtet wird.

Neuen Wein in neue Schläuche!

Nun wird allerdings deutlich, dass wir mit einigen Missverständnissen aufräumen und darüber hinaus in weiteren Dimensionen denken müssen. Genauer gesagt: Wir haben die weiteren Dimensionen verloren, die durch die Werke von Marx wohl noch am ehesten angesprochen waren. Wir müssen, um diese Dimensionen wiederzufinden, die Gesellschaft mit den Augen von Marx betrachten: als Ensemble aus subjektiven Unternehmungen, ökonomischen und politischen Unternehmungen, vorgetragen von Einzelpersonen, Klassen und Staaten, die zusammen das darstellen, was Marx die Politische Ökonomie nannte, was aber im Grunde genommen die Epoche der Bürgerlichen Gesellschaft beschreibt. Dass Marx zu seinen Lebzeiten sich nicht auf die theoretisch-philosophische Arbeit beschränkte, sondern aktiv intervenierte, politische Strömungen unterstützte und sich in seinem Engagement an die Emanzipation der Arbeiterklasse und die Entwicklung der konstitutionellen Demokratie band, darf aber nicht den Bereich seines Schaffens verdunkeln, der auf die Überwindung dieser Verhältnisse hindeutet und sich nicht nur der empirischen Beschreibung und politischen Analyse dieser Verhältnisse widmet.

Warum diese Binsenweisheiten? Die durchaus logische Verbindung der Theorie, die in ihrer schärfsten Zuspitzung einen vollkommenen Bruch mit den Errungenschaften der bürgerlichen Welt darstellte (kein Staat, keine Arbeit, kein Geld, keine Ausbeutung, keine Entfremdung, keine Herrschaft), mit den am aktivsten um ihre gesellschaftliche und politische Emanzipation kämpfenden Leuten, der organisierten Arbeiterschaft, hatte ein gewollt-ungewolltes Ergebnis: Die Vorhersagen, Forderungen und Konsequenzen der Theorie fielen den erreichten Zielen der Emanzipationsbewegung zum Opfer und wurden verworfen. Dass beispielsweise Marx unter Proletariat auch etwas anderes als die Industriearbeiterschaft verstand, ging in der Arbeiterbewegung – revolutionär oder reformistisch, sozialdemokratisch oder anarchistisch – unter. Nur selten sind uns so wunderbare Taten überliefert wie die der spanischen Anarchosyndikalisten, die auf die Kirchturmuhren schossen: Bürgerlich-kapitalistisch ist alles und muss zerstört werden, selbst die Zeit. Es scheint sich hier um einen revolutionären Topos zu handeln, den auch Walter Benjamin für die Revolution von 1830 überliefert (Benjamin, S. 701).

Jedenfalls erscheint es mir nicht zulässig, das Wort Proletariat nicht mehr in den Mund zu nehmen, nur weil Arbeiter und Arbeiterinnen (und Arbeitslose), der wuchernden Entwicklung der Dienstleistungsgesellschaft und dem Niedergang der Industrien in den Metropolen ausgesetzt, rechtsradikalen Parteien sich zuwenden. Allerdings muss mit einem Irrtum Schluss gemacht werden, den Agamben so beschreibt:

> „Es ist oft beobachtet worden, dass Marx als erster ohne Vorbehalte das französische Lehnwort *Klasse* an die Stelle des gebräuchlicheren *Stand* (ein Begriff, den auch Hegel in seiner politischen Philosophie häufig gebraucht) gesetzt hat. Dass

diese Ersetzung für Marx eine strategische Funktion hat, ist durch den Umstand bezeugt, dass er Hegels Lehre von den *Ständen* schon in seiner *Kritik des Hegelschen Staatsrechts* (1841-1842) ins Visier nimmt. Auch wenn Marx den Ausdruck nicht immer konsistent gebraucht, steht fest, dass er den Begriff ‚Klasse' mit einer Bedeutung auflädt, die weit über seine Kritik an Hegels Philosophie hinausgeht und die bezeichnend ist für die große Veränderung, die die Machtübernahme des Bürgertums im politischen Gefüge verursacht hat. Das Bürgertum stellt in der Tat die Auflösung aller *Stände* dar, es ist radikal *Klasse* und nicht mehr *Stand*: ‚Die Revolution der Bourgeoisie schaffte die Stände samt ihren Vorrechten ab. Die bürgerliche Gesellschaft kennt nur noch *Klassen*' (Marx 1959, Bd. 4, S. 181 f.); ‚die Bourgeoisie ist […] eine *Klasse*, nicht mehr ein *Stand*' (Marx 1958, Bd. 3, S. 62)." (Agamben, S. 40)

[…]

„Dass das Proletariat im Laufe der Zeit mit einer bestimmten sozialen Klasse gleichgesetzt worden ist – nämlich der Arbeiterklasse, die für sich Vorrechte und Rechte einforderte –, ist aus dieser Perspektive betrachtet das schlimmste Missverständnis des Marxschen Denkens. Was bei Marx eine strategische Identifizierung war, nämlich die Arbeiterklasse als *klēsis* und als kontingente historische Figur des Proletariats, wird so zu einer eigentlichen und substanziellen sozialen Identität, die ihre revolutionäre Berufung notwendigerweise verlieren muss." (Agamben, S. 42)

Es hat die pragmatische Vorstellung und programmatische Aufforderung, dass sich das Proletariat als Klasse abzuschaffen habe und damit die Bourgeoisie als Klasse und so auch die Gesellschaft, wie wir sie kennen, nach wie vor Gültigkeit und auch Priorität angesichts der Entwicklungen, die unsere Gesellschaft durchmacht. Um die Sache auf den Punkt zu bringen: Eine Klasse, die Bourgeoisie, hat mit ihrer Revolution die *Anciens Régimes* zerstört und unsere heutigen Verhältnisse zur Welt gebracht. Und eine Klasse, das Proletariat, wird mit seiner Revolution die ganze Veranstaltung wieder beenden. So bleiben Revolutionen auf den bürgerlichen Horizont beschränkt.

Für diese historische Eleganz will ich nicht nur die Sehnsüchte der Leute ins Treffen führen, zur gesellschaftlichen Menschheit (so benennt Marx eine Welt ohne Entfremdung, Herrschaft und Ausbeutung; Marx, S. 5–7) vorzustoßen. Und obwohl ich diese Sehnsüchte als Antrieb für den Umsturz höher einschätze als die aktuellen politischen Bedrohungen (die Ängste davor können, wie wir oben gesehen haben, durch geglückten Regimewechsel beschwichtigt werden), möchte ich auch einen unverdächtigen Zeugen zitieren, den britischen Physiker Paul Dirac. Hatte doch dieser das Bonmot geprägt, dass eine mathematisch schöne Theorie eher richtig sei als eine hässliche, die mit gewissen Versuchsergebnissen übereinstimmt. Ich erlaube mir, diese Vorstellung und Forderung von der Mathematik auf die gesellschaftliche Tätigkeit der Leute zu übertragen.

Abschließend stellt sich die Frage, warum bei all der Sehnsucht, bei aller Bedrohung des blanken Überlebens und Verweigerung guten Lebens, bei all dem Engagement, bei all der Militanz, mit diesen Verhältnissen Schluss zu machen, die Aufstände, Erhebungen, Revolutionen, Bürgerkriege und Terrorismen immer nur zum sattsam bekannten gleichen Ergebnis geführt haben und führen: Nationalstaat und bei gutem Glück ein wenig Teilhabe an Reichtum und Politik. Meines Erachtens liegt es nicht nur an den politischen Führungen, wie immer sie sich auch durch die Zeitläufte hindurch gestaltet haben mögen; der Slogan, dass es Sozialdemokraten seien, die uns verraten hätten, stimmt zwar, ist aber wohl auch auf christliche Soziallehre und antikoloniale Befreiungsbewegungen anwendbar.

Eher finden wir einen allgemeinen Mangel an Vorstellung davon, was nach der Umwälzung des Bestehenden an seine Stelle treten wird. Das hängt wohl auch damit zusammen, dass wir uns über den epochalen Charakter einer kommunistischen Gesellschaft möglicherweise gar nicht im Klaren sind. Wir sind es gewohnt – und das ist bürgerlich-ideologisches Denken –, dass die Welt durch Emanzipationsprozesse geändert und verbessert werden kann. All dies orientiert sich an Fortschrittsvorstellungen, die objektiv und vernünftig, und an Interessen, die subjektiv und vernünftig erscheinen. Dabei sind wir von der Vorstellung geleitet, dass unsere Verhältnisse schon all das bereithalten, das für die kommunistische Gesellschaft notwendig sein wird. Auch Marx hat dieser Idee Raum gegeben, aber nichts könnte falscher sein. Es wäre gerade so, als hätte das *Ancien Régime* die Bürgerliche Revolution vorbereitet. Die Aufklärung aber und das Vertragsrecht und die Nation und der Kapitalismus, all dies hat sich zwar in den alten feudalen und religiösen Verhältnissen, aber immer gegen sie entwickelt. Dass Eigentum Diebstahl sei und gleiches Recht für alle gelte, dass eins Staatsbürger sei und nicht Untertan, das war für die vormodernen Verhältnisse paradox und widersprüchlich und wurde gegen sie formuliert und gefordert und erkämpft.

Und selbst wenn das *Ancien Régime* Brutkästen für die Entwicklung der bürgerlichen Gesellschaft bereitgestellt hätte, so soll dies nicht umstandslos auf heute übertragen werden. Wo dies geschieht, zeigt sich sofort der legitimatorische Charakter solcher Anschauung: Das Bild des unaufhaltsamen evolutiven Fortschritts, aus sich selbst sich entwickelnd, mit naturgesetzlicher Kraft in linearer Bewegung hervorbringend, was hervorgebracht werden muss, verbietet die Vorstellung der voluntaristischen, kontingenten Umwälzung. So müssen wir uns dagegen Kommunismus als gewaltigen Epochenbruch denken, der mit allem Vertrauten aufräumt. Wir müssen auf Kirchturmuhren schießen und paradoxe

Formulierungen finden, etwa dass Fortschritt nur Stillstand und Reaktion sei, dass eine gewaltlose Welt unvernünftig sein müsse und dass Liebe und Engagement die Welt nicht retten, geschweige denn verbessern (Haarmann/Ulrich/Wallner, Teil Gültige Aussagen? passim).

Literatur:

Giorgio Agamben: Die Zeit, die bleibt. Ein Kommentar zum Römerbrief. Frankfurt a. M., Suhrkamp, 2006 (Marx von A. zitiert nach Karl Marx/Friedrich Engels: Werke, Berlin, 1957–1959).

Walter Benjamin: Über den Begriff der Geschichte. In: ders.: Gesammelte Schriften, Band I/2. Frankfurt a. M., Suhrkamp, 1978.

Heide Gerstenberger: Zur politischen Ökonomie der bürgerlichen Gesellschaft. Die historischen Bedingungen ihrer Konstitution in den USA. Frankfurt a. M., Fischer Athenäum, 1973.

Petra Haarman/Jörg Ulrich/Gerold Wallner: Gültige Aussagen (Sieben Teile). Wien, Mandelbaum, 2013.

Peter Linebaugh/Marcus Rediker: Die vielköpfige Hydra. Die verborgene Geschichte des revolutionären Atlantiks. Berlin/Hamburg, Assoziation A, 2008.

Karl Marx/Friedrich Engels: Werke. Berlin, 1978.

Pankaj Mishra: Aus den Ruinen des Empire. Die Revolte gegen den Westen und der Wiederaufstieg Asiens. Frankfurt a. M., S. Fischer, 2013.

Antoine de Saint-Exupéry: Nachtflug. In: ders., Gesammelte Schriften, Band 1. München, dtv, 1978, S. 105–174.

Antoine de Saint-Exupéry: Moskau. In: ders., Gesammelte Schriften, Band 3. München, dtv, 1978, S. 49–83.

G. M. Tamás: 200 Jahre Krieg – auf der Suche nach den Ursachen des Kosovokonflikts im achtzehnten Jahrhundert. In: ders., Kommunismus nach 1989, Beiträge zu Klassentheorie, Realsozialismus, Osteuropa. Wien, Mandelbaum, 2015, S. 97–125.

CLAIRE FONTAINE

Die Proletarier*innen, das Volk und die Plebs
Fremde unter uns von 77 bis heute

In Italien waren die Siebziger das Goldene Zeitalter einer Subjektivität, die sich von ihrem eigenen Bild oder besser: die sich von dem unterschied, was Deleuze ihr „Bild des Denkens" nennt (Deleuze 1997: 169 ff.). Besonders das Jahr 1977, Höhepunkt der Insurrektion, war ein Jahr intensiven visuellen und performativen Experimentierens, das die ganze Gesellschaft transformierte und den öffentlichen Raum in ein radikales existenzielles und ästhetisches Labor verwandelte.

Charakteristisch für diese Jahre war eine fruchtbare Konfusion des Politischen und des Künstlerischen, des Militanten und des Intimen, des Privaten und des Öffentlichen, sie dauerte fort, bis eine der abscheulichsten Repressionswellen das ganze Land heimsuchte. Einige Intellektuelle der institutionellen Linken versorgten die Polizei mit einer dazu nützlichen Theorie. So schrieb Alberto Asor Rosa, anfangs selbst noch Operaist, 1977 ein Buch mit dem Titel *Le due societa,* dessen Hauptthese lautet: Die ökonomische Krise führt zu Arbeitslosigkeit, die vor allem die Jugend trifft und zu ihrem Ausschluss vom System der Produktion, also aus der Fabrik, führt; einem Ausschluss, der sich in Isolation und Verzweiflung niederschlägt und sich zuletzt in irrationale Gewaltausbrüche entlädt Diese marginalisierten Subjekte – die Arbeiter*innen hätten werden sollen, aber nicht werden konnten – bildeten die zweite Gesellschaft, die sich dann zu einem Parasiten am Rand der ersten Gesellschaft auswuchs, der der Arbeiter*innen, in der sie niemals Wurzeln schlagen konnte. (Rosa 1977) Tatsächlich aber verdankte sich die Haltung der marginalisierten Jugendlichen gegenüber den Fabrikarbeiter*innen zu keiner Zeit der Enttäuschung, nicht Teil ihrer Klasse sein zu können. Vielmehr gingen sie davon aus, dass sich die Automatisierung der Produktion bald der Fabrikarbeiter*innen entledigen und der Menschheit eine neue Freiheit eröffnen würde.

Besonders interessant an der Bewegung von 77 war ihre Weigerung, sich in Bezug auf die Insurrektion „akademischen Regeln" zu fügen. Statt Bewegungen der Vergangenheit zu kopieren, zu reproduzieren oder auch nur zu zitieren, wurde sie von einem starken Wunsch nach einer sozialen und politischen Ablösung von der Vergangenheit getrieben. Der Begriff der Repräsentation wurde in all seinen visuellen und politischen Implikationen untersucht und infrage gestellt; ihm setzten die Bewegungen ihre bedeutendsten Erfindungen entgegen: das Straßentheater als eine Form der Demonstration, den inszenierten Aufstand und die visuelle Besetzung des öffentlichen Raums. Dem entspricht, dass die visuellen Momente in der ethischen Bewertung der 77er-Bewegung in der Geschichtsschreibung klar und deutlich herausgearbeitet wurden. Unmittelbar vor Beginn der März-Aufstände schrieb Umberto Eco im *Corriere della Sera* einen damals heftig umstrittenen Artikel über das vom Kollektiv A/traverso publizierte Buch *Alice ist der Teufel*, das sich dem freien Radio Alice aus Bologna widmete. (A/traverso 1977) Dort heißt es:

> „Liest jemand dieses Buch ohne Kenntnisse der italienischen Ereignisse oder dreißig Jahre nach ihnen, wird er einen ganz falschen Eindruck gewinnen. Er würde keine Gelegenheitsarbeiter*innen und Hippies sehen, die in den Wartesälen von Bahnhöfen herumlungern, keine nackten Körper auf der Suche nach neuen Kontakten. Ganz im Gegenteil, er würde

denken, dass in diesem Buch eine neue ‚kulturelle' Gruppe zu Wort käme, die sich neuer Medien und eines neuen expressiven Stils bedienen würde." (Eco 1977a, eigene Übersetzung) Obwohl Eco nicht gerade ein glühender Bewunderer der revolutionären Dynamiken war, verstand er doch sehr gut, dass die expressiven Schöpfungen des Jahres 1977 als Phänomene, als Sequenzen eines sich bewegenden Bildes verstanden werden mussten, das von keiner Sprache eingefroren werden konnte. In einer zu einfachen Lektüre des Buches, so Eco weiter, „bleibt die von den jungen Leuten geschaffene Wirklichkeit hinter dem Phänomen des freien Radios wie des Buches unbedacht, die sich in dem freien Radio und in dem Buch ausspricht". Radio Alice war eben nicht die neueste Avantgarde, die vermittels neuer Techniken innerhalb der Kommunikation und der Sprache „Intensitäten" schaffen wollte. Ja, es wäre noch immer ungerecht, behauptete man, dass es Alice gelungen sei, marginalisierte Leute dazu zu bringen, über sich selbst zu sprechen: Die Radiomacher, sagt Eco, waren keine Ästhet*innen, die eine problematische soziale Situation ausbeuten, um neue Ausdrucksformen zu schaffen. Stattdessen fand hier das Begehren selbst eine Stimme und lud die Leute ein, nicht nur mit Metaphern, sondern auch durch Metamorphosen zu denken, sich einer transversalen Schrift zu bedienen, die das Begehren freisetzen konnte, um den Versuch der Macht zu bekämpfen, politische Kreativität und befreiende Beziehungen zu kriminalisieren. Denn schreiben, so A/traverso, schreiben kann man auch mit einem Radio und mit einem Körper, und vielleicht liegt der einzige Weg, die Diktatur der Politik zu untergraben, einfach darin, die Diktatur des Sinns zu untergraben und den Unsinn herauszulassen, der sich unter der Haut einer jeden und eines jeden versteckt. A/traverso (mit „hin/durch" zu übersetzen) folgte einer „Poetik der Transformation" und erfand sich dazu eine Sprache, die das Kollektiv „Mao-Dadaismus" nannte, geboren aus der Intuition, dass die Schriften Maos, läse man sie nur hellsichtig genug, reiner Dadaismus seien. Das „mao-dadaistische Schreiben" verkehrte die Beziehung zwischen Kunst und Leben und ließ das Leben zum Kunstwerk werden: „Das wahre Kunstwerk ist der unendliche menschliche Leib, der sich in voller Harmonie durch die unglaublichen Transformationen seiner einzigartigen Existenz bewegt." (eigene Übersetzung)

Diese Schreibweise verdankte sich den neuen Lebensbedingungen, denen sich die Jugend ausgesetzt sah: die automatische Produktion, die von den neuen Technologien hervorgebrachte Einsamkeit, die Arbeitslosigkeit, die Marginalisierung und das Scheitern des vorangegangenen Zyklus von Kämpfen. Für diese neue Wirklichkeit musste die Jugend eine neue Beziehung zur Sprache erfinden, deshalb sprach sie von intelligenten Maschinen, automatischem Wissen, dem gläsernen Geflüster der Information und elektronischem Analphabetismus. In einem „Die Parabel von 1977: von der abstrakten Arbeit zum general intellect" betitelten Text prägt Franco Piperno, Mitbegründer von Potere Operaio, für die Subjekte, die damals sämtliche aktivistischen Strukturen und ihre Bewohner*innen in eine tiefe Krise stürzten, den Begriff der „gesellschaftlichen Einzelnen". (Bianchi/Caminiti 2004: 103, eigene Übersetzung). Sie lebten eine zugleich neue und archaische Lebensform, da sie sich an die tierische Natur des sozialen Bandes hielten und sich bewusst waren, dass sich in ihrem Gattungsschicksal etwas Biologisches fand. Wenn für die Klassenbewegung der Arbeiter*innen abstrakte Arbeit die Quelle allen Reichtums war, legte die Bewegung der Autonomia ihren Fokus auf den sinnlichen Reichtum des *general intellect,* gemessen am Grad der im kollektiven Verhalten und im gesellschaftlichen Habitus enthaltenen Kooperation.

Ein interessantes Beispiel dieser neuen Lebensform waren die *indiani metropolitani* („Stadtindianer*innen"). Ihre ersten Spuren finden sich während eines Streiks bei Mirafiori 1973 und dann 1975 in den großen Partys der Untergrundkultur, als Leute begannen, sich wie Indianer*innen zu kleiden und dabei Äxte aus Plastik mit sich zu führen. Im September 1975 publizierte A/traverso einen in Pseudo-Indianersprache und mit üblicherweise den Indianer*innen zugesprochenen Metaphern verfassten Artikel „Neue Formen des Reservats", in dem es heißt, dass die italienische Jugend in „Reservaten" an den Rändern der Städte vegetiere. Diese Indianer*innen griffen die Funktionalität der Zeichen an, sie schufen die kreativsten Losungen und Aufführungen und waren als Gruppe doch so wenig definiert, dass jede und jeder sagen konnte: „Wir sind alle Stadtindianer*innen!"

„Nach Marx der April, nach Mao der Juni!" „Mehr Atomkraftwerke, weniger Sozialwohnungen!" „Freie Radios sind eine Illusion, alle Macht der Television!" „Die Politiker sind unschuldig, wir sind die wahren Angeklagten!"

Nach den März-Unruhen sah man die Indianer*innen, wie sie in der gebückten Haltung islamischer Gläubiger vor der Stadthalle Bolognas zu dem damaligen Bürgermeister der Stadt beteten: „Bruder Zangheri, vergib uns!" In einem „Das Labor auf der Piazza" überschriebenen Artikel vom April 77 hält Eco fest, dass die Sprache des gespaltenen Selbst und die Verbreitung mittels neuer Codes organisierter Botschaften von Leuten, die mit der Hochkultur völlig unvertraut waren, Leuten, die nie Céline oder Apollinaire gelesen hatten, doch durch Musik, durch Poster oder auf Partys und Konzerten spontan begriffen, was diese eigentlich sagen wollten. (Eco 1977b) Umgekehrt erwies sich die Hochkultur, der die Sprache des gespaltenen Selbst aus ihren keimfreien Räumen längst vertraut war, als völlig unfähig, sie in dem Augenblick zu verstehen, als sie von den Massen gesprochen wurde. „In anderen Worten", schreibt Eco, „die Kulturleute waren es gewohnt, sich über den Bourgeois zu amüsieren, der im Museum vor dem

Bild einer Frau mit drei Augen und Graffitis in unbestimmter Form sagen würde: ‚Ich verstehe nicht, was das darstellen soll.' Jetzt sahen sich dieselben Kulturleute mit einer Generation konfrontiert, die sich selbst in Bildern ausdrückte, die Frauen mit drei Augen und Graffitis in unbestimmter Form zeigten, und ihnen fiel nichts anderes ein als zu sagen: ‚Ich verstehe nicht, was das darstellen soll.'" Was annehmbar war, solange es eine abstrakte Utopie, eine im Laboratorium formulierte Hypothese blieb, wurde unannehmbar, als es sich in Fleisch und Knochen präsentierte. (Eco 1977b, eigene Übersetzung)

Diese kubistische oder nichtfigurative Subjektivität ist das Resultat einer Bewegung der Abscheidung von dem Universum, das die 1960er Jahre bestimmt hatte. Die Scheidung selbst wurde in verschiedenen Formen vollzogen, doch ihr gemeinsames Ziel war es, die Bedingungen und die Bilder zu zerstören, aus denen sich die Ikonographie des kollektiven stalinistischen Imaginären zusammensetzte, das auf dem ikonischen Subjekt der männlichen Arbeiterklasse gründete. Die neuen Subjektivitäten schälten sich aus der Moralität und den Werten der ihnen vorangegangenen Generation heraus. In einem Text aus dem Jahr 1978 schreibt Carla Lonzi, Mitbegründerin der Gruppe La Rivolta Feminile:

> „Mein Selbstbewusstsein als politisches Subjekt wurde in der Gruppe geboren, in der Wirklichkeit, die sich mir in einer kollektiven nicht-ideologischen Erfahrung öffnete. (…) Wenn vom Ende der Politik gesprochen wird, dann handelt es sich tatsächlich um das Ende des Vertrauens in einen ideologischen Entwurf des menschlichen Seins, der von der Politik angesprochen wurde, einem Entwurf, auf den sich sowohl die Restauration wie die Revolution bezogen." (Lonzi 2010: 39)

Das überlieferte Rollenmodell des Subjekts der Revolte war pulverisiert. An seiner Stelle erschienen die hartnäckige Weigerung, dieselben alten Bilder, Gesten und Forderungen zu wiederholen, und der Wunsch, das Leben unmittelbar zu ändern.

1977 war auch das Jahr, in dem Michel Foucaults damals maßgeblicher Text „Das Leben der infamen Menschen" erschien, die Einführung in eine Anthologie der *lettres de cachet*, Briefe, die während des 17. und 18. Jahrhunderts an den König geschrieben wurden, um jemanden verhaften zu lassen. Sie waren oft von öffentlichen Schreibern verfasst, weil die Kläger*innen selbst des Schreibens unfähig waren. „Man wird hier nicht", schreibt Foucault, „eine Sammlung von Portraits zu lesen bekommen: Es sind Fallen, Waffen, Schreie, Gesten, Haltungen, Listen, Intrigen, bei denen die Wörter die Instrumente gewesen sind." (Foucault 2003a: 314) Von diesen Dokumenten, die Arlette Farge und eine Gruppe engagierter Forscher*innen den Archiven der Bastille entnommen und unter dem Titel *Die Unordnung der Familien* publiziert hatten, von diesen Dokumenten sei er, so schreibt Foucault, körperlich provoziert worden. Wir lesen von „Schuhflickern, desertierten Soldaten, Kleiderhändlern, Gerichtsschreibern, umherziehenden Mönchen, alle wuterfüllt, Anstoß erregend oder erbarmungswürdig", flüchtig angestrahlt von einem Licht, das von anderswo auf sie fällt. (ebd.: 313; vgl. auch Foucault/Farge 1982) Damit diese grauen und ordinären Existenzen uns überhaupt erreichen konnten, mussten sie von einem Lichtstrahl erfasst werden, der sie aus der Dunkelheit riss, in der sie nach ihrer brutalen Begegnung mit der Macht eigentlich hätten bleiben sollen. Wir vernehmen ihre Stimmen, ihre Revolten durch die hochtrabende Rhetorik der öffentlichen Schreiber hindurch, verfasst, um die gemeinsten Geschichten auszuschmücken, die jetzt nicht mehr „von den Deklamationen, den taktischen Parteilichkeiten und den gebieterischen Lügen" getrennt werden können, „die die Spiele der Macht und die Beziehungen zu ihr voraussetzen." Auf den Selbstvorbehalt „Warum nicht darangehen und diese Leben da hören, wo sie von sich aus sprechen?", antwortet Foucault mit einer Gegenfrage: „Was von dem, was sie in ihrer Gewalttätigkeit oder in ihrem einzigartigen Unglück gewesen sind, was auch immer bliebe uns davon, wenn sie nicht zu einem bestimmten Zeitpunkt die Macht gekreuzt und ihre Kräfte herausgefordert hätten?" Foucault fährt fort: „Ist es schließlich nicht einer der Grundzüge unserer Gesellschaft, dass das Schicksal darin die Form des Verhältnisses zur Macht, des Kampfes mit ihr oder gegen sie annimmt? Der intensivste Punkt der Leben, der Punkt, an dem sich ihre Energie konzentriert, ist eben da, wo sie mit der Macht zusammenstoßen, sich mit ihr herumschlagen, ihre Kräfte zu verwenden oder ihren Fallen zu entgehen suchen." Diese Texte sind folglich die einzig möglichen Denkmäler dieser infamen Leben: „Da sie nichts in der Geschichte gewesen sind, da sie in den Geschehnissen oder unter den wichtigen Leuten keine merkliche Rolle gespielt und um sich herum keine Spur hinterlassen haben, auf die man Bezug nehmen könnte, haben sie niemals mehr eine Existenz und werden sie auch keine mehr haben als unter dem prekären Schutz dieser Wörter." (ebd.: 315 f.) Die Begegnung mit diesen Lebensfragmenten, mit diesen von Leuten, die sie verhaften oder wegschaffen lassen wollten, übel verleumdeten Charakteren gibt uns einen intensiven Geschmack der Ethik und der Moralität dieser Zeit und konfrontiert uns mit der extremen Grausamkeit der Justiz. Die visuellen Metaphern, die Foucault verwendet, um die Art und Weise zu beschreiben, in der die Tatsächlichkeit dieser Leben die dichte Dunkelheit des Vergessens durchlöchern und zu uns gelangen, gehören zu einer ganz eigenartigen visuellen Maschine, zu der des Panoptikums. Als Werkzeug *par excellence* der Überwachung war es das Zentrum und das Paradigma von *Überwachen und Strafen*. (Foucault 1976) Eingang in die Worte anderer gewannen die infamen Leben nur in der Perspektive dieses juridischen Wachtturms. Warum war es so unumgänglich, sie zu ersticken „wie man einen

Schrei, ein Feuer oder ein Tier erstickt?" (Foucault 2003a: 312) Wenn wir das wünschen, können wir uns mit der Idee helfen, darin eine Art der Rache zu sehen: „den glücklichen Zufall, der es gestattet, dass diese absolut ruhmlosen Leute aus der Mitte so vieler Toter immer noch gestikulieren, immer noch ihre Wut, ihren Kummer oder ihre unbezwingliche Entschlossenheit ausdrücken, sich auszulassen, gleicht vielleicht den unglücklichen Zufall aus, der trotz ihrer Durchschnittlichkeit und ihrer Namenlosigkeit den Blitzstrahl der Macht auf sie gezogen hatte." (ebd.: 317 f.)

Wir finden eine ähnliche Sorge und ein ähnliches Bewusstsein dessen, was in den Worten der Macht in eine Falle geraten, objektiviert und portraitiert worden ist, in einem von „vielen Genoss*innen" herausgegebenen Buch, das den Titel trägt *Der Marsch von Bologna 1977 … Unsere Sache*. In diesem Buch geht es um das den infamen Leben vergleichbare Leben der anonymen politischen Aktivist*innen, denen dasselbe Schicksal widerfuhr. Dort heißt es:

„Es wird keinen Historiker geben, wir werden keinen Historiker dulden, der durch seine Sprache eine Position der Überlegenheit beansprucht, der der Macht seine Dienste anbietet und die Tatsachen rekonstruiert, um sich so unserem Schweigen aufzuherrschen, einem ununterbrochenen, wild fremden Schweigen." (Molti Compagni 2007: 9)

In einem Interview aus demselben Jahr merkt Foucault an, dass „die Besiegten – wenn es denn Besiegte gibt – *per definitionem* jene sind, denen man das Wort entzogen hat." Wollen sie trotzdem sprechen, müssen sie sich einer fremden, ihnen aufgezwungenen Sprache bedienen. Sie sind nicht stumm, doch sie sprechen eine Sprache, die man niemals zuvor vernommen hat und der zu lauschen wir nun gezwungen sind: eine Sprache, zur der man die Unterworfenen mit der Unterwerfung genötigt hat und die zu ihrer Narbe wurde. Diese unauslöschlichen Zeichen, diese Spuren haben jetzt ihre Gedanken und sogar ihre Körperhaltung imprägniert und lassen Foucault fragen: „Hat es eine Sprache der Besiegten jemals gegeben?" (Foucault 2003b: 505). In ihrem 1985 publizierten Text *Can the Subaltern speak?* gibt Gayatri Spivak auf diese Frage eine negative Antwort: In der Folge ihrer Position in der globalen Arbeitsteilung und ihrer je besonderen sozialen Situation können die Subalternen, Opfer gleich mehrfacher Diskriminierungen, nicht sprechen. Spivak zitiert dazu das Beispiel der indischen Witwen, die der Tradition folgen, sich bei der Feuerbestattung ihrer Ehemänner mit zu verbrennen und ihrer verbalen, kulturellen und politischen Abwesenheit so noch ihre leibliche Abwesenheit hinzuzufügen. (Spivak 2008: 80 f.) Was können wir mit diesem negativen Raum anfangen? Sollen wir diesen ortlosen Raum re-präsentieren, diese Heterotopie, die der Kontinent derjenigen ist, die man aus jedem politischen Territorium ausgeschlossen hat? Die Frage der Repräsentation ist für diesen Text entscheidend, in dem Spivak Deleuze und Foucault dafür kritisiert, in ihrem Interview *Die Intellektuellen und die Macht* noch zu oberflächlich gewesen zu sein? (vgl. Spivak a. a. O.: 21 ff. sowie Foucault 2002a) Spivak widerspricht dabei der in dem Interview implizierten Theorie der Repräsentation, in der Deleuze behauptet, dass Theoretiker*innen wie er und Foucault aufgehört hätten, ein Subjekt im Sinn eines repräsentierenden oder repräsentativen Bewusstseins zu sein. Wer heute kämpfen würde, sagt Deleuze, lasse sich nicht mehr von einer Partei oder Gewerkschaft vertreten, die beansprucht, ihr Bewusstsein zu verkörpern. Wir sind alle Fraktionen, es gibt keine Stellvertretung mehr, sondern nur noch Aktion, Aktion in der Theorie und Aktion in der Praxis, eingelassen in Beziehungen und Netzwerke. Vielleicht war der Enthusiasmus damals zu stark, um sehen zu können, dass es Leute gab, die gar keinen Zugang zu den Netzwerken und zu den Beziehungen hatten, die ihnen das Kämpfen ermöglichen könnten, zu stark auch, um zu sehen, wie sehr sich die Position der Intellektuellen noch immer von der der Gefangenen unterschied, für die die von Foucault und Deleuze gegründete *Groupe d'information sur les prisons* (G.I.P., Gefängnisinformationsgruppe) kämpfte. Ihre physische und politische Sichtbarkeit blieb schwierig. An einer späteren Stelle ihres Textes evoziert Spivak Marx' *Achtzehnten Brumaire des Louis Bonaparte*, in dem das Verb „repräsentieren" in der doppelten Bedeutung gebraucht wird, die ihm im Deutschen zukommt. (Spivak 2008: 30 ff.; vgl. auch Marx 1960) Dabei bedeutet „Vertretung" das Sprechen an der Stelle eines Anderen, während der Ausdruck „Darstellung" üblicherweise für – oft im künstlerischen Kontext – praktizierte Verfahren der Präsentation und der Beschreibung. Wir sollten lernen, so schließt sie, das nichtdarstellbare Subjekt darzustellen, ohne an seiner Statt zu sprechen. Falls überhaupt nötig, sollten wir uns selbst repräsentieren als diejenigen, die einfache Übersetzer*innen der Sache von Leuten ohne Stimme sind. Das Problem selbst aber bleibt auch dann noch ungelöst, denn sobald wir auch nur versuchen, die heterogene und vielgestaltige Menge der Marginalisierten darzustellen, sind wir schon dabei, sie zu beschreiben. Schon der kleinste, und sei es historische, Abstand zwischen uns und ihnen bedeutet, dass wir sie objektivieren und damit das gemeinsame Gewebe verleugnen, das ihre dunklen und schweigenden Leben mit den unseren verbindet. Sich wie Foucault in seiner Lektüre der infamen Leben physisch des „Gefühls" zu erwehren, wie nah ihre Revolten unseren eigenen Leibern kommen, ist selbst nur eine neue Form des Orientalismus. Insurrektionen der Vergangenheit (oder ihre Abwesenheit, ihre Unterdrückung) scheinen aufgrund ihres durch das Vergehen der Zeit erreichten physischen Abstand vor uns sicher zu sein. Ihre Protagonist*innen faszinieren uns, weil sie exotisch sind – das ist es, was der Name der „Stadtindianer*innen" ans Licht bringen sollte. Spivak selbst entrollt, an späterer Stelle ihres Textes, die lange erwartete Liste der subalternen Subjekte. Marx seinerseits war und blieb der meisterhafte Maler der überzeugendsten Fresken der Leben der popularen Verschwörer*innen. Im *Achtzehnten Brumaire* lesen wir die famose Beschreibung der Mitglieder der *Gesellschaft des 10. Dezember*:

> „Neben zerrütteten Roués mit zweideutigen Subsistenzmitteln und von zweideutiger Herkunft, neben verkommenen und abenteuernden Ablegern der Bourgeoisie Vagabunden, entlassene Soldaten, entlassene Zuchthausträflinge, entlaufene Galeerensklaven, Gauner, Gaukler, Lazzaroni, Taschendiebe, Taschenspieler, Spieler, Maquereaus, Bordellhalter, Lastträger, Literaten, Orgeldreher, Lumpensammler, Scherenschleifer, Kesselflicker, Bettler, kurz, die ganze unbestimmte, aufgelöste, hin- und hergeworfene Masse, die die Franzosen nennen." (Marx a. a. O.: 160 f.).

Obwohl Jacques Rancière die Theorie vom Sinnlichen als einem zugleich politischen und ästhetischen Faktum in seinem aus dem Jahr 1983 stammenden Buch *Der Philosoph und seine Armen* noch gar nicht entwickelt hat, beschreibt er dort den Juni 1848 als den entscheidenden Moment, in dem die Voraussagen aus Marx' und Engels' *Manifest* durch die Ereignisse selbst hätten bestätigt werden können: Die Wahrheit des Buchs wäre dann das Straßentheater der Barrikaden, auf deren beiden Seiten die Klassenspaltung sichtbar geworden wäre. (Rancière 2010) Die neue Republik war gerade mit dem Blut der Unterdrückung getauft und die Diktatur der zur Klasse vereinten Bourgeoisie war jeden Dekors und Schmucks beraubt worden, der die wahre Natur der Macht hätte maskieren können. Doch plötzlich verwirrt sich alles: Wo wir die bürgerliche Herrschaft am Werk und die politische Geschichte als das offene Buch des Klassenkampfs sehen sollten, verschwanden Bourgeois und Proletarier*innen als ihre bewiesenen Akteur*innen von der Bühne, die jetzt von einer Truppe von Komödiant*innen besetzt wurde – der Liste derjenigen, die wir gerade gelesen haben. Ihre burleske Darstellung gipfelte schließlich in der Wahl des Clowns Louis Napoleon zum Präsidenten der Zweiten Republik. Rancière zufolge enthüllt die Aufeinanderfolge dieser Zirkus- oder Theater-Effekte auf eben der Bühne, die eigentlich der Schauplatz der Auferstehung der Klasse hätte sein sollen, die verstörende Wahrheit, die in der generellen Unfähigkeit der gesellschaftlichen Klassen liegt, nur auf der Ebene zu existieren, auf der allein sie den Titel „Klasse" tragen können: auf der Ebene ihrer politischen Repräsentation. Und doch liegt in der Obskurität der Massen und Klassen als der bloßen Summe der Individuen, aus denen sie sich zusammensetzen, die tiefste Furcht der Bourgeoisie.

Das von Foucault und Farge im gemeinsam geschriebenen Vorwort zur Unordnung der Familie beschriebene Bild des nächtlichen Paris ist voll von diesen unsichtbaren und infamen Leibern:

„Die Kanaille, die im gleichen Moment erschreckt und fasziniert, die in der Verworfenheit und in der Untat immer noch einen Schritt weiter gehen kann, die nicht geradehin als kriminell definiert werden kann und doch in der Stadt alle möglichen Unterschlüpfe kennt, wo sie ihre Kompliz*innen und das Raubgut ihrer Abenteuer verstecken kann, sie ist es, die die Bourgeoisie mit den Leuten selbst identifiziert." (Eigene Übersetzung)

Weil sie trotz allem irgendwie unsichtbar, unlesbar und opak bleiben, bilden die Armen in der *Unordnung der Familien* den Schirm für die bourgeoise Furcht und Unruhe. Dargestellt als eine Bande von Schurken und Jämmerlingen, als eine ungeheuerliche Flut, die zerstäubt und sich vervielfältigt, die anschwillt und wieder verschwindet und wieder zurückkehrt, ist diese brodelnde und schäumende Masse mit ihrer nachbarschaftlichen Solidarität eine unentwirrbare und furchterregende Mischung der mühseligen und gefährlichen Klassen. Sie hat keine bestimmte Form und verfügt nicht über die Voraussetzungen, um wie auch immer repräsentiert werden zu können – jedenfalls nicht, bevor sie von der Polizei in vereinzelte Individuen gebrochen wird, die identifiziert, verhaftet und bestraft werden können.

In dem 1995 veröffentlichten Text *Was ist ein Volk?* befragt Giorgio Agamben die Vieldeutigkeit des Begriffs des „Volkes", der sich in allen modernen europäischen Sprachen findet. (vgl. Agamben 2001) Dabei bezeichnet das „Volk" stets die Marginalisierten, die Armen und Benachteiligten, bildet aber zugleich den Namen des konstitutiven Subjekts der Politik. Es stellt also die Masse der Bürger*innen zugleich als einen homogenen politischen Körper und als die fragmentierte Vielheit der Besitzlosen dar. Entweder eine Form der Inklusion, die vorgibt, sich zu totalisieren, oder ein Exklusion, die absolut hoffnungslos bleibt, bezieht sich das Volk einerseits auf alle integrierten und souveränen Bürger*innen, andererseits auf die Reservation oder das Lager, den Ort der Unglücklichen, Unterworfenen und Besiegten. In diesem bipolaren Begriff sieht Agamben die Spur einer Spaltung, die das eine Leben des Sphäre des *bios* – einer Existenz, die Zugang zur Sprache und daher zur bedeutungsvollen Sichtbarkeit und der öffentlichen Rede der Politik hat – und das andere Leben der Sphäre der *zoe* zuschreibt, die der Beherrschung unterstellt wird und zu einer Rede gezwungen ist, die nur als Geräusch wahrgenommen werden kann. Der Kern dieser Reflexion strukturiert die Trilogie, deren erster Band den Titel *Homo Sacer* trägt und das Denken Agambens als Fortführung der Analysen Foucaults ausweist, die dessen früher Tod unvollendet bleiben ließ. (vgl. Agamben 2002) Sein Grundtopos ist die Beziehung zwischen dem nackten Leben und der Politik. So verbirgt sich in der Frage „In welcher Weise verfügt das Lebewesen über die Sprache" eine zweite Frage, die auf die Weise zielt, in der das nackte Leben als das Wesen, das zwar eine Stimme, doch keine Sprache hat, „die *polis* bewohnt", den Raum des Politischen. (ebd.: 18) Agamben zufolge gibt es die Politik nur, weil menschliche Wesen in der Sprache ihr eigenes nacktes Leben von sich abscheiden können, ihm aber in einer Beziehung des einschließenden Ausschlusses verbunden bleiben.

Es gibt Politik, weil der Raum Leiber birgt und weil das Leben, das sie bewohnt, repräsentiert oder nicht repräsentiert, in die Sprache der Macht übersetzt oder nicht übersetzt werden kann. Politik ereignet sich, wenn sich die Grenze zwischen dem stummen und dem sprechenden Volk, zwischen den Repräsentierten und den Nichtrepräsentierten verschiebt, wenn es zu Bewegungen des Ausschlusses und des Einschlusses kommt. Doch verändern diese Bewegung die innerste Subjektivität ihrer Akteur*innen: Hat sich die Grenze verschoben, wechseln die Subjekte und transformieren sich. Foucault und Rancière unterstreichen dasselbe Problem in dem Gespräch, das sie in der Ausgabe der Zeitschrift *Révoltes Logiques* führen, die im Winter 1977 gedruckt wurden, also zeitgleich mit der Erstveröffentlichung des *Lebens der infamen Menschen*, zeitgleich aber auch mit dem von Félix Guattari lancierten Aufruf gegen die Unterdrückung der italienischen Bewegungen. (vgl. Foucault 2003c; Guattari 1977)

In dem unter dem Titel *Mächte und Strategien* geführten Gespräch mit Rancière spricht Foucault über die Plebs als ein stets und stetig schweigendes Ziel der Machtapparate. Dabei ist die Plebs keine soziologische Bestimmung, sondern ist eher distributiven Wesens: Etwas von ihr findet sich in allen Klassen, wie ein chemisches Substrat, das auf seine Aktivierung wartet: eine schlummernde, doch zur Explosion bereite Potentialität. Sie sollte nicht als die Quelle oder das Subjekt der Revolten betrachtet werden, weil sie nur die negative Bestimmung dessen ist, was sich der Macht entzieht, eine zentrifugale Bewegung, eine invertierte Energie, eine Fluchtlinie in den Leibern wie in den Seelen, eine Grenze und ein Gegenüber zu jedem produktivem Fortschritt der Regierung. Im Werkzeugkasten Foucaults wird die Plebs zum genauen Gegenteil eines Subjekts, das zu beschreiben wäre und damit zur Gestalt einer politischen Maschine der Vision. Was zählt, sind nicht die vom Neoliberalismus besungenen Freiheitsrechte, noch ihre vom Neo-Populismus betriebene Fetischisierung, sondern der *point of view*, der Gesichtspunkt der Plebs, der die Machtapparate in den Blick nimmt und die Konstruktion von Strategien des Widerstands erlaubt. Das pulverisiert jeden Exotismus.

Die Revue *Révoltes Logiques* entstand zu der Zeit der großen Monographien über das Land der Dörfer, über die Biographien der kämpferischen Menschen der niederen Klassen, der Evokation des popularen Karnevals oder des plebejischen Barbarismus. Wie Rancière in *Les scènes du peuple* schreibt, „begann an die Stelle des Proletariers der marxistischen Wissenschaft ein lärmendes und buntes Volk zu treten, (...) das zugleich ein seinem Wesen vollkommen entsprechendes Volk war, verwurzelt in seinem Ort und in seiner Zeit, bereit, sich von der Legende der niedrig Geborenen zur Positivität der schweigenden Mehrheit aufzumachen." (Rancière 2003, eigene Übersetzung) Die Reaktion gegen die revolutionäre Mythologie des Marxismus verband sich direkt den Massenverbrechen des Gulag und schuf so das Bild einer sich spontan erhebenden, unbefleckten Plebs, in der die unmittelbare Positivität des Volkskörpers und die reine Negativität des Widerstandes gegen die Macht zusammenfielen. In der problematischen Triade, die in den 1970er Jahren die Proletarier*innen, das Volk und die Plebs verband, befeuerte dieser Widerstand bei Rancière Projektionen eines neuen revolutionären Subjekts, während er bei Foucault gerade das genaue Gegenteil eines Subjekts wurde und tatsächlich auf einen Raum der Desubjektivierung im Sinne einer Ent-Unterwerfung verwies. Im Kontext seiner Forschungen zur Kritik als einer Antwort auf die Gouvernementalität ist die Plebs die anonyme Künstler*in, die in zusammenhängender Weise die

Kunst perfektioniert, nicht regiert zu werden, die Autor*in des trans-historischen *ready-mades*, das aus der Masse der Strategien des Widerstands gegen die Macht besteht, den Statistiken und jedem Versuch entflieht, die Spuren seiner Bewegungen zu verfolgen. So gehört die Plebs in einer problematischen Weise dem öffentlichen Raum an, weil sie sich selbst auf der Grenze zwischen *logos* und *phoné* findet, auf der Grenze zwischen der bedeutungsvollen Sprache und dem unartikulierten Geräusch. Die Existenz dieses Geräuschs setzt sich physisch der Macht entgegen, in dem sie seine Leibhaftigkeit in den Aufstand einbringt, sich tagtäglich der Gouvernementalität widersetzt und damit die Illusion dekomponiert, nach der der politische Raum ein rein sprachlicher und repräsentativer Raum sein soll.

Der Gesichtspunkt der Plebs enthüllt die Machtbeziehungen in den Leibern, er enthüllt den Leib als ein Objekt, das von der Macht dauernd eingehegt und kontrolliert wird und deshalb nicht einfach eine Form ist, die uns Menschen als solchen gemeinsam zukäme. Die Plebs wird so oft mit dem Leib identifiziert, weil sie ihn als den Protagonisten auf die politische Bühne zurückbringt, der immer wieder von dieser Bühne verwiesen wird. Die Plebs ist die Protagonist*in, die jede Rede zur Sprache bringt, indem sie sie verleugnet, die Protagonist*in, die jede Rede verleugnet, indem sie sie zur Sprache bringt. Im Körper der politischen Repräsentation eines jeden demokratischen Staates verbirgt sich die schweigende und gefährliche Masse der nicht repräsentierten Leute, des Volkes, dessen Darstellung niemals durch eine einzelne Person verkörpert werden kann, und vielleicht liegt in diesem Schweigen die verstörende Lehre, die wir aus dem Kult der Persönlichkeiten und ihrer Tragödien hätten ziehen sollen und noch immer nicht gezogen haben.

Analysiert wurde die Weise, in der die Macht die Plebs durch das Gefängnissystem und die juridischen Apparate eindämmt, auch in dem Gespräch über die Volksjustiz, das Foucault 1972 mit Benny Lévy und André Glucksmann geführt hat. (vgl. Foucault 2002b) Das Tribunal ist eine Maschine zur Enthüllung von Schuld und zur Sichtbarmachung von Schuld durch seine Architektur: Der Tisch, der die Richter von denen trennt, die gerichtet werden, ist auch und gerade in seiner revolutionären Variante die räumliche Repräsentation von Neutralität. Es wird niemals die Widersprüche zwischen Proletarier*innen und Bourgeois lösen können, weil sein Zweck konservativ und gegen-umstürzlerisch ist: In jedem einzelnen Fall geht es um nichts anderes als darum, Leiber einzukerkern oder zu bestrafen. Deshalb hat der Tisch mit den einander gegenübergestellten Stühlen in der Geschichte stets nur die Trennlinie gezogen, an der sich die Insurrektionen brachen und die Plebs vom Proletariat getrennt wurde.

Stets zog dieser Apparat von der wirren Menge eine Unterwelt der marginalisierten, gefährlichen, gar furchterregenden Leute ab, indem er sie ins Gefängnis, ins Hospital, auf die Galeeren oder in die Kolonien brachte. Deshalb erstaunt auch nicht, wenn so viele Schriftsteller*innen oder Philosoph*innen ihr Portrait der unmoralischen Plebs zeichnen konnten: Schließlich bleibt ihre Stimme solange bloße *phoné* und ihre soziale Wirklichkeit solange eine Abstraktion, bis sie vom repressiven Apparat getroffen werden.

1977, das Jahr, in dem Foucault am intensivsten zu diesem Problem arbeitete, war in Italien das Jahr der Plebs. Wir wissen, das Foucault ein aufmerksamer Beobachter der Ereignisse und dass ihn die offizielle Version nicht befriedigen konnte, die Version vom staatlich getriebenen Terrorismus, von einem bloß reaktiven Kampf, der auf nichts als auf die Rettung der brüchigen Demokratie zielte, die noch immer von ihrer faschistischen Vergangenheit geschwächt gewesen sei. Er war Mitunterzeichner von Guattaris Aufruf gegen die Kriminalisierung der Bewegungen. Wenn 77 das

Jahr ist, an das in Italien niemand zu rühren wagt, dann deshalb, weil sich das Gesicht der Gegenwart seither dramatisch verändert hat. Primo Moroni, Gründer des *Si o Si Club*, dann des *Collettivo Gramsci*, schrieb später, dass die Piazza Maggiori in Bologna, das Campo die Fiori in Rom, die Piazza Mercanti in Mailand und viele andere öffentliche Räume damals tatsächlich temporäre autonome Zonen waren. (Moroni/Ballestrini 2002) Eco schreibt, dass die Arkaden Bolognas über und über mit Graffiti und Zeichnungen überzogen waren und ihn an Cy Twombly's Gemälde erinnerten: die Mauern der Spontaneität des Schreibens überlassen, ein offener Raum, der nach kollektiver Anteilnahme verlangte und eine unendliche Möglichkeit der Erwiderung bot. Die Graffitis vervielfältigten sich, zwei von ihnen genügten, um eine Epidemie auszulösen. Toni Negri erzählt, dass niemand, der im Sommer 1976 nach Mailand kam, vermeiden konnte, den Lambro Park zu besuchen, einen Park, in dem die proletarische Jugend zeltete und die Bewegung ein Festival pazifischer Musik in ein befreites Territorium verwandelte, am zweiten Tag einen Lastwagen voller Lebensmittel und die umliegenden Supermärkte plünderte, um das temporäre indianische Reservat ernähren zu können. Die Städte waren voller besetzter Häuser und ganze Nachbarschaften beschlossen, keine Miete und auch sonst keine Rechnungen mehr zu bezahlen. Nach den Supermärkten waren die Luxusgeschäfte an der Reihe.

Die fortgeschrittensten Strömungen der feministischen Bewegung predigten die Abwendung von allen Rechten. Diese Frauen, eben noch inmitten ihrer Kämpfe um die Legalisierung der Abtreibung, die Bestrafung der Vergewaltigung, die Einführung der *affirmative action*, verlangten jetzt, dass das Gesetz von ihrem Schicksal und zu ihren Leibern schweigen sollte. Immer schon hatte man die Leiber der Frauen dem Reich der *phoné* zugeschlagen, der geistlosen Sprache des Gefühls. Eine ihrer Hauptlosungen lautete: „Glaubt ja nicht, dass ihr irgendwelche Rechte habt!" Damit sollte gesagt sein: Glaubt bloß nicht, dass ihr in den Apparat, der euch gestern noch ausgeschlossen hat, eingeschlossen werden könnt, ohne dabei missbraucht zu werden!

Das paradoxe und als solches gerade heute absolut aktuelle Erbe dieser Zeit kann vielleicht nicht treffender als in den Worten von Lia ausgedrückt werden, einer Protagonistin der damaligen Ereignisse, die wie so viele andere anonym geblieben ist. Sie finden sich in einem feministischen *fanzine* des Jahres 1976 und lauten wie folgt:

„Die Wiederkehr des Verdrängten bedroht alle meine Arbeitsprojekte, meine Forschungen und meine Politik. Doch ist sie wirklich eine Bedrohung oder sollte ich ihr mehr Raum und mehr Aufmerksamkeit gewähren, weil sie in mir das wahrhaft politische Element ist? (…) Die Stille war verneinend und drängte den Teil meiner selbst zurück, der Politik machen wollte. Sie bejahte etwas ganz Neues. Etwas hat sich verändert, ich habe angefangen zu sprechen, doch beginne ich in diesen Tagen zu verstehen, dass der bejahende Teil wieder damit beginnt, den ganzen Raum zu besetzen. Ich glaube, dass die stumme Frau der fruchtbarste Widerspruch gegen unsere Politik ist. Das Nicht-Politische gräbt Tunnel, die wir nicht wieder mit Erde füllen dürfen." (Lia 1976)

Aus dem Englischen übersetzt von Thomas Seibert

Literatur:
Giorgio Agamben: Was ist ein Volk? In: Mittel ohne Zweck. Noten zur Politik, Freiburg/Berlin 2001: 35–43.
Giorgio Agamben: Homo sacer. Die souveräne Macht und das nackte Leben, Frankfurt 2002.
Gilles Deleuze: Differenz und Wiederholung, München 1997.

Umberto Eco: La comunicazione ‚sovversiva' nove anni dopo il sessantotto. In: Corriere della Sera, 25. 2. 1977a.
Umberto Eco: Il laboratorio in piazza. In: L'Espresso, 10 April, 1977b
Michel Foucault: Das Leben der infamen Menschen. In: Schriften Bd. 3, Frankfurt 2003a: 309–332.
Michel Foucault: Überwachen und Strafen. Die Geburt des Gefängnisses, Frankfurt 1976.
Michel Foucault/Gilles Deleuze: Die Intellektuellen und die Macht. In: Michel Foucault, Schriften Bd. 2, Frankfurt 2002a: 382–394.
Michel Foucault/André Glucksmann/Benny Lévy: Über die Volksjustiz. Eine Auseinandersetzung mit Maoisten. In: Michel Foucault, Schriften Bd. 2, Frankfurt 2002b: 424–461.
Michel Foucault: Folter ist Vernunft. In Schriften Bd. 3, Frankfurt 2003b: 505–513.
Michel Foucault: Mächte und Strategien. Gespräch mit Jacques Rancière in Les Révoltes logiques, Nr. 4, Winter 1977. In: Schriften Bd. 3, Frankfurt 2003c: 538–550.
Michel Foucault/Arlette Farge: Le Désordre des familles. Lettres de cachet des Archives de la Bastille, Paris 1982.
Klemens Gruber: Die zerstreute Avantgarde: Strategische Kommunikation im Italien der 70er Jahre, Köln 1989.
Félix Guattari 1977: Der von Deleuze und Foucault, aber auch von Jean-Paul Sartre und Roland Barthes gezeichnete Aufruf Guattaris findet sich unter http://www.complessoperforma.it/77WEB/77-52.htm.
Kollektiv A/traverso: Alice ist der Teufel. Praxis einer subversiven Kommunikation: Radio Alice, Berlin 1977.
Lia, in: Sottosopra, Alcuni documenti sulla pratica politica, Dicembre 1976, http://www.libreriadelledonne.it/_oldsite/news/articoli/sottosopra76.htm.
Carla Lonzi: Significato dell'autocoscienza nei gruppi feministi. In: Sputiamo su Hegel e altri scritti. Postfazione di Maria Luisa Boccia, Mailand 2010.
Karl Marx: Der achtzehnte Brumaire des Louis Bonaparte. In: Marx/Engels Werke Bd. 8, Berlin 1960: 111–207.
Molti Compagni: Bologna marzo 1977… fatti nostri …, Rimini 2007.
Primo Moroni/Nanni Ballestrini: Die Goldene Horde. Arbeiterautonomie, Jugendrevolte und bewaffneter Kampf in Italien, Berlin 2002.

Franco Piperno: The 77 parabola: from abstract work to general intellect. In: Sergio Bianchi/Lanfranco Caminiti, Franco Piperno: La parabola del '77: dal „lavoro astratto" al „general intellect". In: Sergio Bianci/Lanfranco Caminiti, Settantasette. La rivoluzione che viene, Rom: 2004.

Jacques Rancière: Der Philosoph und seine Armen, Wien 2010.

Jacques Rancière: Les scènes du peuple, Lyon 2003.

Alberto Asor Rosa: Le due società, Turin 1977.

Gayatri Spivak: Can the Subaltern speak? Wien 2008.

SILVIA FEDERICI

Marx, der Feminismus und der Aufbau der Commons

> „Der Kommunismus ist für uns nicht ein *Zustand,* der hergestellt werden soll, ein *Ideal,* wonach die Wirklichkeit sich zu richten haben [wird]. Wir nennen Kommunismus die *wirkliche* Bewegung, welche den jetzigen Zustand aufhebt. Die Bedingungen dieser Bewegung ergeben sich aus der jetzt bestehenden Voraussetzung." (MEW 3: 35)

Durch welche Werkzeuge, Prinzipien und Ideen kann der Marxismus zur zeitgenössischen feministischen Theorie und Praxis beitragen? Können wir die Beziehung zwischen Marxismus und Feminismus heute anders denken als Heidi Hartmann, die in ihrem viel beachteten Essay vor fast vierzig Jahren diese Beziehung als eine „unglückliche Ehe" beschrieben hat? (Hartmann 1979) Was sind die wichtigsten Aspekte des Marxismus, um den Feminismus und den Kommunismus des 21. Jahrhunderts neu zu denken? Und wie lässt sich die Marx'sche Vorstellung vom Kommunismus mit dem Prinzip der Commons, dem politischen Paradigma, dass das radikale feministische Denken der Gegenwart so stark beeinflusst, vergleichen?

Wenn ich diese Fragen stelle, beteilige ich mich an einer Diskussion über Alternativen zum Kapitalismus, die längst in den Zeltstädten und auf den besetzten Plätzen überall auf der Welt geführt wird, wo eine Gesellschaft der „Commoners" im Entstehen begriffen ist, die zwar voller Widersprüche sein mag, aber reich an neuen Möglichkeiten ist und danach strebt, gesellschaftliche Räume und Beziehungen zu schaffen, die nicht von den Logiken des kapitalistischen Marktes beherrscht werden.

Es ist jedoch kein einfaches Unterfangen, den Begriff des Kommunismus, den Karl Marx uns hinterlassen hat, im Hinblick auf das 21. Jahrhundert zu beurteilen. Zur Komplexität des Marx'schen Denkens kommt noch hinzu, dass er am Ende seines Lebens, nach der Niederlage der Pariser Kommune, einige seiner politischen Grundsätze offensichtlich über Bord geworfen hat, insbesondere in Bezug auf die materiellen Voraussetzungen zur Errichtung einer kommunistischen Gesellschaft.[1] Außerdem wird niemand in Abrede stellen, dass zwischen seinen beiden Hauptwerken, dem *Kapital* und den *Grundrissen*[2], große Unterschiede

---

[1] Dieses Argument beruht auf der Lektüre der *Ethnologischen Notizen* von Marx, die er in den letzten Jahren seines Lebens zusammengetragen hat und die in ein größeres Werk einfließen hätten sollen. Seine Kommentare zeigen, dass Lewis Henry Morgans *Die Urgesellschaft*, „und vor allem seine detaillierte Darstellung der Irokesen, Marx zum ersten Mal einen Einblick in die konkreten Möglichkeiten einer freien Gesellschaft gegeben hat, die historisch bereits existiert hat" (Rosemont 2009) und er die Möglichkeit eines revolutionären Weges, der nicht von der Entwicklung kapitalistischer Verhältnisse abhängig ist, gesehen hat. Rosemont meint, dass Marx die Arbeiten von Morgan im Kopf hatte, als er in der Korrespondenz mit russischen Revolutionären die Möglichkeit eines revolutionären Prozesses in Russland in Betracht zog, der direkt zu kommunalen Formen des Eigentums führt und auf den Kommunen der russischen Bäuer*innen beruht, anstatt diese aufzulösen. Siehe dazu auch Kevin B. Anderson (2002) und Teodor Shanin (1983).

[2] Antonio Negri hat beispielsweise gefordert, dass man die *Grundrisse* als den Höhepunkt des Marx'schen Denkens sehen sollte und die Bedeutung des *Kapital* überschätzt wird, weil Marx bereits in den *Grundrissen* seine zentralen Konzepte und die radikalste Definition des Kommunismus entwickelt hat. (Negri 1991: 5 f., 8 f., 11–18) George Caffentzis behauptet im Gegensatz dazu, dass es im *Kapital* ein einheitlicheren Begriff des Kapita-

bestehen, und Marx kein Autor ist, den man aufgrund einiger weniger Formulierungen begreifen kann, sondern sich „sein Stand der Analyse stets mit seinem politischen Entwurf geändert hat." (Salleh 1997: 71)

Zweierlei steht außer Streit

Die Marx'sche politische Sprache ist nach wie vor notwendig, um über eine Welt jenseits des Kapitalismus nachdenken zu können. Seine Analyse des Mehrwerts, des Geldes und der Warenform, und vor allem seine Methode, die der Geschichte und dem Klassenkampf eine materielle Grundlage gibt und sich weigert, die Sphäre der Ökonomie von der Sphäre der Politik zu trennen, sind noch immer unverzichtbar, wenn auch nicht ausreichend, um den zeitgenössischen Kapitalismus zu verstehen. Wenig überraschend hat die Vertiefung der globalen ökonomischen Krise zu einem neuerlichen Interesse an Marx geführt, was man in den neunziger Jahren des letzten Jahrhunderts nicht vorhersehen konnte, als die herrschende Gelehrigkeit seine Theorie für tot erklärt hat. Stattdessen sind, inmitten der Trümmer des realisierten Sozialismus, breite Debatten über die „ursprüngliche Akkumulation", die Art und Weise der „Transition" und der historischen, wie der moralischen Bedeutung und der Möglichkeit des Kommunismus entstanden. Mit feministischen, anarchistischen, antirassistischen und queeren Ansätzen angereichert, beeinflusst die Marx'sche Theorie weiterhin die widerspenstigen Subjekte in Europa, den beiden Amerikas und darüber hinaus. Ein antikapitalistischer Feminismus kann Marx daher nicht einfach ignorieren. Tatsäch-

lismus gibt und er in seinen späteren Arbeiten einige der zentralen Thesen aus den *Grundrissen* wieder verworfen hat, wie beispielsweise die These, dass der Kapitalismus durch die Automation der Produktion über das Wertgesetz hinausgehen kann. (Caffentzis 2008).

lich wurden, wie Stevi Jackson schreibt, „die vorherrschenden Perspektiven des Feminismus bis in die frühen achtziger Jahre meist in einem Dialog mit dem Marxismus ausformuliert oder von diesem geprägt". (Jackson 2001: 284) Es gibt jedoch keinen Zweifel, dass die Marx'schen Kategorien einer neuen Grundlage bedürfen und wir über „Marx hinaus" (Negri 1991) gehen müssen. Das ist nicht nur aufgrund der sozio-ökonomischen Veränderungen, die seit den Zeiten von Marx stattgefunden haben, notwendig geworden, sondern auch aufgrund der Grenzen, die sein Verständnis des Kapitalismus mit sich bringt. Die politische Bedeutung dieser Grenzen wurde durch die Sozialen Bewegungen der letzten fünfzig Jahre sichtbar gemacht, durch die Subjekte die Bühne betreten haben, die von Marx ignoriert oder marginalisiert worden sind.

Der Feminismus und die Perspektive der gesellschaftlichen Reproduktion

Feministinnen haben zu diesem Prozess einen wichtigen Beitrag geleistet, aber sie waren nicht die Einzigen. Im Zuge der antikolonialen Kämpfe in den fünfziger und sechziger Jahren haben politische Theoretiker wie Frantz Fanon[3] begonnen Analysen infrage zu stellen, die, wie die Marx'sche, sich beinahe ausschließlich auf die Lohnarbeit konzentrieren und dem metropolitanes Proletariat eine avantgardistische Rolle zuschreiben. Dadurch werden die Versklavten, die Kolonisierten und die ohne Lohnarbeit im Akkumulationsprozess und im antikapitalistischen Kampf an

---

3   Frantz Fanon hat in den *Verdammten dieser Erde* geschrieben: „Deshalb müssen die marxistischen Analysen immer etwas gedehnt werden, wenn man sich mit dem kolonialen Problem befaßt. Bis zum Konzept der von Marx genau untersuchten präkapitalistischen Gesellschaft hin müßte hier alles neu durchdacht werden." (Fanon 1981: 33).

den Rand gedrängt. Diese politischen Theoretiker haben festgestellt, dass es die Erfahrungen in den Kolonien erforderlich machen, den „Marxismus als Ganzes" neu zu denken, und dass entweder die Marx'sche Theorie neu formuliert wird, um die Erfahrungen von 75 Prozent der Weltbevölkerung in sich aufzunehmen, oder sie keine emanzipatorische Kraft mehr sein kann und vielmehr zu einem Hindernis der Emanzipation wird. (Thurton 2000) Die Bäuer*innen, Tagelöhner*innen und Lumpenproletarier*innen haben die Revolutionen des 20. Jahrhunderts gemacht und diese Revolutionär*innen scherten sich wenig darum, auf ihre noch kommende Proletarisierung oder „die Entwicklung der Produktivkräfte" zu warten, wie ihnen das von den orthodoxen Marxist*innen und den Parteien der Linken nahegelegt wurde, um erst danach für eine neue Ordnung der Welt zu kämpfen.

Umweltaktivist*innen, einschließlich einiger Öko-Sozialist*innen, haben Marx dafür kritisiert, dass er einen asymmetrischen und instrumentellen Blick auf das Verhältnis von Mensch und Natur befördert hat, der den Menschen und die Arbeit als die einzigen aktiven Akteure begreift und der Natur keinen intrinsischen Wert und kein Potential der Selbst-Organisierung zuerkennt.[4] Aber erst die feministische Bewegung konnte eine systematischere Kritik am Marxismus formulieren, da die Feministinnen nicht nur diejenigen zum Thema gemacht haben, die keinen Lohn bekommen, sondern auch die enorme Zahl sozialer Subjekte

---

4   Kovel meint, dass Marx ein Gefangener seiner wissenschaftlichen und produktivistischen Perspektive geblieben ist, und eine „passive Natur, die vom Menschen bearbeitet wird", angenommen und „eine allumfassende Entwicklung der Produktivkräfte" unterstützt hat. (Kovel 2011: 13 ff.) Zu diesem Thema gibt es allerdings eine umfangreiche Debatte, auf die ich mich hier nur in aller Kürze beziehen kann. Siehe beispielsweise auch John Bellamy Foster (1995).

(Frauen, Kinder und manchmal auch Männer), durch deren Arbeit auf den Feldern, in der Küche, im Schlafzimmer und auf der Straße die Arbeitskraft tagein, tagaus produziert und reproduziert wird. Dadurch ist eine ganze Reihe von Themen und von Kämpfen thematisiert worden, die in Zusammenhang mit der gesellschaftlichen Reproduktion stehen und die von Marx und der marxistischen Tradition kaum berücksichtigt worden sind.

Ausgehend von dieser Kritik werde ich das Marx'sche Vermächtnis einer Vision vom Kommunismus behandeln und mich dabei vor allem auf jene Aspekte konzentrieren, die für ein feministisches Programm und die Politik der Commons von besonderer Bedeutung sind. Dabei beziehe ich mich auf die verschiedenen Praxen und Perspektiven, die heute weltweit von Sozialen Bewegungen aufgegriffen werden. Diese Bewegungen versuchen die gesellschaftliche Kooperation zu stärken, die Kontrolle des Marktes und des Staates über unser Leben zu schwächen und für eine andere Verteilung des gesellschaftlichen Reichtums zu sorgen, um auf diese Weise der Kapitalakkumulation Grenzen zu setzen. Die Marx'sche Vision vom Kommunismus als einer Gesellschaft jenseits von Tauschwert, Privateigentum und Geld, die auf der Assoziation freier Produzent*innen beruht und vom Prinzip „jeder nach seinen Fähigkeiten, jedem nach seinen Bedürfnissen" (MEW 19: 21) bestimmt ist, stellt ein Ideal dar, gegen das eine antikapitalistische Feministin nichts einwenden kann. Als Feministinnen können wir zudem seine inspirierende Vorstellung einer Welt jenseits der gesellschaftlichen Arbeitsteilung gutheißen, auch wenn wir sichergestellt haben wollen, dass zwischen der Jagd am Morgen, dem Fischen am Nachmittag und dem Kritisieren nach dem Abendessen allen noch etwas Zeit bleibt, um sich das Putzen und die Kinderbetreuung untereinander aufzuteilen. Die feministische Politik lehrt uns aber, dass wir die Marx'sche Konzeption der Arbeit und des Klassenkampfs nicht akzeptieren können und wir noch viel grundsätzlicher die Idee, die den Großteil seiner veröffentlichten Arbeiten durchdringt, zurückweisen müssen, dass der Kapitalismus eine notwendige Phase in der Geschichte der Emanzipation der Menschheit und damit eine notwendige Vorbedingung für eine kommunistischen Gesellschaft war oder ist. Das muss ganz deutlich gesagt werden, weil sich die Idee, dass der Kapitalismus die Autonomie und die gesellschaftliche Kooperation der Arbeiter*innen steigert und dadurch an seiner eigenen Abschaffung arbeitet, als besonders hartnäckig erwiesen hat.

Für die feministische Politik sind Marx' unermüdliche Kritik der kapitalistischen Akkumulation und seine Methode, angefangen damit, dass er die kapitalistische Entwicklung als das Produkt antagonistischer gesellschaftlicher Verhältnisse begreift, viel entscheidender als die Idealvorstellung einer postkapitalistischen Gesellschaft. Anders gesagt, worauf beispielsweise Roman Rosdolsky (2017) und Antonio Negri (1991) bereits hingewiesen haben, ist der Marx, der für uns wirklich zählt, weniger der Marx einer visionären revolutionären Projektion einer Welt der vollkommenen Befreiung, sondern der Marx als Theoretiker des Klassenkampfs, der politische Programme, die nicht in den tatsächlichen historischen Möglichkeiten verwurzelt sind, stets abgelehnt hat, in seinem ganzen Werk die Zerstörung der kapitalistischen Verhältnisse verfolgt und die Verwirklichung des Kommunismus in der Bewegung zur Aufhebung der herrschenden Verhältnisse gesehen hat. Aus dieser Perspektive ist die historische/materialistische Methode von Marx, die voraussetzt, dass wir, um die Geschichte und die Gesellschaft zu verstehen, die materiellen Bedingungen der gesellschaftlichen Reproduktion verstehen müssen, wesentlich für eine feministische Perspektive. Anzuerkennen, dass die gesellschaftliche Unterordnung ein historisches Produkt ist, die aus einer spezifischen Organisation der Arbeit kommt, hatte eine einen befreienden Effekt für Frauen. Dadurch wurden die geschlechtliche Arbeitsteilung und die darauf beruhenden Identitäten denaturalisiert, und uns wird nicht nur vor Augen geführt, dass Geschlechterkategorien gesellschaftliche Konstrukte sind, sondern auch dass die Inhalte dieses Konzepts fortwährend neu definiert werden und dabei überaus beweglich, offen und stets politisch aufgeladen sind. Viele feministische Debatten über die Frage, ob „Frau" als analytische und politische Kategorie eine Berechtigung hat, könnten einfacher gelöst werden, wenn wir diese Methode anwenden würden, weil sie uns zeigt, dass wir gemeinsame Interessen ausdrücken können ohne der Zuschreibung von festgelegten und vereinheitlichten Formen des Verhaltens und der gesellschaftlichen Bedingungen.

Die gesellschaftliche Position von Frauen durch die Linse der kapitalistischen Ausbeutung der Arbeit zu analysieren, macht auch den Zusammenhang zwischen der Diskriminierung auf Grundlage des Geschlechts und auf Grundlage der „Rasse" deutlich und versetzt uns in die Lage, diese Form der Anerkennungspolitik zu überwinden, bei der die bestehende gesellschaftliche Ordnung als gegeben angenommen wird und die daran scheitert, sich gegen die antagonistischen gesellschaftlichen Kräfte zu stellen, die der Befreiung der Frauen im Wege stehen. Viele Feministinnen haben darauf hingewiesen, dass Marx seine eigene Methode jedoch im Hinblick auf die Frage der Reproduktion und der Geschlechterverhältnisse nicht konsequent angewandt hat. Sowohl die Theoretikerinnen der „Lohn für Hausarbeit"-Bewegung, wie Mariarosa Dalla Costa (1973), Selma James (1975) und Leopoldina Fortunati (1995), als auch die öko-feministischen Theoretikerinnen, Maria Mies (1990) und Ariel Salleh (1997), haben gezeigt, dass es einen offensichtlichen Widerspruch im Marx'schen Denken gibt. Obwohl er die Ausbeutung der Arbeit als das Schlüsselmoment in der Produktion des kapitalistischen Reichtums begreift, theoretisiert er jene Aktivitäten und gesellschaftlichen Beziehungen nicht, die grundlegend für die Produktion der Arbeitskraft sind, wie beispielsweise die Sexarbeit, die Fortpflanzung, die Kinderbetreuung und die Hausarbeit. Marx räumte zwar durchaus ein, dass unsere Fähigkeit zu arbeiten nicht einfach gegeben ist, sondern ein Produkt gesellschaftlicher Aktivitäten,[5] die stets eine besondere historische Form annehmen, weil, wie er sagt: „Hunger ist Hunger, aber Hunger, der sich durch gekochtes, mit Gabel und Messer gegessenes Fleisch befriedigt, ist ein andrer Hunger als der, der rohes Fleisch mit Hilfe von Hand, Nagel und Zahn verschlingt." (MEW 42: 624) Trotzdem finden wir in seinen veröffentlichten Texten keine Analyse der für den Kapitalismus spezifischen Formen der Hausarbeit und der Familien- und Geschlechterverhältnisse, wenn man mal von den vereinzelten Überlegungen in der *Deutschen Ideologie* absieht, wo er sich Gedanken darüber macht, welche Konsequenzen es hat, dass die erste Arbeitsteilung im Geschlechtsakt vonstatten geht und die Sklaverei in der Familie latent vorhanden ist. (MEW 3: 31) Im ersten Band des *Kapital* wird die Sexarbeit an keiner Stelle erwähnt, auch dann nicht, wenn sie in bezahlter Form stattfindet. Die Prostituierten werden zusammen mit den Kriminellen und Vagabunden sogar von den „Paupers" (MEW 23: 762) ausgeschlossen, denen Marx im „18. Brumaire" (MEW 8: 111–207) als „Lumpenproletariat" die Fähigkeit abspricht, ihre gesellschaftlichen Bedingungen zu verän-

---

5   Marx schreibt im „Kapital": „Der Wert der Arbeitskraft, gleich dem jeder andren Ware, ist bestimmt durch die zur Produktion, also auch Reproduktion, dieses spezifischen Artikels notwendige Arbeitszeit. So sie Wert, repräsentiert die Arbeitskraft selbst nur ein bestimmtes Quantum in ihr vergegenständlichter gesellschaftlicher Durchschnittsarbeit. Die Arbeitskraft existiert nur als Anlage des lebendigen Individuums. Ihre Produktion setzt also seine Existenz voraus. Die Existenz des Individuums gegeben, besteht die Produktion der Arbeitskraft in seiner eignen Reproduktion oder Erhaltung." (MEW 23: 184 f.)

dern. Die Hausarbeit wird in zwei Fußnoten abgehandelt, in der einen beschreibt er, dass Hausarbeit während der Industriellen Revolution aus den Haushalten der überarbeiteten Fabrikarbeiterinnen verschwindet, und in der anderen stellt er fest, dass die Krise, die durch den Amerikanischen Bürgerkrieg verursacht wurde, die englischen Textilarbeiterinnen wieder zu ihren häuslichen Verpflichtungen gezwungen hat.[6] Die Fortpflanzung wird gemeinhin als eine natürliche Funktion behandelt[7] und nicht als eine Form der Arbeit, die im Kapitalismus der Reproduktion der Arbeitskraft untergeordnet wird und daher einer spezifischen staatlichen Regulierung unterliegt. Sogar dann, wenn er seine Theorie der „relativen Überbevölkerung" (MEW 23: 670) präsentiert, erwähnt Marx das Interesse des Staates und des Kapitals an den reproduktiven Leistungen der Frauen nur am Rande und er erklärt

6   Das kommt in einer Fußnote im Kapitel über die „Maschinerie und die Große Industrie" vor, wo er darüber schreibt, dass aufgrund der Einführung von Maschinen Frauen und Männer in den Fabriken ersetzt werden und „alle Glieder der Arbeiterfamilie auf den Arbeitsmarkt" geworfen werden. Er schreibt: „Da gewisse Funktionen der Familie, z. B. Warten und Säugen der Kinder usw., nicht ganz unterdrückt werden können, müssen die vom Kapital konfiszierten Familienmütter mehr oder minder Stellvertreter dingen. Die Arbeiten, welche der Familienkonsum erheischt, wie Nähen, Flicken usw., müssen durch Kauf fertiger Waren ersetzt werden. Der verminderten Ausgabe von häuslicher Arbeit entspricht also vermehrte Geldausgabe. Die Produktionskosten der Arbeiterfamilie wachsen daher …" (MEW 23: 417 (Fn 121) Leopoldina Fortunati hat mit Bezug auf diese Passage Folgendes angemerkt: „Marx hat die Hausarbeit nur dann gesehen, wenn das Kapital sie zerstört hat. Gesehen hat er das durch die Lektüre von Regierungsberichten, in denen die Probleme aufgrund der Vereinnahmung der Hausarbeit schon viel früher erkannt wurden …" (Fortunati 1995: 169)

7   Marx schreibt beispielsweise, „daß *der natürliche Zuwachs* der Arbeitermasse die Akkumulationsbedürfnisse des Kapitals nicht sättigt." (MEW 23: 670).

die Überschussbevölkerung aufgrund der Anforderungen technologischer Innovationen (MEW 23: 650), auch wenn er anmerkt, dass die Ausbeutung der Kinder einen zusätzlichen Aufpreis für die Produktion darstellt.[8]

Aufgrund dieser Auslassungen haben viele Feministinnen Marx des Reduktionismus beschuldigt und die Zusammenführung von Marxismus und Feminismus als einen Prozess der Unterordnung betrachtet. (Hartmann 1979: 1) Die von mir zitierten Autorinnen haben jedoch gezeigt, dass wir mit den Marx'schen Kategorien[9] arbeiten können, wir diese aber sozusagen neu aufbauen und ihre architektonische Ordnung verändern müssen, damit sich das Gravitationszentrum nicht ausschließlich in der Lohnarbeit und der Warenproduktion befindet, sondern in der Produktion und Reproduktion der Arbeitskraft, insbesondere des Teils, der von Frauen zu Hause verrichtet wird. Dadurch machen wir zum einen ein neues Terrain der Akkumulation und des Kampfes und zum anderen das volle Ausmaß der Abhängigkeit des Kapitals von der unbezahlten Arbeit und der vollen Länge des Arbeitstags sichtbar. (Federici 2012: 38) Wenn wir die Marx'sche Theorie der produktiven Arbeit dahingehend erweitern, dass sie auch die reproduktive Arbeit in ihren unterschiedlichen Formen beinhaltet, können wir nicht nur eine Theorie der Geschlechterverhältnisse im Kapitalismus entwickeln, sondern auch ein neues Verständnis des Klassenkampfs erlangen und der Mittel, durch die

---

8   Marx erläutert aber nicht, wer diese gestiegene Produktion bestimmt. Angesichts dessen, dass seine Beschreibungen der Situation von Müttern im ersten Band des *Kapital* auf eine weit verbreitete Sorge der Verweigerung der Mutterschaft seitens der Arbeitgeber und der Politiker hinweisen, ist das eine naheliegende Frage. (MEW 23: 670, 761)

9   Maria Mies stellt hier eine Ausnahme dar. Sie hat mehrfach betont, dass es nicht möglich ist Geschlechterverhältnisse mit dem Marxismus zu denken. (Mies 1990)

sich der Kapitalismus selbst durch verschiedene Arbeitsregime und verschiedene Formen der ungleichen Entwicklung reproduziert.

Die Reproduktion der Arbeitskraft in das Zentrum der kapitalistischen Produktion zu rücken bringt eine ganze Welt gesellschaftlicher Verhältnisse ans Licht, die bei Marx unsichtbar bleibt, aber wesentlich ist, um die Mechanismen aufzudecken, mit denen die Ausbeutung der Arbeit reguliert wird. Dabei wird deutlich, dass die unbezahlte Arbeit, die das Kapital der Arbeiter*innenklasse entzieht, viel umfangreicher ist, als Marx sich das jemals vorgestellt hat, sowohl im Hinblick auf die Hausarbeit, die Frauen abverlangt wird, wie auch im Hinblick auf die Ausbeutung der Kolonien und der Peripherien der kapitalistischen Welt. Es gibt in der Tat einen Zusammenhang zwischen der Abwertung der Reproduktion der Arbeitskraft, die zu Hause geleistet wird, und der Abwertung der Arbeit in den vielen Plantagen, die der Kapitalismus in den Regionen, die er kolonisiert hat, wie auch in den Zentren der Industrialisierung, geschaffen hat. In beiden Fällen wurden die Formen der Arbeit und der dabei angewandte Zwang naturalisiert und beide sind Teil eines globalen Fließbands geworden, das dazu geschaffen wurde, um die Kosten der Reproduktion der bezahlten Arbeiter*innen zu senken. An diesem Fließband verbinden und verstärken sich die unbezahlte, den Frauen als ihr natürliches Schicksal zugeschriebene Hausarbeit und die Arbeit von Millionen Campesinos, Subsistenzbäuer*innen und informellen Arbeiter*innen, die für einen Hungerlohn die Waren für die Lohnarbeiter*innen produzieren oder günstige Dienstleistungen anbieten, die für deren Reproduktion erforderlich ist. Daher kommen die Hierarchien der Arbeit, die man durch eine Reihe von rassistischen und sexistische Ideologien versucht hat zu legitimieren, aber bloß vor Augen führen, dass die kapitalistische Klasse ihre Macht durch ein System der indirekten Herrschaft aufrecht erhält, das die Arbeiter*innenklasse erfolgreich spaltet, und man den

Lohn verwendet, um den männlichen Arbeitern Macht über die unbezahlten Arbeiter*innen, die mit der Kontrolle der Körper und der Arbeit von Frauen beginnt, zu übertragen. Das bedeutet, dass der Lohn nicht nur ein Feld der Konfrontation zwischen der Arbeit und dem Kapital ist, das Feld auf dem die Arbeiter*innenklasse das Ausmaß und die Bedingungen der gesellschaftlich notwendigen Arbeitszeit verhandelt, sondern auch ein Instrument zur Schaffung ungleicher Machtverhältnisse und Hierarchien zwischen den Arbeiter*innen. Wir sehen daran, dass die Kooperation im Arbeitsprozess beileibe nicht ausreichend ist, um die Arbeiter*innenklasse zu vereinigen. Folglich ist der Klassenkampf viel komplexer, als Marx sich das vorgestellt hat. Es waren wieder die Feministinnen, die entdeckt haben, dass der Klassenkampf häufig in der Familie beginnen muss, da sich Frauen, die gegen den Kapitalismus kämpfen wollten, erst mal gegen ihre Ehemänner und Väter durchsetzen mussten, auf die selbe Art und Weise, wie *Peoples of Color* erst mal gegen die weißen Arbeiter*innen und die spezifische Klassenzusammensetzung, die der Kapitalismus durch das Lohnverhältnis geschaffen hat, angehen mussten. Anzuerkennen, dass Hausarbeit die Arbeit zur Produktion der Arbeitskraft ist, ermöglicht uns schlussendlich Geschlechteridentitäten als Funktionen der Arbeit und die Geschlechterverhältnisse als Produktionsverhältnisse zu begreifen. Dieser Schritt befreit uns Frauen von den Schuldgefühlen, unter denen wir immer dann gelitten haben, wenn wir die Hausarbeit verweigern wollten und erweitert die Bedeutung des feministischen Prinzips, dass das „persönliche politisch ist".

Aber warum hat Marx diesen Teil der reproduktiven Arbeit, der wesentlich für die Produktion der Arbeitskraft ist, einfach übersehen? Ich habe an anderer Stelle (Federici 2012) darauf hingewiesen, dass wir eine Erklärung dafür in den Bedingungen der Arbeiter*innenklasse zu seiner Zeit in England finden können. Als

Marx *Das Kapital* geschrieben hat, wurde in den Haushalten der Arbeiter*innen, wie Marx selbst festgestellt hat, nur sehr wenig Hausarbeit geleistet, weil die Frauen von Sonnenaufgang bis Sonnenuntergang Seite an Seite mit den Männern in den Fabriken gestanden sind. Die Hausarbeit, als Sektor der kapitalistischen Produktion verstanden, befand sich außerhalb seines politischen und historischen Horizonts. Erst in der zweiten Hälfte des 19. Jahrhunderts, nach zwei Jahrzehnten der Revolten der Arbeiter*innenklasse, als das Gespenst des Kommunismus in Europa umgegangen ist, hat die kapitalistische Klasse begonnen in die Reproduktion der Arbeitskraft zu investieren. Damit in Zusammenhang stand eine Veränderung in der Form der Akkumulation. Die leichte Industrie, wie die Textilindustrie, wurde von der schweren Industrie, der Produktion von Kohle und Stahl, abgelöst. Dieser Übergang erforderte in der Folge eine striktere Arbeitsdisziplin und eine Arbeitskraft, die weniger ausgemergelt ist. In einem kürzlich erschienen Essay habe ich Folgendes geschrieben: „In Marx'schen Begriffen können wir sagen, dass die Entwicklung der reproduktiven Arbeit und die daraus folgende Entstehung der proletarischen Vollzeit-Hausfrau zu einem gewissen Teil das Produkt des Übergangs von der ‚absoluten' zur ‚relativen Mehrwert'-Gewinnung als Form der Ausbeutung der Arbeit gewesen ist." (Federici 2012: 94) Diese Hausfrauen waren das Produkt des Übergangs von einem System der Ausbeutung, das auf der absoluten Ausdehnung des Arbeitstags basierte, zu einem System, in dem die Reduktion der Arbeitszeit durch eine technologische Revolution, die die Ausbeutungsrate intensivierte, kompensiert werden konnte. Ein zusätzlicher Faktor war sicherlich auch, dass die Kapitalisten Angst hatten, dass diese Überausbeutung, der die Arbeiter*innen durch die absolute Verlängerung des Arbeitstags und die Zerstörung ihrer Commons unterworfen wurden, zur Vernichtung der Arbeiter*innenklasse führen und Frauen in der Folge die Hausarbeit und die Kindererziehung verweigern könnten. Das war in den offiziellen Berichten, die von der englischen Regierung seit den 1840er Jahren in Auftrag gegeben wurden, um die Bedingungen der Arbeiter*innen und ihren Gesundheitszustand einzuschätzen, ein ständiges Thema.[10] Es war an diesem Übergang, dass eine Arbeitsreform zur Erhöhung der Investitionen in die Reproduktion der Arbeitskraft seitens des Kapitals durchgeführt wurde und man eine Reihe von Fabrikgesetzen forcierte, die zuerst die Frauenarbeit in den Fabriken reduzierte und danach ganz abschaffte und den Lohn der Männer bis zum Ende des Jahrhunderts um ganze vierzig Prozent steigerte.[11] In diesem Sinne kann man die Geburt der proletarischen Vollzeithausfrau, einer Erscheinung, die im Fordismus noch verstärkt wurde, so lesen, dass die Commons, die der männliche Lohnarbeiter seit der Durchsetzung des Kapitalismus verloren hatte, zumindest für ihn durch ein unermessliches Reservoir an unbezahlter Frauenarbeit wiederhergestellt wurden.

10 Im *Kapital* (MEW 23: 486, 493, 522) diskutiert Marx den Effekt, den die Beschäftigung von Frauen in der Fabrik auf ihre Disziplin und die reproduktive Arbeit gehabt hat. Marx schildert das so: „Von einer täglich bedrohlicher anschwellenden Arbeiterbewegung abgesehn, war die Beschränkung der Fabrikarbeit diktiert durch dieselbe Notwendigkeit, welche den Guano auf die englischen Felder ausgoß. Dieselbe blinde Raubgier, die in dem einen Fall die Erde erschöpft, hatte in dem andren die Lebenskraft der Nation an der Wurzel ergriffen." (MEW 23: 253)
11 Es ist kein Zufall, dass 1870 in England zeitgleich eine neues Ehegesetz und ein neues Bildungsgesetz, wodurch das Recht auf allgemeine Schulbildung eingeführt wurde, verabschiedet wurde. Beide signalisieren ein neues Ausmaß der Investitionen in die Reproduktion der Arbeitskraft. Zur selben Zeit erleben wir in Großbritannien eine Veränderung der Ernährungsgewohnheiten und, als die ersten Lebensmittelgeschäfte in den Nachbarschaften auftauchen, die Einführung neuer Wege der Distribution der Lebensmittel. Zugleich erreicht die Sämaschine die proletarischen Haushalte. Siehe dazu Eric Hobsbawm (1968: 135 f., 141).

Diese Reformen markieren den „Übergang zum modernen Staat", der nun als Planstaat zur Schaffung der Familien der Arbeiter*innenklasse und zur Reproduktion der Arbeitskraft auftritt. (Fortunati 1995: 173) Als Marx *Das Kapital* geschrieben hat, war aber am auffälligsten, dass die Arbeiter*innen sich nicht selbst reproduzieren konnten. Das erklärt zum Teil, warum die Hausarbeit in seinen Texten beinahe gar nicht vorkommt. Es ist allerdings ebenso wahrscheinlich, dass Marx die Hausarbeit deswegen ignoriert hat, weil es sich dabei um die Art von Arbeit handelt, von der er glaubte, dass die moderne Industrie sie ersetzen würde und auch sollte, und er daran gescheitert ist zu erkennen, dass die Koexistenz der verschiedenen Arbeitsregime ein wesentlicher Bestandteil der kapitalistischen Produktion und Arbeitsdisziplin bleiben würde.

Ich meine, dass er die Hausarbeit deswegen ignoriert hat, weil ihr die entsprechenden Charakteristiken gefehlt haben, die er für die kapitalistische Organisation der Arbeit als wesentlich betrachtet hat und die er in der großen Industrie, der in seinen Augen höchstentwickelten Form der Produktion, gefunden hat. Die Hausarbeit wurde, da sie in den eigenen vier Wänden verrichtet wurde, nichtkollektiv und nichtkooperativ organisiert und sogar im 20. Jahrhundert, dem Höhepunkt der Häuslichkeit, auf einem geringen Niveau der technologischen Entwicklung erledigt, und daher haben die Marxisten die Hausarbeit meist als einen kümmerlichen Überrest vorkapitalistischer Formen der Produktion klassifiziert. Dolores Hayden hat in *The Grand Domestic Revolution* (1981) gezeigt, dass die sozialistischen Denker sogar dann, wenn sie sich für die Vergesellschaftung der Hausarbeit eingesetzt haben, nicht davon ausgegangen sind, dass Hausarbeit jemals sinnvolle Arbeit (Hayden 1981: 6) sein könnte, und sich, wie beispielsweise August Bebel, bloß vorgestellt haben, dass sie auf ein absolutes Minimum reduziert wird. (Bebel 1973) Es war die Revolte der Frauen in den sechziger und siebziger Jahren notwendig, um deutlich zu machen, dass Hausarbeit im kapitalistischen Sinne „gesellschaftlich notwendige Arbeit"[12] ist, die, auch wenn sie nicht auf industrieller Basis organisiert wird, extrem produktiv ist, jedoch zum größten Teil nicht mechanisiert werden kann, weil die Reproduktion von Individuen, die mit Arbeitskraft ausgestattet sind, eine Vielfalt an emotionalen wie auch physischen Dienstleistungen erfordert, die ihrem Wesen nach interaktiv und daher sehr arbeitsintensiv sind. Diese Erkenntnis hat den theoretischen und politischen Rahmen des Marx'schen Denkens noch weiter destabilisiert und uns gezwungen, einen der zentralen Grundsätze der Marx'schen Revolutionstheorie zu überdenken, nämlich den der Annahme, dass mit der Entwicklung des Kapitalismus alle Formen der Arbeit industrialisiert werden und, was am wichtigsten ist, dass der Kapitalismus und die moderne Industrie Vorbedingung sind, um den Menschen von der Ausbeutung zu befreien.

Maschinerie, Moderne Industrie und Reproduktion

Marx ist davon ausgegangen, dass der Kapitalismus und die moderne Industrie erst die Voraussetzungen für den Kommunismus schaffen müssen, weil er davon überzeugt war, dass die Menschheit ohne einen sprunghaften Anstieg der Produktivität der Arbeit, die durch die Industrialisierung möglich wird, zu einem endlosen Überlebenskampf verdammt wäre, der sich aus Mangel und Elend und der Konkurrenz um die Güter des täglichen Bedarfs zwangsläufig ergibt. (MEW 3: 35) Er hat sich die moderne Industrie als Verkörperung einer höheren Rationalität

---

12 „Gesellschaftlich notwendige Arbeitszeit ist Arbeitszeit, erheischt, um irgendeinen Gebrauchswert mit den vorhandenen gesellschaftlich-normalen Produktionsbedingungen und dem gesellschaftlichen Durchschnittsgrad von Geschick und Intensität der Arbeit darzustellen." (MEW 23: 53)

vorgestellt, die zwar aus schäbigen Beweggründen heraus ihren Weg in die Welt findet, aber schlussendlich den Menschen lehrt, wie er seine Fähigkeiten bestmöglich entwickeln und sich von der Arbeit befreien kann. Die moderne Industrie ist für Marx nicht nur ein Mittel zur Reduktion der „gesellschaftlich notwendigen Arbeit", sondern das eigentliche Modell der Arbeit, das den Arbeiter*innen Uniformität, Regelmäßigkeit und die Grundsätze der technologischen Entwicklung beibringt und uns in die Lage versetzt, abwechselnd einmal diese und einmal jene Arbeit zu leisten (MEW 23: 513), was dem Arbeiter in der Manufaktur und auch dem Handwerker, der an sein *metier* gebunden ist, nicht möglich war.

Der Kapitalismus ist in diesem Zusammenhang die starke Hand, die die große Industrie hervorbringt und den Weg für die Konzentration der Produktionsmittel und die Kooperation im Arbeitsprozess ebnet, was für Marx wesentlich ist, um die Produktivkräfte zu erweitern und die Produktivität der Arbeit zu erhöhen. Der Kapitalismus ist für Marx die Peitsche, die dem Menschen die notwendigen Anforderungen einbläut, um sich selbst zu regieren, wie der Notwendigkeit, über der Subsistenz zu produzieren, und der Fähigkeit, im großen Maßstab miteinander zu kooperieren. (MEW 23: 652) Der Klassenkampf spielt in diesem Prozess eine zentrale Rolle. Der Widerstand der Arbeiter*innen gegen die Ausbeutung zwingt die kapitalistische Klasse zur Revolutionierung der Produktion, dergestalt, dass die Arbeit in einer Art von gegenseitiger Konditionierung weiter ökonomisiert und die Bedeutung der Arbeit in der Produktion des Wohlstands kontinuierlich reduziert wird und die Aufgaben, denen die Menschen schon immer zu entkommen suchten, durch Maschinen ersetzt werden. Marx war davon überzeugt, dass, wenn dieser Prozess erst einmal abgeschlossen ist, und die moderne Industrie die gesellschaftlich notwendige Arbeitszeit auf ein Minimum reduziert hat, eine Epoche beginnen würde, in der wir die Kontrolle über unsere Existenz und unsere natürliche Umgebung erlangen würden und wir nicht nur in der Lage wären, unsere unmittelbaren Bedürfnisse zu befriedigen, sondern auch frei wären, um unsere Zeit dem Streben nach Höheren zu widmen.

Wie dieser Bruch vonstatten gehen würde, hat er nicht ausgeführt, sieht man von den wenigen metaphorischen Bildern ab, die andeuten, dass, wenn die Produktivkräfte voll entwickelt sind, die Hülle, die sie noch umgibt, einfach aufbrechen und dann eine soziale Revolution ausgelöst werden würde. Aber er hat nicht klar gemacht, wie wir erkennen würden, *wann* die Produktivkräfte reif für die Revolution sind, sondern nur angedeutet, dass der Umschwung kommt, wenn die kapitalistischen Verhältnisse sich weltweit ausgedehnt haben und die Vereinheitlichung und Universalisierung der Produktivkräfte und die entsprechenden Fähigkeiten des Proletariats eine globale Dimension erreicht haben. (MEW 3: 35)

Nichtsdestotrotz hat seine Vision einer Welt, in der sich die Menschen durch Maschinen über Not und Mühsal erheben und die frei verfügbare Zeit das Maß des Wohlstands wird, eine ungeheure Anziehungskraft ausgeübt. Das Bild einer postindustriellen, von der Arbeit befreiten Gesellschaft bei Andre Gorz, in der sich Menschen ihrer Selbstverwirklichung widmen, verdankt dem beispielsweise viel.[13] Ein weiterer Beleg dafür ist die Begeisterung, mit der das „Maschinenfragment" aus den *Grundrissen*, also der Textstelle, wo diese Vision am umfassendsten ausgeführt wurde, von autonomen Marxist*innen in Italien diskutiert wurde. Namentlich Antonio Negri hat das in seinem Buch *Marx beyond Marx*

---

13   Siehe dazu Andre Gorz (1980, 1983) und Granter (2009: 121). Granter zeigt, dass die Idee von Gorz von der freien Zeit als Maß des Wohlstands eigentlich eine Marx'sche Idee ist, und Gorz bezieht sich hier tatsächlich explizit auf Marx, indem er aus den *Grundrissen* zitiert.

(1991) als den revolutionärsten Aspekt der Marx'schen Theorie hervorgehoben. Die Passagen in den Notizbüchern VI und VII, in denen Marx eine Welt beschreibt, wo das Wertgesetz aufhört als Wissenschaft zu funktionieren, die Technologie die lebendige Arbeit aus dem Produktionsprozess verbannt hat und die Arbeiter*innen nur mehr als Aufseher*innen des Arbeitsprozesses fungieren, sind in ihrer antizipatorischen Kraft tatsächlich atemberaubend. (Negri 1991) Doch sind wir heute besonders als Feministinnen in einer guten Position, um zu erkennen, wie trügerisch diese Kräfte sind, die eine automatisierte Produktion an unsere Stelle setzen kann. Wir können sehen, dass das „angeblich hochproduktive Industriesystem", das von Marx so sehr bewundert wurde, „in Wirklichkeit ein Schmarotzer auf der Erde ist, wie er in der Geschichte der Menschheit noch nicht vorgekommen ist" (Ullrich 1993: 281) und sich diese Welt mit einer Geschwindigkeit einverleibt, die einen langen Schatten auf die Zukunft wirft. Marx hat, da er seiner Zeit voraus, wie Salleh (1997: 70) festgestellt hat, und ihm das Zusammenspiel von Mensch und Natur bewusst war, diesen Prozess intuitiv erkannt, als er beobachtet hatte, dass die Industrialisierung der Landwirtschaft nicht nur den Arbeiter und die Arbeiterin, sondern auch den Boden auszehrt.[14] Aber er hat

---

14 So wie er das im ersten Band des „Kapital" am Ende des Kapitels über die „Maschinerie und die große Industrie" geschrieben hat: „Und jeder Fortschritt der kapitalistischen Agrikultur ist nicht nur ein Fortschritt in der Kunst, den Arbeiter, sondern zugleich in der Kunst, den Boden zu berauben, jeder Fortschritt in Steigerung seiner Fruchtbarkeit für eine gegbene Zeitfrist zugleich ein Fortschritt in Ruin der dauernden Quellen dieser Fruchtbarkeit. Je mehr ein Land, wie die Vereinigten Staaten von Nordamerika z.B., von der großen Industrie als dem Hintergrund seiner Entwicklung ausgeht, desto rascher dieser Zerstörungsprozeß. Die kapitalistische Produktion entwickelt daher nur die Technik und Kombination des gesellschaftlichen Produktionsprozesses, indem sie zugleich die

offensichtlich gedacht, dass dieser Trend umgekehrt werden könnte, dass, wenn die Arbeiter*innen die Produktionsmittel übernommen haben, diese anders gesteuert werden können, damit sie positiven Zielen dienen und genutzt werden können, um den gesellschaftlichen und natürlichen Reichtum zu vergrößern, anstatt ihn zu verringern, und dass das Ende des Kapitalismus so nahe bevorstehen würde, dass der Schaden der profitgetriebenen Industrialisierung noch begrenzt werden könnte.

In all diesen Punkten hat Marx sich gründlich geirrt. Maschinen werden nicht von anderen Maschinen durch eine Art „unbefleckte Empfängnis" zur Welt gebracht. Wenn wir den Computer als Beispiel nehmen, sehen wir, dass die gebräuchlichste Maschine unserer Zeit ein ökologisches Desaster ist und für seine Produktion Tonnen an Erde und Wasser und eine unheimliche Menge an menschlicher Arbeit erforderlich ist. (Sarkar 1999: 126 f.) Aufgrund der milliardenfachen Herstellung kann man sagen, dass die Maschinen heute, wie die Schafe im England des 16. Jahrhunderts, „Erde fressen". Das passiert in einem derart rasanten Tempo, dass, auch wenn in naher Zukunft eine Revolution stattfinden würde, eine ungeheure Anstrengung notwendig wäre, um diesen Planeten wieder bewohnbar zu machen.[15] Darüber hinaus erfordern die Maschinen eine materielle und kulturelle Infrastruktur, die nicht nur unsere natürlichen Commons, wie Land, Wälder, Wasser, Berge, Seen, Flüsse und Meeresküsten in Mitleidenschaft zieht, sondern auch unsere Psyche und sozialen Beziehungen. Es wurden neue Bedürfnisse und Gewohnheiten geschaffen und Abhängig-

---

Springquellen alles Reichtums untergräbt: die Erde und den Arbeiter." (MEW 23: 529 f)

[15] Man kann hier beispielsweise an die Arbeit denken, die notwendig ist, um die schädlichen Folgen des Nuklearmülls, der auf der ganzen Welt angehäuft wurde, zu neutralisieren.

keiten produziert, die gleichfalls eine Hypothek auf die Zukunft darstellen. Das erklärt zum Teil, warum der Kapitalismus hundertfünfzig Jahre nach dem Erscheinen des ersten Bands des *Kapital* nicht den Anschein erweckt, dass er bald verschwinden würde, obwohl die objektiven Bedingungen, die sich Marx ausgemalt hat, schon mehr als reif sind. Vielmehr sind wir Zeugen eines Regimes der permanenten ursprünglichen Akkumulation, das an die Enclosures des 16. Jahrhunderts erinnert, und dieses Mal vom Internationalen Währungsfonds und der Weltbank organisiert wird und, mit einer Kohorte von Bergbau- und Agrarkonzernen im Schlepptau, das kommunale Land im Trikont privatisiert wird und die kleinen Produzent*innen enteignet werden, um an das Lithium, Koltan und die Diamanten zu kommen, nach denen die moderne Industrie giert. (Federici 2012: 76–84, 2011, 2008) Man muss auch betonen, dass keines der Produktionsmittel, das der Kapitalismus hervorgebracht hat, einfach übernommen und einem anderen Zweck zugeführt werden kann. So wie wir den Staat, worauf wir später noch zurückkommen werden, nicht einfach übernehmen können, können wir auch die Industrie, die Wissenschaft und die Technologie des Kapitalismus nicht einfach übernehmen, weil deren Struktur und Funktionsweise von den ausbeuterischen Zielen, für die sie geschaffen wurden, bestimmt sind.

Die Expansion der Atomindustrie und der chemischen Industrie zeigt am deutlichsten, dass man sich die moderne Industrie und Technologie nicht einfach für andere Zwecke aneignen kann, weil diese Industrien die Welt vergiftet und die kapitalistische Klasse mit einem immensen Waffenarsenal ausgestattet haben, das uns zu vernichten droht oder zumindest dafür sorgt, dass sich die gegnerischen Klassen gegenseitig zerstören. Otto Ullrich hat das folgendermaßen ausgedrückt: „Die herausragendste Leistung der verwissenschaftlichten Technologie war zweifellos die Steigerung der zerstörerischen Kraft der Kriegsmaschine." (Ullrich

1993: 227) Ganz ähnlich haben die rationalen kapitalistischen Methoden in der Landwirtschaft, die Marx den vermeintlich irrationalen Methoden der kleinen Produzent*innen gegenübergestellt hat, den Reichtum, die Diversität und den Nährwert der Lebensmittel zerstört, und vieles davon wird in einer Gesellschaft, in der die Produktion dem Menschen dient, anstatt das Ziel der Menschheit zu sein, einfach ausgesondert werden müssen.

Es gibt noch eine andere Überlegung, die uns an der Marx'schen Vorstellung von der Funktion der Technologie im Aufbau einer kommunistischen Gesellschaft zweifeln lässt, insbesondere, wenn man sich das aus einer feministischen Perspektive ansieht. Ein Kommunismus, der auf Maschinen beruht, verlässt sich auf eine Organisation der Arbeit in der die grundlegendsten Tätigkeiten, die von Menschen auf diesem Planeten verrichtet werden, ausgeschlossen sind. Wie ich schon erwähnt habe, kann die reproduktive Arbeit, die in der Marx'schen Analyse einfach außen vor gelassen wird, zum größten Teil nicht mechanisiert werden. Anders gesagt, kollidiert die Marx'sche Vision einer Gesellschaft, in der die notwendige Arbeit durch Automatisierung dramatisch reduziert werden kann, mit dem Umstand, dass der größte Teil der Arbeit auf diesem Planeten aus Beziehungsarbeit besteht und sich demzufolge nur schwerlich mechanisieren lässt. In einer postkapitalistischen Gesellschaft würden wir im Idealfall einige Haushaltsaufgaben mechanisieren und wir würden sicherlich auf neue Formen der Kommunikation, des Lernens und der Information bauen, wenn wir die Kontrolle darüber hätten, welche Technologien für welche Ziele und unter welchen Bedingungen produziert werden. Aber wie können wir das Waschen, Verhätscheln, Trösten, Anziehen und Füttern eines Kindes, die Unterstützung von kranken und alten Menschen oder Sex mechanisieren? Welche Maschine müsste das sein, die über die dafür notwendigen Fertigkeiten und Gefühle verfügt? Es gab durchaus schon Versuche mit

„Nursebots" (Folbre 2006: 356) und interaktiven „Lovebots" und es ist durchaus möglich, dass wir in Zukunft die Produktion von mechanischen Müttern erleben werden. Für den Fall, dass wir uns derartige Geräte leisten könnten, müssten wir uns die Frage stellen, welch emotionaler Preis dafür zu zahlen wäre, damit diese Maschinen die lebendige Arbeit in unseren Häusern ersetzen. Wenn die reproduktive Arbeit aber nur teilweise mechanisiert werden kann, dann implodiert das Marx'sche Projekt, das die Vermehrung des materiellen Wohlstands von der Automation und der Reduktion der notwendigen Arbeit abhängig macht, weil die Hausarbeit, insbesondere die Sorgearbeit für Kinder, den größten Teil der Arbeit auf diesem Planeten ausmacht. Das ganze Konzept der gesellschaftlich notwendigen Arbeit verliert dadurch viel von seiner Überzeugungskraft. Wie wird gesellschaftlich notwendige Arbeit definiert, wenn der größte und unverzichtbarste Teil der Arbeit gar nicht als ein wesentlicher Teil dieser Arbeit anerkannt wird? Und nach welchen Kriterien und Prinzipien wird die Organisation der Pflegearbeit, der Sexarbeit und der Zeugung des Nachwuchs geregelt, wenn diese Aktivitäten nicht als Teil der gesellschaftlich notwendigen Arbeit begriffen werden.

Die zunehmende Skepsis hinsichtlich der Möglichkeiten, die Hausarbeit durch Mechanisierung nachhaltig zu verringern, ist eine der Ursachen, warum es unter Feministinnen ein neu gewecktes Interesse und Experimentieren mit stärker kollektiven Formen der Reproduktion und der Schaffung von reproduktiven Commons gibt, um die Arbeit auf eine größere Zahl von Subjekten, als das in der Kleinfamilie der Fall ist, aufzuteilen. Exemplarisch dafür wäre „The Grand Domestic Revolution" zu nennen, ein fortlaufendes Forschungsprojekt, das von Dolores Haydens Arbeit inspiriert ist und von feministischen Künstlerinnen, Designer*innen und Aktivist*innen in Utrecht (Holland) initiiert wurde, um zu untersuchen, wie der häusliche Bereich und auch die Stadtteile und Städte transformiert und neue Formen des gemeinsamen Lebens und Arbeitens geschaffen werden können. Inzwischen vervielfachen sich unter dem Eindruck der ökonomischen Krise sowohl die Kämpfe zur Verteidigung unserer natürlichen Commons (Land, Wasser, Wälder), als auch die gemeinschaftlichen Tätigkeiten (gemeinsames Einkaufen und Kochen, *Urban Gardening* usw.). Es ist mehr als bezeichnend, dass „trotz der Kolonisierung und des Technologietransfers der größte Teil des täglichen Bedarfs nach wie vor von Frauen auf den Feldern der Dritten Welt außerhalb des Geldkreislaufs geleistet wird" (Salleh 1997: 79) und dafür nur wenig Technologie eingesetzt wird und dazu häufig ungenutztes öffentliches Land bebaut wird. (Federici 2012: 138–148) Die Arbeit dieser Bäuerinnen macht in Zeiten einer genozidalen Austeritätspolitik für Millionen Menschen den Unterschied zwischen Leben und Tod.[16] Das ist jedoch genau die Art subsistenzorientierter Arbeit, die Marx eliminiert haben wollte, als er die Rationalisierung der Landwirtschaft durch größere Einheiten und auf wissenschaftlicher Basis „als die großen Verdienste der kapitalistischen Produktionsweise" (MEW 25: 631) betrachtete und argumentierte, dass das nur durch die Enteignung der unmittelbaren Produzenten möglich ist.

16 Laut dem Bevölkerungsfonds der Vereinten Nationen produzierten im Jahr 2001 rund „200 Millionen Stadtbewohner*innen" für „eine Milliarde Menschen zumindest einen Teil ihres täglichen Bedarfs an Lebensmitteln". (United Nations Population Fund 2001) Der Bericht „Farming the Cities Feeding an Urban Future" des Worldwatch Institute aus dem Jahr 2011 bestätigt die Bedeutung der Subsistenzlandwirtschaft und erwähnt in einer Pressemitteilung, dass „aktuell rund 800 Millionen Menschen weltweit in urbaner Landwirtschaft beschäftigt sind und dabei rund 15 bis 20 Prozent produzieren." (Worldwatch Institute 2011) Es sollte betont werden, dass diese Zahlen die Subsistenzlandwirtschaft am Land nicht beinhalten.

Über den Mythos der Fortschrittlichkeit des Kapitalismus

Neben der Kritik an der Marx'schen Theorie im Hinblick auf die Macht der Industrialisierung zur Befreiung der Menschheit von Mangel und Not gibt es noch andere Argumente, warum wir seinen Glauben an die Notwendigkeit und Fortschrittlichkeit des Kapitalismus zurückweisen müssen. Erstens, diese Theorie verkennt nicht nur das Wissen und den Reichtum, die von nichtkapitalistischen Gesellschaften produziert wird, sondern auch das Ausmaß, in dem die Macht des Kapitalismus auf der Aneignung dieses Wissens und Reichtums beruht. Das ist eine wichtige Überlegung, wenn wir uns nicht vom Fortschritt des Wissens im Kapitalismus verzaubern und in unserem Begehren, ihn zu überwinden, lähmen lassen wollen. Es ist daher politisch wichtig, uns der Gesellschaften zu erinnern, die der Kapitalismus zerstört hat, die aber tausende Jahre vor dem Auftauchen der Mechanisierung ein hohes Niveau des Wissens und der Technologie erreicht haben, da man gelernt hat über die Weltmeere zu segeln, die wichtigen Sternenkonstellationen entdeckt wurden und die Getreidesorten erfunden hat, die menschliches Leben auf der Erde dauerhaft möglich machten. (Conner 2005) Wir können uns die fantastische Diversität von Saatgut und Pflanzen ansehen, die von den *Native Americans* entwickelt wurden. Sie haben eine unübertroffene Meisterschaft in landwirtschaftlichen Techniken erreicht und allein in Meso-Amerika mehr als 200 Sorten Mais und Kartoffeln erfunden, womit sie in einem krassen Gegensatz zur Zerstörung der Diversität, wie wir sie heute aufgrund der wissenschaftlich organisierten kapitalistischen Landwirtschaft erleben, stehen. (Weatherford 1988)

Der Kapitalismus hat die gesellschaftliche Kooperation oder den gesellschaftlichen Verkehr, wie Marx den Handel und den kulturellen Austausch nannte, nicht erfunden. Im Gegenteil, das Aufkommen des Kapitalismus hat Gesellschaften, die durch kollektives Eigentum, kooperative Formen der Arbeit und ausgeprägte Handelsnetzwerke zusammengehalten wurden, zerstört. Vor der Kolonisierung waren vom Indischen Ozean bis in die Anden äußerst kooperative Arbeitssysteme nicht die Ausnahme, sondern die Regel. Man muss dabei nur an das „Ayllu-System" in Peru und Bolivien oder die kommunalen Landsysteme in Afrika denken, die bis in das 21. Jahrhundert überdauert haben und die alle einen Kontrapunkt zur Marx'schen Sicht der „Isolation des Landlebens" darstellen.[17] Auch in Europa hat der Kapitalismus eine Gesellschaft der Commons zerstört, die nicht nur in der kollektiven Nutzung des Landes und in kollektiven Arbeitsbeziehungen verankert war, sondern auch in einem täglichen Kampf gegen die feudalen Mächte. Aus diesen Kämpfen haben sich neue kooperative Formen des Lebens entwickelt, wie beispielsweise die Experimente der häretischen Bewegungen (Kartharer, Waldenser), die ich in meinem Buch *Caliban und die Hexe* analysiert habe. (Federici 2017) Es ist eben kein Zufall, dass sich der Kapitalismus nur durch den maximalen Einsatz von Gewalt und Zerstörung durchsetzen konnte, was auch die Vernichtung tausender Frauen während zweier Jahrhunderte der Hexenverfolgung beinhaltete, wodurch schlussendlich der Widerstand gebrochen werden konnte, der im 16. Jahrhundert die Form eines Bäuer*innenkriegs angenommen

---

17 Anm. des Übersetzers: Die Autorin verweist an dieser Stelle auf die Arbeit von Draper (1998), der betont hat, dass die englische Übersetzung der Formulierung vom „Idiotismus des Landlebens" im *Kommunistischen Manifest* mit „idiocy of rural life" irreführend ist, da, wie auch im Deutschen, der Begriff Idiotismus bzw. *idiocy* Mitte des 19. Jahrhundert nicht im Sinne von Idiotie oder Dummheit verstanden wurde, sondern jemanden bezeichnete, der isoliert von der Gesellschaft lebt, und daher die Übersetzung „Isolation des Landlebens" näher an der Intention von Marx und Engels sein dürfte. Im Griechischen benennt der Begriff *idiotes* eine Privatperson, der sich nicht in den Angelegenheiten der Polis engagiert.

hatte. Der Kapitalismus war beileibe nicht der Träger des Fortschritts, sondern der Konterrevolution, wodurch die Entstehung neuer Formen des Kommunalismus untergraben wurde, die entweder aus diesen Kämpfen entstanden sind oder bereits auf den feudalen Landgütern durch die gemeinsame Nutzung der Commons bestanden haben. Es ist um einiges mehr vonnöten, als die Entwicklung der großen Industrie, um eine revolutionäre Verbindung und die Assoziation freier Produzent*innen herzustellen, die sich Marx am Ende des ersten Bands des *Kapital* vorgestellt hat. (MEW 23: 791) Das Kapital und die große Industrie mögen zwar die „Konzentration der Produktionsmittel" und die Kooperation im Arbeitsprozess, die sich aus der Arbeitsteilung ergibt (MEW 23: 789), vorantreiben, aber die Kooperation, die es für einen revolutionären Prozess braucht, ist qualitativ anders als dieser technische Faktor, den Marx, zusammen mit der Wissenschaft und der Technologie, als „die grundlegende Form der kapitalistischen Produktionsweise" beschreibt. (MEW 23: 355) Es ist sogar fraglich, ob wir überhaupt von Kooperation im Arbeitsprozess sprechen können, wenn diese nicht von den Arbeiter*innen selbst kontrolliert wird und es, abgesehen vom Moment des Widerstands, da die kapitalistische Organisation des Arbeitsprozesses unterlaufen wird, zu keiner unabhängigen Entscheidungsfindung kommt. Wir können auch nicht ignorieren, dass die Kooperation, die von Marx so bewundert wurde, historisch nur möglich geworden ist, weil die Fertigkeiten der Arbeiter*innen und die Kooperation in ihren Kämpfen zerstört wurden.[18]

---

18 Marx schreibt dazu im *Kapital*: „Das Arbeitsmittel erschlägt den Arbeiter." Die Kapitalisten verwenden die Maschinen nicht nur, um sich selbst von der Abhängigkeit von der Arbeit zu befreien, sondern die Maschinerie „wird das machtvollste Kriegsmittel zur Niederschlagung der periodischen Arbeiteraufstände, Strikes usw. [...] Man könnte eine ganze

Zweitens, davon auszugehen, dass die kapitalistische Entwicklung in irgendeinem Moment der Geschichte unvermeidlich oder gar notwendig und wünschenswert war, würde bedeuten, dass wir uns gegen die Kämpfe stellen, die Menschen geführt haben, um sich dieser Entwicklung zu widersetzen. Aber können wir wirklich sagen, dass die Häretiker*innen, die Wiedertäufer*innen, die Diggers und alle anderen rebellischen Subjekte, die sich gegen die Enclosures gewehrt haben oder dafür gekämpft haben, eine egalitäre Gesellschaftsordnung zu errichten, und sich, wie Thomas Müntzer, „omnia sunt comunia" auf ihren Banner geschrieben haben, dass sie alle auf der falschen Seite der Geschichte gestanden sind, wenn wir das aus der Perspektive der Befreiung der Menschheit betrachten? Das ist keine unbedeutende Frage, denn die Ausdehnung der kapitalistischen Verhältnisse ist keine Sache der Vergangenheit, sondern ein fortlaufender Prozess, der noch immer mit „den Zügen von Blut und Feuer geschrieben ist" (MEW 23: 743) und noch immer einen ungeheuren Widerstand erzeugt, der die kapitalistische Unterordnung jedweder Form der Produktion und die Ausdehnung der Lohnarbeit bremst.

Drittens, den Kapitalismus als notwendig und fortschrittlich vorauszusetzen, verkennt einen Umstand, auf den ich im ganzen Text bestanden habe: Die kapitalistische Entwicklung besteht nicht, oder nicht vorrangig, in der Entwicklung menschlicher Fähigkeiten und vor allem nicht in der Fähigkeit zur gesellschaftlichen Kooperation, wie Marx das vorausgesehen hat. Die Entwicklung des Kapitalismus ist auch die Entwicklung von ungleichen Machtverhältnissen, Hierarchien und Spaltungen, die wiederum Ideologien, Interessen und Subjektivitäten erzeugen, die eine zerstörerische gesellschaftliche Kraft darstellen. Es ist kein

Geschichte der Erfindungen seit 1830 schreiben, die bloß als Kriegsmittel des Kapitals wider Arbeiteremeuten ins Leben traten." (MEW 23: 459)

Zufall, dass im Zuge der konzertierten neoliberalen Welle zur Privatisierung der noch verbliebenen kommunalen und öffentlichen Ressourcen es nicht die am stärksten industrialisierten Gemeinschaften waren, die sich zur Wehr setzen konnten und manchmal sogar Privatisierungen erfolgreich verhindert haben, sondern jene Gemeinschaften, deren Zusammenhalt am stärksten war. Die Kämpfe der Indigenen, wie beispielsweise der Quechua und der Aymara gegen die Privatisierung des Wassers in Bolivien (Guiterrez 2009) oder der U'wa in Kolumbien gegen die Zerstörung ihres Landes durch die Ölförderung, haben gezeigt, dass der kapitalistischen Expansion nicht dort, wo die kapitalistische Entwicklung am weitesten gediehen ist ein Riegel vorgeschoben werden konnte, oder diese zurückweichen musste, sondern dort, wo die Bindungen der Gemeinschaft am stärksten sind. So wie die Aussicht auf eine Weltrevolution, die durch die kapitalistische Entwicklung befeuert wird, zunehmend schwindet, erscheint die Wiederherstellung der Gemeinschaften, die durch rassistische und sexistische Politik und wiederholte Enclosures verwüstet sind, nicht nur als eine objektive Bedingung, sondern als eine Vorbedingung für gesellschaftlichen Wandel.

Vom Kommunismus zu den Commons: Eine feministische Perspektive

Für die feministische Bewegung, wie auch für andere Soziale Bewegungen, muss es heute oberste politische Priorität haben, gegen die Spaltungen, die der Kapitalismus auf der Basis von „Rasse", Geschlecht und Alter geschaffen hat, anzugehen und das wiederzuvereinen, das in unseren Leben getrennt wurde, um wieder ein kollektives Interesse herzustellen. Darum geht es in der Politik der Commons schlussendlich, einer Politik, die im besten Fall die Verteilung des Reichtums, kollektive Entscheidungsfindung und eine Revolution in den Beziehungen zu uns selbst und zu anderen zur Voraussetzung hat. Marx hat die gesellschaftliche

Kooperation und den Erwerb von Wissen der industriellen Arbeit zugeschrieben, aber das muss aus den Aktivitäten des Commoning, wie *Urban Gardening*, Zeitbanken und *Open Source* kommen, die selbstorganisiert sind und die Gemeinschaft sowohl erfordern als auch produzieren. In diesem Sinne übersetzt die Politik der Commons, sofern sie darauf abzielt, unser Leben so zu reproduzieren, dass gegenseitige Bindungen gestärkt und der Kapitalakkumulation Grenzen gesetzt werden (De Angelis 2007), zum Teil die Marx'sche Idee vom Kommunismus als eine der Aufhebung der herrschenden Verhältnisse. Man könnte auch behaupten, dass mit der Entstehung der Commons im Internet, dem Aufstieg von freier Software und des freien kulturellen Austauschs, wir uns nun dieser Universalisierung der menschlichen Fähigkeiten annähern, die Marx als ein Ergebnis der Entwicklung der Produktivkräfte erwartet hat. Aber die Politik der Commons ist eine radikale Abkehr von dem, was Kommunismus in der marxistischen Tradition und in vielen Arbeiten von Marx, beginnend beim *Kommunistischen Manifest*, bedeutet hat. Es gibt mehrere wichtige Unterscheidungen zwischen der Politik der Commons und dem Kommunismus, insbesondere wenn wir diese politischen Formen aus einer feministischen und ökologischen Perspektive betrachten.

Die Commons, wie sie von feministischen Autorinnen wie Vandana Shiva, Maria Mies und Ariel Salleh diskutiert und von *Grassroots*-Frauenorganisationen praktiziert werden, sind nicht von der Entwicklung der Produktivkräfte oder der Mechanisierung der Produktion oder einer irgendwie gearteten Ausdehnung der kapitalistischen Verhältnisse, den Vorbedingungen des kommunistischen Projekts bei Marx, abhängig. Im Gegenteil, sie müssen sich gegen die Bedrohungen behaupten, die ihnen durch die kapitalistische Entwicklung aufgezwungen werden, und versuchen, die verschiedenen lokalen Formen des Wissens und der Technologie aufzuwerten. (Mies und Shiva 1995) Sie gehen nicht davon aus, dass es notwendigerweise einen Zusammenhang zwischen wissenschaftlich/technologischer und moralisch/intellektueller Entwicklung gibt, was ja immer eine Prämisse der Marx'schen Konzeption des gesellschaftlichen Reichtums ist. Außerdem rücken sie die Neugestaltung der Reproduktion als zentrales Feld für die Transformation der gesellschaftlichen Verhältnisse ins Zentrum, indem sie die Wertstruktur der kapitalistischen Organisation der Arbeit zerrütten. Vor allem versuchen sie die Isolation einzureißen, die für die Hausarbeit im Kapitalismus charakteristisch ist, aber nicht um sie auf industrieller Ebene neu zu organisieren, sondern um kooperativere Formen der Sorgearbeit zu schaffen.

Die Commons werden immer im Plural gedacht, im Geiste der Zapatistas mit dem Slogan „Ein Nein, viele Ja", der die Existenz verschiedener historischer und kultureller Entwicklungen und eine Vielfalt an gesellschaftlichen Ergebnissen anerkennt, die mit der Abschaffung der Ausbeutung vereinbar sind. Während die Zirkulation der Ideen und des technologischen Know-how durchaus eine positive historische Kraft sein kann, verwehrt man sich zunehmend gegen die Aussicht auf eine Universalisierung des Wissens, der Institutionen und Verhaltensformen, nicht nur, weil es sich dabei um ein Erbe des Kolonialismus handelt, sondern auch, weil es sich dabei um ein Projekt handelt, das nur durch die Zerstörung lokaler Lebensformen und Kulturen verwirklicht werden kann. Vor allem aber ist die Existenz der Commons nicht von der Unterstützung des Staates abhängig. Wenngleich es in radikalen Kreisen zum Teil noch immer ein Bedürfnis nach dem Staat als Übergangsform gibt, die angeblich notwendig ist, um etablierte kapitalistische Interessen zu beseitigen und jene Teile des Gemeinwesens zu verwalten, die der großräumigen Planung bedürfen (Wasser, Elektrizität, Transport usw.), ist die Staatsform heute in der Krise, und das nicht nur in feministischen und anderen radikalen Zirkeln. Die Popularität der Commons steht in direktem

Zusammenhang mit der Krise der Staatsform, die der Zusammenbruch des real existierenden Sozialismus und die Internationalisierung des Kapitals drastisch vor Augen geführt haben. John Holloway hat es in seinem Buch *Die Welt verändern, ohne die Macht zu übernehmen* (2002) auf den Punkt gebracht, dass die Vorstellung, wir könnten den Staat verwenden, um einer gerechteren Welt näher zu kommen, bedeuten würde, dem Staat eine autonome Existenz zuzuschreiben und von seinen Netzwerken und gesellschaftlichen Verhältnissen zu abstrahieren, die untrennbar mit der Kapitalakkumulation verbunden sind und dazu zwingen, gesellschaftliche Konflikte und Mechanismen des Ausschlusses zu reproduzieren. Man müsste auch den Umstand leugnen, „dass kapitalistische gesellschaftliche Verhältnisse nie durch Staatsgrenzen beschränkt wurden" (Holloway 2002: 25), sondern global hergestellt werden. Darüber hinaus würde eine „Diktatur des Proletariats", wenn sie in Staatsform realisiert wird, angesichts eines Weltproletariats, das durch rassistische und geschlechtliche Hierarchien gespalten ist, Gefahr laufen, eine Diktatur des weißen männlichen Sektors der Arbeiter*innenklasse zu werden. Diejenigen, die mit mehr gesellschaftlicher Macht ausgestattet sind, würden den revolutionären Prozess in eine Richtung lenken, um ihre Privilegien zu erhalten.

Heute gibt es, nach Jahrzehnten der verratenen Erwartungen und der Abstimmungen an Wahltagen, besonders unter jüngeren Menschen ein tiefgehendes Bedürfnis, sich die Macht zur Veränderung unseres Leben wieder zurückzuholen, sich das Wissen und die Verantwortung anzueignen, die wir in einem proletarischen Staat ja erst wieder an eine übergeordnete Institution abgeben müssten, die uns durch die Repräsentation aber nur verdrängen würde. Das wäre eine verheerende Kehrtwende. Anstatt eine neue Welt zu erschaffen, würden wir diesen Prozess der Selbst-Transformation aufgeben, ohne den aber eine neue Gesellschaft gar nicht möglich ist. Wir würden dann nur jene Bedingungen wiederherstellen, die uns heute, auch dann noch, wenn wir mit ungeheuerlichen Fällen von Ungerechtigkeit konfrontiert werden, zur Passivität verdammen. Das ist der Reiz der Commons als „Keimform einer neuen Gesellschaft" (Holloway 2010: 35), dass sie für eine Macht stehen, die von unten kommt, anstatt vom Staat und auf Kooperation und kollektiver Entscheidungsfindung beruht anstatt auf Zwang. In diesem Sinne schwingt in den Commons die Einsicht von Audrey Lorde mit, dass „die Werkzeuge der Herren niemals die Häuser der Herren demontieren werden" (Lorde 1983: 98 f.) und ich glaube, dass Marx, würde er heute leben, uns in diesem Punkt zustimmen würde. Wenn er sich auch nicht mit den Verwüstungen beschäftigt hat, die im Kapitalismus durch den Sexismus und Rassismus angerichtet werden, und er der Transformation der Subjektivität des Proletariats wenig Aufmerksamkeit geschenkt hat, hat er nichtsdestotrotz verstanden, dass wir eine Revolution brauchen, nicht nur um uns von den äußeren Zwängen zu befreien, sondern auch um die internalisierten Ideologien und Verhältnisse des Kapitalismus zu überwinden, damit wir, wie er es nannte, den „ganzen alten Dreck" loswerden, um dann „zu einer neuen Begründung der Gesellschaft befähigt zu werden". (MEW 3: 28)

Der Beitrag „Marx, Feminism, and the Construction of the Commons" erschien ursprünglich in *Comunism in the 21st Century*, hg. von Shannon K. Brincat, Praeger (Santa Barbara, Denver, Oxford) 2014, S. 171–194.

Übersetzt von Leo Kühberger

Literatur:

Anderson, Kevin B. (2002): Marx's Late Writings on Non-Western and Precapitalist Societies and Gender, in: Rethinking Marxism 14, Nr. 4 (Winter 2002), S. 84–96. (http://www.kevin-anderson.com/wp-content/uploads/docs/anderson-article-marx-late-writings.pdf)

Bebel, August (1973): Die Frau und der Sozialismus, Berlin: Dietz Verlag. (http://www.mlwerke.de/beb/beaa/beaa_000.htm)

Caffentzis, George (2008): From the Grundrisse to Capital and beyond: Then and now, in: Workplace Nr. 15 (September 2008), S. 59–74.

Conner, Clifford D. (2005): A People's History of Science: Miners, Midwives, and „Low Mechanics", New York: Nation Books.

Dalla Costa, Mariarosa (1973): Die Frauen und der gesellschaftliche Umsturz, in: Dalla Costa, Mariarosa; James, Selma: Die Macht der Frauen und der Umsturz der Gesellschaft, Berlin: Merve Verlag.

De Angelis, Massimo (2007): The Beginning of History: Value Struggles and Global Capital, London: Pluto Press.

Draper, Hal (1998): The Adventures of the Communist Manifesto, Berkely: Center for Socialist History.

Fanon, Frantz (1981): Die Verdammten dieser Erde, Frankfurt/Main: Suhrkamp.

Federici, Silvia (2008): Witch-Hunting, Globalization, and Feminist Solidarity in Africa Today, in: Journal of International Women's Studies 10, Nr. 1 (Oktober 2008). (http://www.commoner.org.uk/wp-content/uploads/2008/10/federici_witch-hunt.pdf)

Federici, Silvia (2011): Women, Land Struggles and the Reconstruction of the Commons, in: WorkingUSA 14, Nr. 1 (März 2011), S. 41–56.

Federici, Silvia (2012): Revolution at Point Zero: Housework, Reproduction and Feminist Struggle, San Francisco: PM Press.

Federici, Silvia (2017): Caliban und die Hexe. Frauen, der Körper und die ursprüngliche Akkumulation, Wien: Mandelbaum.

Folbre, Nancy (2006): Nursebots to the Rescue? Immigration, Automation and Care, in: Globalizations 3, Nr. 3 (September 2006).

Fortunati, Leopoldina (1995): The Arcane of Reproduction: Housework, Prostitution, Labor and Capital, Brooklyn: Autonomedia.

Foster, John Bellamy (1995): Marx and the Environment, in: Monthly Review (July/August 1995), S. 108–123.

Gorz, Andre (1980): Abschied vom Proletariat – Jenseits des Sozialismus, Frankfurt/Main: Suhrkamp.

Gorz, Andre (1983): Wege ins Paradies. Thesen zur Krise, Automation und Zukunft der Arbeit, Berlin: Rotbuch.

Granter, Edward (2009): Critical Social Theory and the End of Work, Burlington: Ashgate.

Guitierrez Aguilar, Raquel (2009): Los Ritmos del Pachakuti: Levantamniento y Movilizacion en Bolivia (2000–2005), Mexico: Sisifo Ediciones.

Hartmann, Heidi I. (1979): The Unhappy Marriage of Marxism and Feminism: Towards a More Progressive Union, in: Capital and Class 3 (Summer 1979). (https://web.ics.purdue.edu/~hoganr/SOC%20602/Hartmann_1979.pdf)

Hayden, Dolores (1981): The Grand Domestic Revolution: A History of Feminist Designs for American Homes, Neighbourhoods and Cities, Cambridge: MIT Press.

Hobsbawm, Eric (1968): Industry and Empire: The Making of Modern English Society, Vol. 2, 1750 to the Present Day, New York: Random House.

Holloway, John (2002): Die Welt verändern, ohne die Macht zu übernehmen, Münster: Westfälisches Dampfboot.

Holloway, John (2010): Kapitalismus aufbrechen, Münster: Westfälisches Dampfboot.

Jackson, Stevi (2001): Why a Materialist Feminism is (Still) Possible, in: Women's Studies International Forum Vol. 24, Nr. 3, S. 283–293. (http://www.feministes-radicales.org/wp-content/uploads/2012/03/Stevi-Jackson-Why-a-Materialist-Feminism-is-still-possible-Copie.pdf)

James, Selma (1975): Sex, Race and Class, Bristol: Falling Wall Press.

Kovel, Joe (2011): On Marx and Ecology, in: Capitalism, Nature, Socialism 22, Nr. 1 (September 2011), S. 11–14. (http://ecosocialisthorizons.com/2011/11/marx-and-ecology/)

Lorde, Audre (1983): The Master's Tools Will Never Dismantle the Master's House, in: The Bridge That Is My Back: Writings by Radical Women of Color (hg. von Cherríe Moraga und Gloria Anzaldua), New York, S. 98–101.

Marx, Karl; Engels, Friedrich (1958): Die deutsche Ideologie (= MEW Bd. 3), Berlin: Dietz Verlag.

Marx, Karl (1960): Der achtzehnte Brumaire des Louis Bonaparte, in: MEW Bd. 8, S. 111–207, Berlin: Dietz Verlag.

Marx, Karl (1979): Das Kapital. Zur Kritik der Politischen Ökonomie. Band 1 (= MEW Bd. 23), Berlin: Dietz Verlag.

Marx, Karl (1979): Das Kapital. Zur Kritik der Politischen Ökonomie. Band 3 (= MEW Bd. 25), Berlin: Dietz Verlag.

Marx, Karl (1983): Grundrisse der Kritik der Politischen Ökonomie (= MEW Bd. 42), Berlin: Dietz Verlag.

Mies, Maria (1990): Patriarchat und Kapital. Frauen in der internationalen Arbeitsteilung, Zürich: Rotpunkt Verlag.

Mies, Maria; Shiva, Vandana (1995): Ökofeminismus. Beiträge zur Praxis und Theorie, Zürich: Rotpunkt Verlag.

Negri, Antonio (1991): Marx beyond Marx. Lessons on the Grundrisse, New York: Autonomedia. (https://libcom.org/files/Negri%20-%20Marx%20Beyond%20Marx%20-%20Lessons%20on%20the%20Grundrisse.pdf)

Rosdolsky, Roman (2017): Zur Entstehungsgeschichte des Marxschen Kapital, Freiburg: ca ira.

Rosemont, Franklin (2009): Karl Marx and the Iroquois. (https://libcom.org/library/karl-marx-iroquois-franklin-rosemont)

Salleh, Ariel (1997): Ecofeminism as Politics: Nature, Marx and the Postmodern, London: Zed Books.

Saral, Sarkar (1999): Eco-Socialism or Eco-Capitalism? A Critical Analysis of Humanity's Fundamental Choices, London: Zed Books.

Shanin, Teodor (1983): Late Marx and the Russian Road: Marx and the „Peripheries" of Capitalism, New York: Monthly Review Press.

Thurton, Roderick (2000): Marxism in the Caribbean, in: Two Lectures by Roderick Thurton. A Second Memorial Pamphlet (hg. von George Caffentzis und Silvia Federici), New York: o. V.

Ullrich, Otto (1993): Technology, in: The Development Dictionary: A Guide to Knowledge as Power, hg. von Wolfgang Sachs, London: Zed Books.

United Nations Population Fund (2001): State of the World Population 2001. (http://www.unfpa.org/publications/state-world-population-2001).

Weatherford, Jack (1988): How the Indians of the Americas Transformed the World, New York: Fawcett Columbine.

Worldwatch Insitute (2011): State of the World 2011: Innovations that Nourish the Planet. (http://www.worldwatch.org/sow11)

Die Internetquellen wurden am 1. 8. 2017 abgerufen.

MICHAEL HARDT UND SANDRO MEZZADRA

Versuch, groß zu denken

Der Oktober 1917 und seine Folgen

Die beste Weise, des Oktober 1917 zu gedenken, liegt darin, voraus- und nicht zurückzuschauen – die Zukunft zu erinnern. Wir haben keine Lust, noch einmal die Bilanz der sowjetischen Erfahrung zu ziehen, ihre Erfolge und ihr Scheitern gegeneinander abzuwiegen, den Punkt auszumachen, an dem die Revolution fehlschlug. Wir wollen nicht noch einmal Totalitarismustheorien diskutieren. Wir erkennen an, dass und wie der Umbruch des Oktober neue Horizonte des politischen Denkens und Handelns enthüllt und das zuvor Undenkbare zur Tagesaufgabe gemacht hat. Die Oktoberrevolution war eine Quelle großer theoretischer und praktischer Neuerungen, und weite Gebiete des von ihr erschlossenen Universums bleiben noch zu vermessen. So dient uns die Revolution als Zeugnis für neue Möglichkeiten des politischen Bruchs. Sie bezeugt, dass ein Blitzschlag das Kontinuum der historischen Zeit so weit aufzusprengen vermag, dass es nicht nur zu einer Verschiebung ihrer Bahn, sondern zur Einführung eines neuen Kalenders, einer neuen Zeitlichkeit kommt. (Benjamin 1977: 259) Ein solcher Blitzschlag kann festgefügte Geographien durcheinanderwirbeln und eine neue Weltkarte zeichnen, die nicht länger Europa zum Zentrum hat, sondern weit entfernte Weltgegenden aufeinander bezieht, als ob sich ganze Erdplatten binnen weniger Tage und nicht während einiger Jahrtausende verschoben hätten.

Am nachdrücklichsten prägt sich der revolutionäre Blitzschlag dem Vorstellungsraum der Politik ein. Es ist realistisch, das

Unmögliche zu verlangen, weil solche Ereignisse in der Lage sind, das zuvor für unmöglich Gehaltene in pragmatische, ja sogar unumgängliche Forderungen zu verwandeln: Die transformative Macht des Ereignisses trägt uns jenseits des Unmöglichen wie des Undenkbaren und lässt uns wünschen, was wir uns zuvor nicht einmal vorstellen konnten.

Selbstverständlich wollen wir hier nicht die politischen Strategien oder Formen von 1917 wiederauferstehen lassen und – ein Beispiel nur – eine Avantgardepartei schaffen, die die Rolle der Bolschewiki einnehmen soll. Vielmehr soll uns der hundertste Geburtstag der Revolution daran erinnern, dass ein solcher geschichtlicher Bruch auch heute möglich ist, selbst wenn die Bedingungen dafür nicht gerade günstig scheinen. Das soll nicht heißen, dass wir uns zurücklehnen können, um auf einen zweiten (oder dritten und vierten) Bruch zu warten. Revolutionäre Ereignisse kommen nicht von außen. Wir wollen verstehen, was es heißt, ein solches Ereignis herbeizuführen.

Gegen den Alltag

Es scheint unangebracht, über die Revolution zu reden, wenn Bewegungen und Regierungen der Rechten auf dem Vormarsch sind und sich in einigen Ländern der Welt sogar das Gespenst des Faschismus materialisiert. Doch erinnern wir uns, dass sich die Kräfte der Befreiung in Europa auch in den Jahren vor der Oktoberrevolution auf einem niedrigen Niveau befanden. Durch Europa fegte der Krieg, die *Belle Époque* endete in „Stahlgewittern" und im Massensterben der Schützengräben. Der Nationalismus war Alltagsreligion. Machtvolle Prozesse der Reorganisation kapitalistischer Gesellschaft, deren Anfänge in den 1880er Jahre lagen, verdichteten sich zur „Totalen Mobilmachung" des Krieges. Nation, Staat und Kapital schienen dazu ausersehen, auch die Zukunft zu beherrschen. Am 4. August 1914 bahnte die Zustimmung der sozialdemokratischen Partei zu den Kriegskrediten Deutschlands Weg in den Krieg und symbolisierte so das Ende des Internationalismus und die Krise der Arbeiter*innenbewegung.

Dann aber geschah im Osten etwas vollkommen Unvorhergesehenes und Unzeitgemäßes. Von den ersten Demonstrationen zum Jahrestag des „Blutsonntags" von 1905 im Januar über die Februarrevolution und den Sturz des Zaren bis zum Petersburger Aufstand im Juli und dem Oktober der Bolschewiki erzeugten von ganz einfachen Losungen – „Brot und Frieden!", „Alle Macht den Räten!" – vorangetriebene Massenmobilisierungen den dann nicht mehr zu bremsende Rhythmus einer revolutionären Bewegung, die eine neue, internationalistische Sprache sprach. Ihre Freund*innen und Feind*innen verstanden die Oktoberrevolution als den historischen Erfolg eines von Arbeiter*innen und Soldaten, von Bäuer*innen und von einfachen Bürger*innen geführten Projekts kollektiver Befreiung. „Zum ersten Mal in der Weltgeschichte", schreibt Lenin im Frühjahr 1918, „hat eine sozialistische Partei es fertiggebracht, die Eroberung der Macht und die Niederwerfung der Ausbeuter in den Hauptzügen zu beenden und bis dicht an die Aufgaben des Verwaltens heranzugehen." (Lenin 1955a: 360) Diese radikale Neuerung öffnete einen vollkommen neuen politischen Horizont.

Eine neue geographische Imagination

Natürlich richteten sich die Bolschewiki vor allem am Westen aus, an der Pariser Kommune als der ersten siegreichen Erhebung von Arbeiter*innen und an Deutschland, dem historischen Bollwerk der europäischen Arbeiter*innenbewegung, als der ersten Quelle der Verbreitung revolutionärer Theorie und Praxis. Und natürlich war die Mentalität der Bolschewiki tief in das Modernisierungsprojekt des westeuropäischen Denkens eingelassen. Doch obwohl viele der russischen Revolutionär*innen Petersburg auf einer Linie verorteten, die ihren Ausgang in Paris und Berlin nahm, ordnet die Revolution die Koordinaten der politischen Geographie ganz neu an. Von der relativ randseitigen Position Italiens aus sah Antonio Gramsci, dass die Oktoberrevolution weniger die Verwirklichung der Visionen von Karl Marx als eine Revolution gegen *Das Kapital* und besonders gegen alle Unterstellungen einer linearen geschichtlichen Entwicklung war, in der die Führung bei den entwickelten Ländern lag. (Gramsci 1991) Dass der Oktober in einem für „rückständig" gehaltenen Land auf der Grenze zwischen dem Westen und dem Osten stattfand, erschütterte die damaligen geographischen Vorstellungen. Während der Aufstieg der USA infolge des Großen Krieges die Machtverteilung innerhalb der kapitalistischen Welt dramatisch verschob, signalisierte die Oktoberrevolution die Ankunft einer ganz anderen Welt, einer Welt, die sich von Europa weg orientierte, in der der Imperialismus zum Hauptgegenstand marxistischer Theorie und der Kampf gegen den Kolonialismus zur unabweislichen, ja sogar zentralen Aufgabe der sozialistischen Kämpfe wurde. Der „Kongress der Völker des Osten", der im September 1920 in Baku (heute Aserbaidschan) abgehalten und von Grigori Sinowjew zusammen mit so bekannten Figuren wie Karl Radek und Bela Kun geleitet wurde, war ein Symptom dafür, dass sich neue geographische Vorstellungen herausbildeten. Seine Teilnehmer*innen bildeten eine vielfarbige, heterogene Mischung, deren Mehrheit von Intellektuellen früherer russischer Kolonien und aus der Türkei, Armeniens und Persiens gestellt wurde, verstärkt durch Delegierte aus Indien, China und Japan. Gemeinsam versuchten sie, die von der Oktoberrevolution eröffneten Möglichkeiten auf eine globale Revolution gegen koloniale und imperialistische Herrschaft auszurichten. Auf der anderen Hälfte des Globus leuchtete José Carlos Mariategui in seinen journalistischen und theoretischen Interventionen aus, wie die Ereignisse in Russland die politischen Möglichkeiten in Peru und überhaupt in Lateinamerika verwandelt hatten. Doch obwohl die Russische Revolution einen tiefen Einfluss auf die Politik der antikolonialen und popularen Bewegungen der ganzen Welt gewann, darf ihre Wirkung nicht im Sinn einer linearen Entwicklung verstanden werden. Tatsächlich erzeugte oder verschärfte die Politik der Komintern besonders unter Stalins Wendung zum „Sozialismus in einem Land" Spaltungen, die internationalistischer Solidarität eher abträglich waren. Während des Spanischen Bürgerkriegs wurde überdeutlich, dass das Handeln der Sowjetunion ein geradezu kriminelles Ausmaß annahm. Wenn wir von neuen geographischen Vorstellungen sprechen, die von den Oktoberereignissen hervorgebracht wurden, haben wir etwas ganz anderes im Sinn. Uns geht es um die Verwerfungen der globalen Geographien dieser Zeit und um die Erweiterung des Raums der Politik, die Menschen und Bewegungen außerhalb Europas und des Westens erstmals zu den entscheidenden Protagonist*innen des proletarischen Internationalismus werden ließ.

Das revolutionäre Ereignis

Wenn wir die Oktoberrevolution als ein noch nie dagewesenes Ereignis und als einen Bruch in der Kontinuität der historischen Entwicklung bezeichnen, wahren wir zu bestimmten zeitgenössischen Ereignistheorien Distanz, die dazu tendieren, die Bedingungen der Produktion solcher historischer Brüche im Dunkeln zu lassen. Dass politische Ereignisse wie Wunder von einem Außen hereinbrechen, kann nur glauben, wer an ihrer inneren Vorbereitung keinen Anteil nimmt. „Wunder gibt es in der Natur und in der Geschichte nicht", schreibt Lenin kurz vor seiner Ankunft in Russland im April 1917, „aber jede jähe Wendung der Geschichte, darunter auch jede Revolution, zeigt einen solchen Reichtum des Inhalts, entfaltet so unerwartet eigenartige Kombinationen der Kampfformen und der Kräfteverhältnisse der Kämpfenden, dass dem spießbürgerlichen Verstand vieles wie ein Wunder erscheinen muss." (Lenin 1955d: 887)

Revolutionäre Ereignisse beruhen auf einer unermesslichen Akkumulation politischer Aktivitäten, Schicht um Schicht übereinander wie geologische Ablagerungen. Sie setzen die bestehende Ordnung stark unter Druck und legen den Grund für ein neues politisches Feld. Dennoch resultiert kein Ereignis einfach nur aus der Akkumulation der vorangegangenen Kämpfe, die ihm deshalb auch keine Garantie bieten. Jedes Ereignis ist ein Sprung ins Unbekannte, voller Risiken, doch, um Abspringen zu können, bedarf es eines tragfähigen Bodens. Wie die Schriften Gramscis sind auch die Schriften Lenins und Trotzkis von dem Versuch bestimmt, die Dialektik dieser „Kunst des Aufstands" zu verstehen und voranzutreiben. (Trotzki 2010) Deshalb helfen sie uns noch heute bei unserem Versuch, die Kämpfe gegen Rassismus, Patriarchat und Homo- beziehungsweise Transphobie mit den alten und neuen Arbeitskämpfen und die Bewegungen der Migrant*innen wie der Armen mit den Kämpfen für Demokratie zu einer Art Mosaik oder Konstellation zu fügen, die sich über den bloßen Protest hinaus auf eine zukünftige Transformation ausrichtet. Kommt der richtige Moment, dann schießt die Vielzahl der partialen und mikropolitischen Kämpfe, die bis dahin ganz unterschiedlich und unverbunden erschienen, plötzlich zusammen und bildet eine machtvolle Assemblage. Dazu kommt es, wenn alle Bedingungen eines Ereignisses in Stellung gebracht worden sind.

Die Bedingungen des Bruchs heute

Parallelen zwischen der gegenwärtigen Konjunktur und der des Ersten Weltkriegs gibt es im Überfluss. Auch unsere Gegenwart ist durch globale Prozesse eines Übergangs gezeichnet, die alles andere als angenehm sind. Katastrophen lauern an jeder Biegung des Wegs. Erstarkende nationalistische Stimmungen (oft von

Rassismus begleitet) erzeugen auf dem ganzen Globus Spannungen, die sich jederzeit im Aufflammen militärischer Massenauseinandersetzungen entladen können. Die Finanzkrise, die 2007/2008 in den USA begonnen hat, pulsiert immer noch durch den Blutkreislauf des kapitalistischen Weltsystems und richtet in den verschiedensten Regionen periodisch verheerende Schäden an. Der Neoliberalismus scheint alle seine verführerischen Versprechen globaler Prosperität aufgegeben zu haben und präsentiert stattdessen nackte Austeritätspolitiken im Verbund mit autoritären, nationalistischen, sogar protektionistischen Ideologien. Von Indien bis zur Türkei, von Argentinien und Ungarn bis ins Vereinigte Königreich und in die Vereinigten Staaten scheint im Management des aus der Krise hervorgegangenen politischen Zyklus einer aggressiven Rechten die Hegemonie zugefallen zu sein. Das bedeutet nicht das Ende der kapitalistischen Globalisierung, zeigt aber an, dass wir uns inmitten einer folgenschweren Reorganisation ihrer Räume und Ausrichtung befinden. Die Implikationen dieser Wende kommen in dramatischen Einschränkungen der Freiheit und Gleichheit zum Vorschein, die in drängendster Weise von den Migrant*innen erfahren werden – nicht nur in den USA und der EU, sondern weltweit.

Können wir uns heute ein so radikales Ereignis wie die Oktoberrevolution vorstellen? Die Welt hat sich dramatisch verändert, dasselbe gilt von der kapitalistischen Produktion. Dass kein Winterpalais in Sicht ist, ist längst zum Gemeinplatz geworden. Mehr noch, ein ganzes Jahrhundert von Kämpfen rund um den Globus hat es unmöglich gemacht, die vielgestaltigen Subjektivierungsprozesse, aus denen sich heute die Arbeiter*innenklasse und die ganze Bandbreite der sozialen Kämpfe zusammensetzt, jemals wieder durch eine Partei bolschewistischen Modells zu gliedern und auszudrücken. Und doch brauchen wir nach wie vor Brüche und Ereignisse, um die Grenzen unseres politischen Vorstellungsvermögens zu überschreiten. Die Theorie vermag den Bedingungen für einen Bruch ihren Ort einzuräumen, sie kann seine Ausrichtung und seine subjektive Zusammensetzung voraussahnen, doch gibt es in jeder Erfahrung eines Bruchs einen Überschuss, der die Theorie auf die Probe stellt und auf ihre blinden Flecke, ihre Unzulänglichkeiten verweist. In den vergangenen Jahren sind wir wiederholt Zeug*innen solcher Szenerien der theoretischen Neuerung geworden. Ein solches Labor des Neuen waren die Erfahrungen zwischen Seattle 1999 und Genua 2001, als die Geburt einer neuen „globalen" Bewegung neue Kontinente für die kritische Untersuchung der Globalisierung erschlossen hat. Ein anderes entstand zwischen den 1990er und den frühen 2000er Jahren mit den Aufständen in Mexiko, Ecuador, Argentinien und Bolivien, die die Grundlagen für die Heraufkunft neuer „progressiver" Regierungen in Lateinamerika legten. Ein anderes Feld der theoretischen Neuerung, besonders im Hinblick auf Möglichkeiten der Demokratie, öffnete sich mit dem Zyklus der Platzbesetzungen zu Beginn dieser Dekade, der vom Tahrir bis zum Taksim und durch die „Indignados" in Spanien, den Syntagma in Athen, die Occupy-Bewegung in den USA und viele andere Orte führte. Es ist sicher wahr, dass diese Erfahrungen nur wenig mit der Oktoberrevolution gemein haben. Trotzdem sind wir überzeugt, dass manche ihrer Aspekte eine tiefgreifende Aktualität bewahren und in den letzten Jahrzehnten durch die Kämpfe und popularen Politiken in vielen Gegenden der Welt erneuert, verwandelt und wiederbelebt wurden.

Wir leiden nicht an einem Mangel an Kämpfen und Bewegungen, und manche von ihnen setzen die Projekte derer fort, die wir gerade genannt haben. Migrant*innen mobilisieren gegen den nationalistischen Gegenschlag, *people of color* wehren sich gegen die verschiedenen Formen weißer Vorherrschaft, Frauenbewegungen breiten sich in immer mehr Ländern und Regionen aus, Bewegungen der Armen nähren Ökonomien der Solidarität, Umweltaktivist*innen treten, oft zusammen oder gar unter der Führung indigener Gruppen, dem Klimawandel entgegen, allerorts gibt es Arbeitskämpfe. Isoliert voneinander oder in einem Land oder einer Region scheinen sie den herrschenden Kräften gegenüber ohnmächtig zu sein. International verflochten aber bilden sie den Stoff eines Gewebes, das es uns erlaubt, uns ein Ereignis vorzustellen, das die Grenzen unseres politischen Vorstellungsvermögens noch einmal sprengen wird. Deshalb wollen wir jetzt drei Bereiche erkunden, in denen das Erbe der Oktoberrevolution nachklingt und neue Bedeutungen gewinnt.

Staat und Partei als Problem

Im Blick auf Partei und Staat nötigt uns der hundertste Geburtstag der Oktoberrevolution zunächst einmal zur Feststellung des Abstands, der uns von 1917 trennt. Die Sache der Partei und die Übernahme der Staatsmacht sind für uns heute mehr als fragwürdig geworden, sie stellen eher ein Problem als eine Lösung dar. Das führt uns nicht zur blanken Zurückweisung der Parteiform und nicht zum Widerwillen gegen jeden Gebrauch von Staatsmacht. Tatsächlich haben sich in den letzten Jahren eine Vielzahl bedeutender Experimente gerade in diese Gewässer vorgewagt: von den Erfahrungen der progressiven Regierungen in Lateinamerika bis zu Podemos und Syriza in Europa, von der Bernie-Sanders-Kampagne bis zu den munizipalen Regierungen in Spanien.

Hier ist nicht der Ort, diese Erfahrungen auszuwerten. Doch bevor das getan werden kann, muss man zunächst einmal die dramatischen Verwandlungen verstehen, die dem Staat in den vergangenen Jahrzehnten und in den verschiedensten geographischen Dimensionen eine neue Gestalt verliehen haben. Sichtbar wird das, wenn man sie zu dem Staat in Bezug setzt, den Lenin im Sinn hatte. Sein Begriff des „staatsmonopolistischen Kapitalismus", mit dem er versuchte, die nach dem Großen Krieg heraufziehenden neuen Formen kapitalistischer Entwicklung zu verstehen, sollte Licht auf die Möglichkeiten des Staates werfen, den Kapitalismus zu organisieren und zu verwalten. Der daraus resultierende Prozess der „Verschmelzung" des Staates „mit den allmächtigen Kapitalistenverbänden" hatte für Lenin „ungeheuerliche" Folgen für die „Knechtung der werktätigen Massen". (Lenin 1955b: 158) Deshalb war es für ihn absolut notwendig, die Macht gerade dieses Staates zu „übernehmen", die Maschinerie seiner repressiven Apparate zu zerschlagen und stattdessen seine administrativen Kapazitäten zu entfalten, weil sie für den Übergang zum Kommunismus maßgeblich sein würden. Sein ursprünglich ganz auf diese spezifische Staatsform geeichtes Projekt sollte nicht durch die Tatsache verdunkelt werden, dass die Russische Revolution mit der Errichtung eines extrem unterdrückerischen Staates endete.

Der gegenwärtige Prozess der Globalisierung hat den Staat nicht absterben lassen. Auf der globalen wie der nationalen Ebene nimmt er nach wie vor wichtige Aufgaben in der Organisation der kapitalistischen Gesellschaft wahr. Doch unterscheiden sich seine Rolle wie seine Stellung völlig von der, die Lenin, aber auch die Sozialdemokrat*innen mit ihrer Vorstellung des „organisierten Kapitalismus oder die Operaist*innen in ihrer Analyse des „Planstaats" in den Blick nahmen. Das Wesen staatlicher Souveränität hat sich in dem Maß verwandelt, in dem der Staat aus dem Zentrum einer kapitalistischen Herrschaft verdrängt wurde, die sich machtvolle Mittel einer Gouvernementalität schuf, die weit jenseits der Produktionssphäre auf der Ebene des Alltagslebens wirken. Zur gleichen Zeit übersteigen die wichtigsten, vor allem die finanziellen Operationen des gegenwärtigen Kapitals strukturell das Maß des Nationalstaats und unterwerfen jede Regierung machtvollen Zwängen. Unter diesen Umständen kann die Übernahme von Staatsmacht zwar immer noch ein definitiver Schritt der Strategie einer sei es reformistischen, sei es revolutionären Transformation sein. Doch wird sie unter keinen Umständen die zureichende Bedingung ihres Erfolgs sein können.

Dasselbe gilt für die bolschewistische Partei. Schon in den 1970er Jahren zeigt Toni Negri, dass und wie der Genius dieser Partei darin lag, Resonanzen zwischen den bestehenden Organisationen des Proletariats in der Produktion und den Strukturen der politischen Organisation zu entdecken. Die den Arbeiter*innen bereits vertrauten Schemata der produktiven Kooperation stellten dabei auch die angemessenen Strukturen der politischen Organisation dar. Das heißt aber nicht, dass die leninistischen Lösungen in einen anderen historischen Kontext übersetzt werden können – ganz im Gegenteil. Wer Lenins Vorgehen wiederaufnehmen will, muss vielmehr untersuchen, wie die produktive Kooperation in der heutigen Gesellschaft organisiert wird, und dann die politische Form erfinden, die ihren Strukturen korrespondiert. Und natürlich müssen heute die Bedingungen der gesellschaftlichen Produktion und Reproduktion auch jenseits des traditionell verstandenen Proletariats in den Blick genommen werden, weit jenseits der Fabrikmauern und sogar und besonders außerhalb der bezahlten Arbeitskraft.

Deshalb widersprechen wir einerseits all jenen Autor*innen, die unsere gegenwärtige Schwäche aus dem Gedanken heraus beheben wollen, eine Partei zu gründen und die Staatsmacht zu übernehmen, weil sie verständlicherweise vom Unvermögen etwa der Occupy-Bewegung enttäuscht sind, einen dauerhaften sozialen Wandel in Gang zu halten. Auf der anderen Seite widersprechen wir all denen, die dem Staat und der Partei noch immer jede Rolle in einer Politik der Befreiung absprechen. Für uns sind Staat und Partei vielmehr Probleme, die heutige Befreiungspolitiken anzugehen haben. Wir müssen dringend Mittel und Wege finden, um den autonomen Bewegungen Kontinuität zu verleihen, die die kapitalistische Herrschaft auf der Ebene des Alltags und in allen Aspekten ihres Wirkens angreifen. Und tatsächlich scheinen uns die Bewegungen und Kämpfe der letzten Jahrzehnte eine andere Politik zu proklamieren, eine Politik, die dem Staat und der Partei zwar eine Rolle zuweist, ihnen in der politischen Veränderung aber nicht das Monopol einräumt.

Doppelherrschaft

Statt auf die Übernahme der Staatsmacht und auf die Partei als das dazu passende Gefährt wollen wir uns kritisch auf die sowjetische Idee eines Dualismus der Macht fokussieren. Im April 1917, gleich nach seiner Rückkehr nach Russland, schreibt Lenin: „Die im höchsten Grade bedeutsame Eigenart unserer Revolution besteht darin, dass sie eine Doppelherrschaft geschaffen hat." Er fährt fort: „Worin besteht die Doppelherrschaft? Darin, dass sie neben der provisorischen Regierung, der Regierung der Bourgeoisie, eine noch schwache, erst in Keimform vorhandene, aber dennoch unzweifelhaft wirklich existierende und erstarkende andere Regierung hervorgebracht hat: die Sowjets der Arbeiter- und Soldatendeputierten." (Lenin 1955c: 12)

Das Ziel, eine relativ stabile, aus einer Serie autonomer Gegenmächte zusammengesetzte zweiten Macht gibt uns heute den Rahmen, um die gegenwärtige Vielzahl verschiedener antagonistischer Kämpfe unter einer auf Dauer angelegten und transformativen politischen Strategie zu organisieren. (vgl. Jameson 2016, Hardt/Negri 2017 und Mezzadra/Neilson im Erscheinen).

In der russischen Erfahrung bildeten die Sowjets als Institutionen der Selbstorganisation und Selbstregierung von Arbeiter*innen, Soldat*innen die Grundlage der Doppelherrschaft. Ihre Form und ihre Aktion bestanden in der Verbindung der ökonomischen Befreiung der Arbeiter*innenklasse mit der politischen Zusammensetzung der Selbstregierung und der demokratischen Entscheidung. Dabei ging es den Sowjets darum, das Wissen der Arbeiter*innen und Bäuer*innen zum Ausgangspunkt der Entwicklung des revolutionären Prozesses im Bereich der Produktion zu machen.

Von den kommunalen Formen der Organisationen von Bäuer*innen und Indigenen bis zu den Räten der Arbeiter*innen, von den Nachbarschaftsversammlungen in Argentinien in der Welle des Aufstands des Jahres 2001 bis zur Ausübung territorialer Gegenmacht durch die Black Panthers in den USA oder die autonome Bewegung in Italien: Der „Geist der Sowjets" ist lebendig geblieben und reist in den verschiedensten Mutationen über den ganzen Globus. Eine machtvolle Wiedervergegenwärtigung des Sowjets unter heutigen Bedingungen verdanken wir schließlich auch den Bewegungen, die von 2011 bis 2013 in verschiedenen Ländern die Plätze großer Städte erobert und besetzt haben. Dabei nehmen sie die Form metropolitaner Versammlungen an, in denen eine äußerst heterogene Mischung von Subjekten zusammenkommt, um sich zu beraten und auf der Basis der sozialen Kooperation und der Kämpfe Institutionen der Selbstregierung gegen Enteignung und Ausbeutung zu schaffen. Ihre Kritiker*innen wie ihre Teilnehmer*innen räumen schnell ein, dass diese Versammlungen sich noch nicht auf die Höhe einer Doppelmacht erhoben haben. Ihr entscheidender Punkt aber liegt darin, dass alle diese Erfahrungen schon jetzt die Ebene des Protests und des Widerstands gegen die herrschenden Machtstrukturen hinter sich gelassen haben und, wenn auch nur für kurze Zeit, eine autonome Gegenmacht erschaffen konnten, die das Potenzial einer Strategie der Doppelherrschaft sichtbar macht.

Halten wir an dieser Stelle fest, dass die Doppelherrschaft für die Sowjets nur ein vorübergehendes und instabiles Arrangement war, eine Art Anomalie, dazu bestimmt, so schnell wie möglich überwunden zu werden. Auch Lenin wartet im Grunde nur auf die Gelegenheit, die provisorische Regierung zu stürzen und die „Diktatur" der Sowjets einzusetzen: „Zwei Staatsgewalten können in einem Staat nicht bestehen. Eine von ihnen muss verschwinden." (Lenin 1955e: 20) Der historisch bis dahin einzigartige Dualismus der Macht war für ihn nur eine vorübergehende Bedingung und damit auch ein vorübergehender Begriff der politischen Theorie. Dasselbe gilt für die dominante Linie des revolutionären Marxismus des 20. Jahrhunderts, der mit ähnlichem Nachdruck auf der Überwindung der Doppelherrschaft besteht.

Im Gegensatz dazu brauchen wir heute eine Strategie, für die die Doppelherrschaft einen relativ stabilen politischen Rahmen bildet. Wie bereits angemerkt, war die Kurzlebigkeit die Schwäche auch der am meisten inspirierenden sozialen und politischen Bewegungen der letzten Jahre. Deshalb müssen die Bewegungen Mittel und Wege finden, um sich zu verstetigen und dabei dynamische Koalitionen zu bilden, international und quer durch verschiedene soziale Felder. Dabei ist es ganz unnötig, ja, es wäre sogar destruktiv, zu versuchen, die verschiedenen, auf Klasse, *gender*, *race*, Sexualität, Ethnizität oder auf der Sorge um die Ökologie gegründeten Achsen der sozialen Kämpfe zu vereinigen. Das effektivste Mittel einer Stärkung der bestehenden Bewegungen liegt vielmehr in einem politischen Rahmen, der die verschiedenen politischen Dynamiken des Kampfes, der Transformation und des Regierens in einer beständigen Assemblage von Gegenmächten zusammenfügen würde. Wie im vorangehenden Abschnitt angesprochen, wäre das zugleich der beste Weg, um den Staat und die Partei als Problem anzugehen. Dabei muss eine Strategie der Doppelherrschaft heute auch deshalb in Begriffen einer Assemblage von Gegenmächten entworfen werden, weil die von Lenin noch für selbstverständlich gehaltene Einheit von Staatsmacht und Souveränität durch die globalen neoliberalen Prozesse transformiert wurde, in denen plurale Strukturen des Rechts, des Regierens und der Gouvernementalität geschaffen wurden. In verschiedenen Hinsichten antwortet diese Vervielfältigung der Regierungsstrukturen und -politiken auf die Notwendigkeit, ein zutiefst heterogenes und oft eigentlich unregierbares Set korrespondierender und produktiver sozialer Subjektivitäten regieren zu müssen. Eine Strategie, die diese sich gerade erst herausbildenden Strukturen des Regierens und ihre Verstrickung in die Operationen des Kapitals herausfordern will, kommt gar nicht umhin, nach Prozessen der Organisation und Artikulation zu suchen, die die unterschiedliche Zusammensetzung der heutigen sozialen Kämpfe anerkennen kann. Eine derart erneuerte Theorie des Dualismus der Macht würde uns zugleich die politische Formel an die Hand geben, um die Frage des Übergangs neu zu denken, die sich in der kommunistischen Tradition als störrisch und schwer zu bewältigen erwiesen hat. Sie würde uns einen Begriff des Übergangs ermöglichen und Horizonte eines gesellschaftlichen Lebens jenseits des Kapitals eröffnen, die auf einen nichtlinearen Prozess verweisen. In diesem Prozess bestünden einzelne Siege und Errungenschaften nicht einfach nur in der Setzung und Verteidigung von Rechten, sondern, dem noch voraus, in materialen Strukturen von Mächten und Lebensformen, die im Gegenzug zu weiteren Fortschritten im Feld der sozialen Kämpfe führen würden.

Der Dualismus der Macht, den wir im Sinn haben, verlangt deshalb nach einem Begriff eines Regierens, das seine Kraft aus einem Gewebe von Gegenmächten gewinnen würde, ohne deren Autonomie infrage zu stellen. Sein Ziel liegt darin, die gesellschaftliche Kooperation durch Institutionen zu politisieren, die einerseits in der Lage wären, Kämpfe durch ihr Zusammenfließen und ihre gegenseitige Ermächtigung zu organisieren, und die uns andererseits unterschiedliche Lebensformen erahnen lassen, in denen die gesellschaftliche und die ökonomische Befreiung mit der politischen Befreiung zusammengehen. Natürlich folgen die beiden Mächte dieser Doppelherrschaft nicht derselben Logik und können es auch gar nicht. Insofern drückt der Dualismus auch heute kein Gleichgewicht der Mächte aus, weder in Begriffen der Gesellschaft noch in solchen ihrer Verfassung. Selbst wenn die Staatsmacht von Kräften eines Projekts gesellschaftlicher Transformation übernommen wird, muss die Vielzahl der politischen Formen und Institutionen der „zweiten Macht" ihre Autonomie wahren und weiterhin Strategien folgen, die sich von denen unterscheidet, mit der man die herrschenden Institutionen durchdringt – seien es solche Repräsentation oder solche der Bürokratie. Dieser Unterschied ist für die politische Produktivität des Dualismus der Macht von entscheidender Bedeutung, weil er es erlaubt, sie nach Marx' Beschreibung der Pariser Kommune als „eine durch und durch ausdehnungsfähige politische Form" zu denken, die sich grundsätzlich von „allen früheren Regierungsformen" unterschieden hat, die „wesentlich unterdrückend gewesen waren". (Marx 1973: 342) Wir denken dabei an die Entwicklung, die Durchwurzelung und Durchdringung einer durch Kämpfe und soziale Mobilisierungen eingesetzten „zweiten Macht" als des entscheidenden Elements, um eine politische Form „ausdehnungsfähig" zu machen, die die „unterdrückenden" Momente der etablierten staatlichen Institutionen in Schach hält. Über diese Kontrollfunktion hinaus fiele dieser „zweiten Macht" eine führende Rolle in der Entwicklung der Strategie wie im Voranbringen und in der Vertiefung des Prozesses selbst der gesellschaftlichen Transformation zu.

Vom Privateigentum zum Gemeinsamen

Ein dritter, heute ebenfalls neu zu prüfender Aspekt des Erbes der Oktoberrevolution ist die Kritik des Privateigentums. Dabei kann und wird es nicht darum gehen, die staatlich vermittelten Formen „sozialistischen Eigentums" des 20. Jahrhunderts wiederherzustellen. Und tatsächlich: Glücklicherweise sind Privateigentum und vom Staat kontrolliertes öffentliches Eigentum nicht mehr unsere einzigen Optionen! In wachsendem Maß bilden sich heute soziale Räume und Praktiken des Gemeinsamen, in denen der gesellschaftliche Reichtum offen geteilt und demokratisch verwaltet wird, Räume und Praktiken, die mit der oben ausgeführten Schaffung von Gegenmacht und Doppelherrschaft eng verbunden sind.

Jede Kritik des Privateigentums muss zunächst einmal die noch nie dagewesenen Wege nachzeichnen, auf denen Eigentumsbeziehungen in jede Faser heutiger Gesellschaft eingedrungen sind. So haben die verschiedenen Plattformen der sogenannten *share economy* sogar das Teilen in neue Formen des Eigentums verkehrt. Zugleich wird das Privateigentum gleich in verschiedenen Hinsichten und in wachsendem Maß anonym und immateriell, besonders dort, wo es sich mit der Finanzialisierung des Kapitals und der Volatilität der globalen Finanzmärkte verwoben hat. Noch bedeutsamere Verwandlungen des Eigentums zeichnen sich schließlich an den neuen Grenzen kapitalistischer Entwicklung ab, wiederum im Feld der Finanzen, aber auch im *data mining* und im Biokapital. In diesen Feldern wirkt das Privateigentum (etwa im Fall der genomischen Informationen oder von Daten, die durch soziale oder digitale Interaktion hervorgebracht werden) als ein Mittel der Gouvernementalität und bestimmt das subjektive Verhalten, etwa durch die Zerlegung individueller Identität und deren Wiederzusammensetzung durch die Schaffung multipler Profile oder durch die Neurahmung von Schlüsselbegriffen wie denen der Gesundheit und des Wohlbefindens. So wurde in den Kreisläufen der Finanzwelt die Bedeutung von für das Verständnis von Privateigentum maßgeblichen Begriffen wie Ware oder Geld durch technische Neuerungen wie die Derivative oder das sogenannte *shadow banking* tiefgreifend verändert. Natürlich bleiben Finanzen vom

Privateigentum bestimmt. Doch wird dessen Herrschaft durch Operationen reproduziert, bei denen es um eine gigantische Akkumulation von Besitztiteln und Zeichnungsrechten auf einen Reichtum geht, der erst in der Zukunft hervorgebracht und vom Kapital auch dann erst verwertet kann. Möglich wird diese Verwertung durch die Vermittlung von Eigentumsbeziehungen, die im Leben und in der Arbeit einer Multitude verschuldeter Subjekte weitreichende Implikationen haben wird. Dabei konfiguriert das Privateigentum menschliche Beziehungen auch weit jenseits der ökonomischen Sphäre und kreuzt sich dabei tief mit rassifizierten und mit *gender*-Hierarchien. Hat Alexandra Kollontai schon in der Zeit der Russischen Revolution auf den Zusammenhang von ökonomischer und sexueller Ausbeutung hingewiesen, zeigt uns heute Cheryl Harris, dass und wie Weißsein in den USA nicht nur ökonomische Vorteile birgt, sondern selbst eine Form des Eigentums ist. (Kollontai 1977, Harris 1993) Damit sollen rassifizierte und *gender*-Hierarchien nicht auf Fragen des Besitzes reduziert, sondern es soll geradezu umgekehrt offengelegt werden, wie tief Eigentumsbeziehungen in alle Ritzen unserer gesellschaftlichen Existenz eingedrungen sind.

Kritiken des Privateigentums und Versuche, die Räume des gesellschaftlichen Lebens vor seiner Gewalt zu schützen, müssen deshalb Hand in Hand gehen mit weit vorausgreifenden Experimenten mit Formen des Gebrauchs, des Zugangs und der Kooperation auf der Basis der konstituierenden Macht des Gemeinsamen. (Hardt/Negri 2010) Sie bilden eine wesentliche Grundlage für oben entworfene Reformulierung der Doppelherrschaft und die Übergangsproblematik. Die Erschaffung des Gemeinsamen verlangt nicht nur die Befreiung von Formen des gegenständlichen und gesellschaftlichen Reichtums von der Kontrolle der Eigentümer*innen, sondern auch der Mittel, diesen Reichtum demokratisch zu teilen und zu gebrauchen. Sie verlangt allerdings auch eine anthropologische Mutation, die Verwandlung unseres Gemeinsinns und der Grundlagen unserer intimen und gesellschaftlichen Bindungen an andere.

Auf eine solche anthropologische Mutation beziehen sich heute einige der mächtigsten sozialen Bewegungen, selbst wenn sie Eigentum und Eigentumsbeziehungen gar nicht ausdrücklich aufrufen. Ein Beispiel dafür aus jüngster Zeit waren 2016 die Proteste gegen die Dakota Access Pipeline in der Standing Rock Sioux Reservation. Wichtig war dieser Kampf nicht nur für die nie zuvor gesehene Zusammenkunft der nordamerikanischen Stämme und nicht nur, weil sich Umweltschutzgruppen unter die Führung von indigenen Amerikaner*innen gestellt haben. Wichtig war darüber hinaus, dass sich die Logik dieser Proteste der Herrschaft des Eigentums entgegenstellte. Denn der Widerstand gegen die Pipeline berief sich nicht auf die Eigentumsrechte des Stammes, sondern forderte ein prinzipiell anderes Verhältnis zur Erde ein, ein Verhältnis nicht zu einem Besitz, sondern zu einer Form des Reichtums, die wir alle teilen und für die wir alle sorgen müssen. Und tatsächlich: Der einzige Weg, sich dem Klimawandel wirklich zu stellen, liegt in der Anerkennung der Erde als eines *commons*.

Ein neues Jahrhundert wartet auf seinen Beginn

Eine der wichtigsten Wirkungen der Oktoberrevolution lag in der Befreiung und Stimulation des politischen Vorstellungsvermögens. Die künstlerischen, wissenschaftlichen, architektonischen, städtischen, sozialen und rechtlichen Experimente in ihrer Folge schlossen die Beteiligung großer Massen einfacher Leute ein und trugen zu einer nie gekannten Mobilisierung der russischen Gesellschaft bei. Obwohl wir in vielen Gegenden der Welt einem weiten Spektrum von Befreiungskämpfen, Massenmobilisierungen und Aufständen beiwohnen, scheint uns die Möglichkeit eines revolutionären Wandels fern zu sein. Nun waren die Aussichten für eine Revolution im Russland des Jahres 1917 kaum günstiger. Sogar große Teile der „alten Bolschewiki" bezweifelten ihre Möglichkeit und stellten sich eher auf eine lange Periode der Reaktion ein. Natürlich liegt darin keine Garantie für unsere Hoffnung auf ein neues revolutionäres Ereignis. Doch soll uns 1917 an den offenen und unvorhersehbaren Charakter der politischen Geschichte gemahnen. In schwierigen Zeiten wie den heutigen, im Aufbruch repressiver und autoritärer politischer Kräfte auf dem ganzen Globus, werden viele sagen, dass wir keine andere Wahl haben als das wenige, das wir haben, zu verteidigen und bestenfalls auf maßvolle Reformen zu hoffen. Im Gegensatz dazu sind wir davon überzeugt, dass es an der Zeit ist, groß zu denken. Es gibt Momente, in denen eine Reform des bestehenden Systems schlichtweg deshalb unmöglich ist, weil der einzige realistische Weg in seiner vollständigen Transformation liegt. In vielfacher Hinsicht begann das 20. Jahrhundert im Oktober 1917, und die Revolution goss ihr Licht über das ganze Jahrhundert aus. Sie war das Beispiel, das die politische Leidenschaft von Millionen Aktivist*innen und einfacher Leute nährte – innerhalb der kommunistischen Bewegung und in den vielen häretischen Experimenten, die außerhalb ihrer und gegen sie erblühten. Man wird die Weltgeschichte der Freiheit und Gleichheit dieses Jahrhunderts nicht schreiben können, ohne sich auf diese kommunistische Leidenschaft zu beziehen. Der Oktoberrevolution verdankten sich darüber hinaus ganze Serien von ihr ermöglichter und von ihr ernötigter reformistischer Politiken, etwa das Rätesystem in Deutschland und die Anerkennung sozialer und ökonomischer Rechte in der Weimarer Verfassung, aber auch das demokratische Experiment des *New Deals* in den USA oder, später noch, die Etablierung der Wohlfahrtsstaaten Westeuropas. Ohne die Oktoberrevolution hätte es weder den Sieg über den Faschismus noch den langen Prozess der Dekolonisierung gegeben.

Diese Tatsachen anzuerkennen heißt nicht, die tragische Geschichte des Kommunismus im 20. Jahrhundert zu leugnen oder auch nur zu relativieren. Im Gegenteil: Heute muss jeder Versuch einer Neuerfindung kommunistischer Politiken mit den Schrecken und mit den Lehren dieser Geschichte zurechtkommen. Wollen wir die hier nachgezeichneten politischen Strategien der Oktoberrevolution gründlich überdenken, müssen wir allerdings ebenso anerkennen, dass das 1917 eröffnete Jahrhundert schon lange vor dem Ablauf seines Kalenders an sein Ende gekommen ist. Wieder einmal brauchen wir ein Ereignis, das ein neues Jahrhundert erschließt und unserem politischen Vorstellungsvermögen neue Horizonte öffnet. Das 20. Jahrhundert ist vorbei, das 21. Jahrhundert steht vor seinem Beginn.

Gekürzte Fassung von: October, in: „South Atlantic Quarterly", vol. 116, nr. 4, October 2017

Übersetzt von Thomas Seibert

Literatur:

Benjamin, Walter: Über den Begriff der Geschichte. In: Illuminationen. Ausgewählte Schriften, Frankfurt 1977: 251–263.
Cédric Durand: Le Capital Fictive. Comment la finance s'approprie notre avenir. Paris 2015.
Gramsci, Antonio: Die Revolution gegen Das Kapital. In: Antonio Gramsci – vergessener Humanist? Zusammengestellt und eingeleitet von H. Neubert, Berlin 1991: 36 ff. (Artikel aus Avanti!, 24. November 1917).
Hardt, Michael/Negri, Antonio: Commonwealth. Das Ende des Eigentums. Frankfurt 2010.
Hardt, Michael/Negri, Antonio: Assembly. New York 2017.
Harris, Cheryl I.: Whiteness as Property. In: Harvard Law Review 106 (8): 1707–1791. Cambridge 1993.
Jameson, Fredric: American Utopia: Dual Power and the Universal Army. London 2016.

Kollontai, Alexandra: Sexual Relations and the Class Struggle. In: Selected Writings, London 1977: 237–292.

Lenin, Wladimir Iljitsch: Die nächsten Aufgaben der Sowjetmacht. In: Ausgewählte Werke Bd. II, Berlin 1955a: 357–392.

Lenin, Wladimir Iljitsch: Staat und Revolution. In: Ausgewählte Werke Bd. II, Berlin 1955b: 158–253.

Lenin, Wladimir Iljitsch: Über die Doppelherrschaft. In: Ausgewählte Werke Bd. II, Berlin 1955c: 12–15.

Lenin, Wladimir Iljitsch: Briefe aus der Ferne. In: Ausgewählte Werke Bd. I. Berlin 1955d: 887–898.

Lenin, Wladimir Iljitsch: Die Aufgaben des Proletariats in unserer Revolution. In: Ausgewählte Werke Bd. II, Berlin 1955e: 16–46.

Marx, Karl: Der Bürgerkrieg in Frankreich. In: Marx-Engels-Werke Bd. 17, Berlin 1973: 313–365.

Mezzadra, Sandro/Neilson, Brett: The Politics of Operations. Durham: im Erscheinen.

Trotzki, Leo: Geschichte der russischen Revolution. Bd. 2, Berlin 2010.

RITA CASALE

Die Heimatlosen
der bürgerlichen Moderne

Inwiefern besteht die Aktualität des Marxismus in der Analyse der Möglichkeit einer Überwindung des Kapitalismus? Inwiefern ist die Möglichkeit der Revolution mit dem Schicksal der Heimatlosen der bürgerlichen Moderne verbunden? Dieser doppelte Zusammenhang soll einführend in seinem methodologischen Aspekt und in seinem politischen Charakter erläutert werden. Der methodologische Aspekt stellt ein Problem aktueller politischer Analysen dar, das aus der *Gegenüberstellung des Politischen und des Sozialen* entsteht. Die politische Natur der Problematik betrifft das *Verhältnis von Subjekt und Struktur* in einer bestimmten Tradition des Marxismus.

§1 Zum Zusammenhang von Moral, Recht und Ökonomie

Die Geschichte des Marxismus ist von national unterschiedlichen Traditionen, von erkenntnistheoretisch differenten Zugängen stark geprägt, deren Voraussetzung in einer unterschiedlichen Auffassung des Verhältnisses von Kapital und Arbeit, von Partei und Sozialbewegungen, von ökonomischen Produktionsverhältnissen, den rechtlichen und politischen staatlichen Einrichtungen sowie kulturellen und gesellschaftlichen Formationen liegt. Die politischen Unterschiede innerhalb des Marxismus sind *national* vor allem auf spezifische Traditionen der sozialdemokratischen beziehungsweise kommunistischen Parteien, auf die mehr oder weniger korporatistische Ausrichtung von Gewerkschaften und auf die gesellschaftliche Bedeutung von Sozialbewegungen zurückzuführen. *Erkenntnistheoretisch* haben solche Differenzen zu einem unterschiedlichen Verständnis des Verhältnisses von Ökonomie und Gesellschaft, von Struktur und Subjekt geführt.

Will man versuchen, die gegenwärtige Lage der marxistisch geprägten politischen Theorien zu begreifen, kann man nicht vermeiden, einige Tendenzen hervorzuheben, welche die Diskussion prägen und zugleich verhindern. Das Impasse des gegenwärtigen Marxismus besteht in seiner Unfähigkeit, einen geschichtlichen und begrifflichen Horizont zu denken, der den gegenwärtigen überschreitet. Die gegenwärtige Diskussion konzentriert sich vor allem auf zwei sich ausschließende Perspektiven, die gesellschaftstheoretische oder die politiktheoretische, die entweder das sogenannte Soziale oder das angebliche Politische fokussieren, wobei *unter dem Sozialen* die strukturelle Dimension, das heißt die Sphäre der ökonomischen Verhältnisse und deren institutionelle Regulierung, *unter dem Politischen* die subjektive Seite, das heißt die Zivilgesellschaft, die Sozialbewegungen, subsumiert wird.[1] Heben die Theoretikerinnen der radikalen Demokratie die Bedeutung des Politischen, das heißt der Möglichkeit politischer Teilnahme, hervor, machen die Gesellschaftstheoretiker die Relevanz von sozialen Strukturen, von ökonomischen Dynamiken und Prozessen stark. Verbinden Erstere die Krise der Demokratie mit der Ökonomisierung des Politischen, sehen Letztere die aktuelle Krise des Kapitalismus als eine Wachstumskrise, die sich unter anderem

---

1 Ich verweise dazu auf die jüngst erschienene Studie von Martina Lütke-Harmann, die als Folge dieser Gegenüberstellung im Bereich der Sozialpädagogik eine Immunisierung der Politik selbst sieht (M. Lütke-Harmann: Symbolische Metamorphosen. Eine problemgeschichtliche Studie zur politischen Epistemologie der Sozialpädagogik. Weilerswist: Velbrück Wissenschaft 2016).

in der Transformation des Kapitalismus in einem Finanzkapitalismus artikulieren würde.

Gegenwärtig fehlt eine Analyse des Kapitalismus, die den Kapitalismus in seiner politischen, ökonomischen, gesellschaftlichen und kulturellen gegenwärtigen Konstellation erörtert und ihn in den Kontext der Entwicklung der *bürgerlichen Moderne* geschichtlich und historisch einbettet. Die Problematisierung der Gegenüberstellung des Politischen und des Sozialen ist keine rein abstrakte, logische Angelegenheit: Sowohl ihre Entstehung als auch ihre Infragestellung lässt sich nur in einer spezifischen historischen Konstellation begreifen, die als bürgerliche Moderne bezeichnet werden kann. Die Geschichte der Moderne ist nicht *tout court* mit der Geschichte des Kapitalismus gleichzusetzen. Beide lassen sich allerdings nicht getrennt voneinander denken, indem die kapitalistische Produktionsweise den modernen Drang zur Emanzipation aus dem Zwang der Natur voraussetzt. Diese Form der Emanzipation realisiert sich durch ein vermitteltes Verhältnis zur Natur im Medium zugleich von Wissenschaft und Technik. Die cartesianische Mathematisierung der Welt stellt in diesem Sinn die Voraussetzung für die Technokratisierung der ökonomischen Produktion dar. Sie führt nicht zur ursprünglichen Akkumulation, aber sie liefert die Voraussetzungen für jede Emanzipation aus Naturzwängen, die charakteristisch für das moderne Verständnis der Freiheit ist. Die Emanzipation aus den Zwängen bezeichnet in der Moderne die Position des Subjekts, ist die Bewegung, die zur Subjektkonstitution führt. Diese wird als Befreiung von Bindungen begriffen, denen ein Zwangscharakter zugeschrieben wird (Trieb, Herkunft als Heimat und als Stamm, Glauben). Diese Form von Emanzipation ist per se befreiend und zerstörerisch: Sie emanzipiert aus den Naturzwängen, indem sie Bindungen zerstört.

Ihrer Logik entsprechend tendiert die kapitalistische Produktionsweise zu einer Form von Anarchie, die sich „nur" dem Imperativ des Mehrwertes, das heißt dem modernistischen Zwang zum Wachstum, verpflichtet erweist. Dagegen und nur teilweise komplementär dazu werden Politik und Wissenschaft in der bürgerlichen Philosophie als die Sphären gedacht, in denen Freiheit im Medium eines Allgemeinen realisiert wird, das losgelöst von jeder partikularistischen Bestimmung in der Formel der Würde des Menschen aufgefasst wird. In diesem Sinn fungieren Politik (Institutionen) und Wissenschaft als Korrektiv und zugleich als historische Bedingungen für die Anarchie des Kapitalismus.

Ohne diese Einbettung, das heißt ohne die Problematisierung der *emanzipatorischen* und zugleich *zerstörerischen* Bedeutung des Kapitalismus zuerst für die westliche und dann für die globalisierte Geschichte der Menschheit, wird man nicht in der Lage sein, ein Jenseits des Kapitalismus zu denken, welches den strukturellen Zusammenhang von Zerstörung und Emanzipation in der bürgerlichen Moderne in seinem Kern angreift. Die Krise des Kapitalismus, oder die Stagnation von dessen Wachstumslogik, impliziert an sich kein Ende der Barbarei oder der herrschaftlichen Verhältnisse unterschiedlicher Art. Die gegenwärtige Situation ist ein Beleg dafür. Ein Jenseits des Kapitalismus lässt sich aber auch nicht denken, wenn man nur darum bemüht ist, zu retten, was den Kapitalismus sozial kompatibel macht und damit sein politisches Überleben garantiert. Die Rettungsbemühungen richten sich vor allem auf den Sozialstaat, als jene Institution, die traditionell seit der Bismarckzeit mit der Entstehung der Sozialdemokratie einerseits und mit den staatlichen Versuchen, die Politisierung der Arbeitsbewegung zu dämmen, verbunden ist.

In einer Schrift von 1975 zum Entwurf einer „politischen Ökonomie" der Geschlechterverhältnisse macht die Feministin Gayle Rubin darauf aufmerksam, dass sich die Kritik der politischen Ökonomie des Kapitalismus nur als eine Analyse der *moralischen, historischen Bedingungen* der ökonomischen Produktions- und Reproduktionsverhältnisse realisieren lässt. Marx habe im ersten Band des *Kapitals* darauf verwiesen, der Hinweis sei aber nur programmatisch geblieben. Die moralischen, kulturellen Bedingungen des Kapitalismus lassen sich nicht rein aus seiner eigenen Logik erläutern. Sie stellen eher den moralischen und kulturellen Horizont von dessen Entwicklung dar.[2]

Die Realisierung eines solchen Programms, welches das Zusammendenken von *Ökonomie*, *Recht* und *Moral* voraussetzen würde, scheint aus verschiedenen Gründen zum Scheitern verurteilt. *Epistemisch* findet die gegenwärtige Gesellschaftstheorie weder in einer transzendentalen Logik noch in einer fortschrittlichen Geschichtsphilosophie ihre letzte Begründung. Hegels Philosophie bildet den letzten Versuch, die bürgerliche Gesellschaft in ihrer Gesamtheit begrifflich zu fassen. Hegels Nachfolger ist in dieser Hinsicht nicht Karl Marx, der mit seiner Erörterung des spezifischen Charakters der kapitalistischen Produktionsverhältnisse als einer Ökonomie, die nur den Interessen einer Klasse dient, den Anspruch der bürgerlichen Philosophie, das Allgemeine in der historischen Form der bürgerlichen Gesellschaft zu repräsentieren, als Ideologie desavouiert. Hegels Nachfolger ist eher Michel Foucault, der allerdings den Zusammenhang von Ökonomie, Recht und Moral als eine reine diskursive Positivität begreift. Geltung wird damit zu einer Form von Rationalität ohne sittlichen Inhalt.

2 Gayle Rubin: The Traffic in Women: Notes on the „Political Economy" of Sex. In: Rayna Reiter (Hg.): Toward an Anthropology of Women, New York, Monthly Review (1975); Anthologie in Second Wave: A Feminist Reader [dt.: Der Frauentausch. Zur „politischen Ökonomie" von Geschlecht, in: G. Dietze/S. Hark (Hg.): Gender kontrovers. Genealogie und Grenzen einer Kategorie. Königstein/Ts: Helmer, S. 69–122).

Die Möglichkeit, Ökonomie, Recht und Moral in einer gesamten Konstellation zu denken, misslingt auch *politisch*, indem Politik in der Theorie sowie in der Praxis mit *strategischem Handeln* gleichgesetzt wird. In der Theorie wird Politik auf die Beschreibung von diffusen Machtverhältnissen reduziert. In der Praxis wird sie zu einer Strategie ohne Zielbestimmung, das heißt zu einer Strategie, die sich nicht grundsätzlich von der Taktik unterscheidet. Auch neue politische Formationen wie Syriza und Podemos unterscheiden sich diesbezüglich nicht von den etablierten Parteien. Sie vollenden und explizieren dieselbe Tendenz, indem sie eine konsolidierte Praxis zum eigenen Programm machen: der Kampf um die Hegemonie.

Eine Ausnahme von diesem strategischen Verständnis von Politik bildete der Emanzipationsversuch des sogenannten Differenzfeminismus in den Siebzigerjahren des letzten Jahrhunderts. Ihr Ziel war nicht der Kampf um die Macht, nicht die Emanzipation nach dem herrschenden männlichen Modell. Politik wurde nicht als *Mittel zum Zweck* betrachtet, sondern als ein immanentes Experiment, alternative Lebensformen zu gestalten.[3] Darauf wird im Laufe des Textes noch Bezug genommen. Hier sollte hervorgehoben werden, dass die Möglichkeit eines neuen Politikverständnisses aus einer Gruppe – den Frauen – entstand, die später als eine *Differenzfigur* der bürgerlichen Moderne charakterisiert wird. Differenz wird weder in einem essentialistischen noch identitären, sondern in einem geschichtlichen Sinn zu begreifen sein.

Aus den geschilderten Überlegungen lässt sich als *erster Punkt* für die Weiterentwicklung einer marxistischen politischen Theorie die *Aufhebung der gegenwärtigen Trennung des Politischen von dem*

---

3   Siehe u. a. Lia Cigarini: *La politica del desiderio*. Parma: Pratiche, 1995 und die Einführung dazu von Ida Dominijanni: Il desiderio di politica, S. 7–46.

Sozialen markieren. Diese setzt eine neue *Artikulation der Politischen Ökonomie* im Sinne Rubins voraus, das heißt die begriffliche *Erschließung des Zusammenhangs von Moral* (Lebensformen, Kultur), *Recht und Ökonomie* in Form von kollektiver intellektueller Arbeit.

2§ Die Immanenz-Hypothek

Der *zweite Punkt* betrifft das *Verhältnis von Subjekt und Struktur*. In der Geschichte des westlichen Marxismus bildet das *Verhältnis von Arbeit und Kapital,* das auch als das *Verhältnis von Subjekt und Struktur* ausgelegt wird, ein klassisches Problem: Die Frage, die in diesem Verhältnis steckt, ist zuerst die nach dem Subjekt der Entwicklung kapitalistischer Produktionsverhältnisse: Entwickelt sich der Kapitalismus aus einer immanenter Logik, aus der Logik des technologischen Fortschritts, der steigenden Automatisierung der Arbeit durch die Maschine[4] oder steht der Fortschritt der Maschine in einem engen Zusammenhang mit den Kämpfen der Arbeiterklasse oder der sogenannten „operai sociali" (gesellschaftlichen Arbeiter)? Anders formuliert: Stellt die Weiterentwicklung der Maschinerie sogar die Antwort auf die Arbeiterkämpfe beziehungsweise auf die Kämpfe der Sozialbewegungen dar?[5]

In Italien führten diese Fragen schon seit den Sechzigerjahren zu einer Entscheidung für den Marx des *Kapitals* oder für den Marx der *Grundrisse der Kritik der politischen Ökonomie.*[6] Die

---

4   Lucio Colletti: Il marxismo e il „crollo del capitalismo". Rom-Bari: Laterza 1977.

5   Antonio Negri: Dall'operaio massa all'operaio sociale: intervista sull'operaismo (hg. von Paolo Pozzi /Roberta Tommasini). Mailand: Multhipla 1979; ders.: Fine secolo: un manifesto per l'operaio sociale. Mailand: SugarCo 1988.

6   Mario Tronti: Operai e capitale. Turin: Einaudi 1966; Antonio Negri: *Marx oltre Marx : quaderno di lavoro sui Grundrisse.* Mailand: Feltrinelli 1979.

Grundrisse galten als Referenzpunkt eines Marxismus, der als *Operaismus* und *Postoperaismus* bezeichnet wird und der von der Zentralität der produzierenden Individuen ausgeht. In der lebendigen Arbeit, und vor allem in dem Verhältnis von Kapital und Arbeit als Kampf oder einfach als struktureller Konflikt, liege die Triebkraft des Kapitalismus. Im Fordismus bilden die politisch organisierten Kämpfe der Arbeiterklasse den Motor der kapitalistischen Entwicklung. Im Postfordismus verlagere sich die Produktion von Mehrwert von der Fabrik in die informatisierte Gesellschaft.[7] Produzent von Reichtum sei nicht mehr der Arbeiter der Fabrik, beziehungsweise dessen politisch organisierte Kämpfe, sondern die Menge selbst, die M. Hardt und A. Negri in Anlehnung an G. Deleuze und F. Guattari als *Multitude* bezeichnen.[8]

In letzter Instanz hat man es in dieser Lektüre der Entwicklung des Kapitalismus – auch wenn poststrukturalistisch revidiert – mit einer dezidiert subjektivistischen Sichtweise der Auslegung der Produktionsverhältnisse zu tun. Das Subjekt der Transformation sei demnach das Subjekt der Produktion, das Subjekt, das in einem kausalen Verhältnis zur Produktion steht. Wird die Produktion immaterieller, kollektiver, so wird das Subjekt der Transformation diffuser, massenhafter, eine *Multitude*. Das kausale Verhältnis von Produktion und Subjekt bleibt – trotz der Diffusität der Gruppe, welche die traditionelle Funktion der Arbeiterklasse übernommen hat. Die Differenzen innerhalb des Operaismus und des Postoperaismus betreffen die Organisation der Subjekte der Transformation – die *Multitude* als Bewegung, die Arbeiterklasse, organisiert in der Form der Partei oder der Gewerk-

---

7   Michael Hardt/Antonio Negri: Empire. Die neue Weltordnung. Frankfurt a. M.: Campus 2000, S. 295 f.

8   Michael Hardt/Antonio Negri: Multitude. Krieg und Demokratie im Empire. Frankfurt a. M.: Campus 2004.

schaft. Gemeinsam ist ihnen das Postulat, demzufolge die treibende Kraft der Geschichte das *politische Subjekt* sei.

Diese Lektüre der Transformation des Kapitalismus unterscheidet sich von der gegenwärtigen Renaissance der politischen Theorie im deutschsprachigen Raum nicht grundsätzlich, welche die Kontingenz des Politischen gegenüber der Trägheit des Sozialen erneut zelebriert und eine postrepräsentative Demokratietheorie vertritt.[9]

Politische Subjekte sowie Subjekte der ökonomischen Transformation sind für die Vertreter des Operaismus sowie für die Theoretikerinnen einer postrepräsentativen Demokratietheorie diejenigen, die *arbeiten* oder die *kämpfen*, also diejenigen, die strukturell in der Logik des Kapitalismus verhaftet, involviert sind.

Nicht anders als diejenigen, welche die Transformation der Produktionsverhältnisse von der Entwicklung der Technik, der Maschine, des Kapitals abhängig machen, sind auch die Vertreter von Operaismus und Postoperaismus mit einer *Immanenz-Hypothek* belastet, die Konsequenzen für die Analyse der Transformation des Kapitalismus und der Möglichkeit seiner politischen und ökonomischen Kritik hat. Das implizit oder explizit vorausgesetzte kausale Verhältnis zwischen den Produzenten, auch wenn diese die Kleider der Kreativen tragen und in großen Metropolen verkehren, und der Entwicklung des Kapitalismus führt dazu, dass das Kapital nicht mehr in seinem antagonistischem Verhältnis zu den

---

9   In Anlehnung an Carl Schmitt, aber zugleich an Jacques Rancière, Chantal Mouffe und Ernesto Laclau, ist in die gegenwärtige Diskussion eine Art von Subjektivismus eingeführt worden, dessen Artikulation weder ökonomisch noch historisch vermittelt wird. Dafür stehen exemplarisch die Texte von Oliver Marchart: Die politische Differenz. Zum Denken des Politischen bei Nancy, Lefort, Badiou, Laclau und Agamben. Suhrkamp: Berlin 2010; ders.: Das unmögliche Objekt. Eine postfundamentalistische Theorie der Gesellschaft. Suhrkamp: Berlin 2013.

Individuen betrachtet wird. Da das Kapital, als kollektiver Reichtum gefasst, das unmittelbare Produkt der *Multitude* darstelle, sei es nicht mehr notwendig von Kapitalismus zu sprechen. Die Vergesellschaftung der Produktion habe schon stattgefunden. Die Gewalt des Kapitalismus sei nur eine äußerliche, eine politische Maskerade. Diese Gewalt hat für Hardt und Negri die Form eines Empire angenommen, das nur äußerlich und disziplinierend die Produktionsverhältnisse subsumiert:

> „Aus einer Perspektive steht das Empire eindeutig über der Menge und unterwirft sie der Herrschaft der alles überwölbenden Maschine, des neuen Leviathan. Gleichzeitig stellt sich, und zwar aus der Perspektive sozialer Produktivität und Kreativität, die wir die ontologische Perspektive genannt haben, die Hierarchie umgekehrt dar. Die Menge ist die wahre Produktivkraft der sozialen Welt, während das Empire ein Beuteapparat ist, der von der Lebenskraft der Menge lebt – oder, um es in Anlehnung an Marx zu sagen, ein Regime der akkumulierten toten Arbeit, das nur dadurch überlebt, dass es vampirmäßig das Blut der Lebenden saugt."[10]

Analyse und Kritik verlassen hier die Ebene der politischen Ökonomie nicht aus Überzeugung einer Autonomie oder Kontingenz des Politischen, sondern infolge einer Gleichsetzung von ökonomischen und politischen Transformationen, von Subjekt und Struktur. In den politischen Konsequenzen sind sich die Theoretikerinnen der Kontingenz und die Vertreter der Multitude einig: Die Antwort auf das Empire brauche nur politisch zu sein. Die radikale Demokratie sei diskursiv zu realisieren, das heißt hegemonial. Das Ende des Kapitalismus habe in dieser Perspektive schon stattgefunden. Was folgen soll, sei nur ein politischer Hegemoniewechsel.

---

10 Michael Hardt/Antonio Negri: Empire, op. cit., S. 74–75.

Anders belastet von der Immanenz-Hypothek sind die Produktions- und Wachstumsfetischisten. Sie setzen eine Autonomie der Technik voraus, welche die Spezifität des kapitalistischen Produktionsmodus nicht thematisiert und damit die Frage nach dem Ende des Kapitalismus in einem gewissen Sinn überflüssig macht. Zentral wird dagegen die Frage nach der Arbeit angesichts des stagnierenden Wachstums und der Automatisierung der Produktion.

In beiden Fällen stellt die Immanenz-Hypothek ein Problem für die Frage nach einem Jenseits des Kapitalismus dar. Im ersten Fall wird die Frage aus einer dezidiert und explizit immanenten Perspektive entwertet, indem die gegenwärtige *Vernetzung* der Arbeit mit ihrer vergesellschafteten Form gleichgesetzt wird. Im zweiten Fall wird die Frage in letzter Instanz zur Frage nach einer „menschlicheren" Rettung des Kapitalismus. Wird im ersten Fall das Verhältnis Kapital und Arbeit *subjektiviert*, wird im zweiten Fall das Verhältnis Struktur und Subjekt *verdinglicht*.

§3 Das exterritoriale Subjekt oder die Heimatlosen der bürgerlichen Modernen

Ein Ausweg aus dieser Sackgasse könnte darin bestehen, die Frage nach dem Subjekt gesellschaftlicher und geschichtlicher Transformation jenseits des Produzentenparadigmas zu denken. Subjekt der Geschichte, und in diesem Fall der Möglichkeit eines Jenseits des Kapitalismus, wären weder die sogenannten Produzenten noch die Kämpfer, sondern diejenigen, die strukturell eine Bewegung, eine Verschiebung wegen ihrer Nicht-Passung, ihrer Exterritorialität innerhalb der kapitalistischen Produktionsverhältnisse, hervorbringen: fast absichtslos.

Besteht die Aktualität des Marxismus in erkenntnistheoretischer und politischer Hinsicht in der Erforschung struktureller gesellschaftlicher Entwicklungen in Zusammenhang mit der Analyse individueller und kollektiver Lebensformen, so bildet der *dritte Punkt* einer Weiterentwicklung marxistischer Theorie den Versuch, die *Subjekte gesellschaftlicher Transformation jenseits einer identitären Logik zu begreifen.*

Im Folgenden wird spezifischen Denkfiguren – *Juden, Arbeitern, Frauen, Flüchtlingen* –, die für bestimmte historische Zäsuren in der westlichen Geschichte der bürgerlichen Moderne stehen, ein besonderer Status zugeschrieben. Sie entlarven aufgrund ihrer strukturellen Nicht-Zugehörigkeit den Scheincharakter der Absicht der bürgerlichen Institutionen, die Gesellschaft in ihrer Allgemeinheit vertreten zu wollen. Zugleich verändern sie mit ihrem Anspruch auf Teilnahme historisch den repräsentativen Charakter bürgerlicher Institutionen. Richtet sich der traditionelle Marxismus auf die identitäre Formation eines revolutionären Subjekts (der Arbeiterklasse), sollte der gegenwärtige Marxismus seine Aufmerksamkeit eher auf diejenigen richten, die im Sinn T. W. Adornos strukturell und subjektiv eine „Dissonanz" zu einer kapitalistisch organisierten Gesellschaft bilden.

Wegen ihrer strukturellen Nicht-Zugehörigkeit verleiben sich diese Figuren auf unterschiedliche Weise paradoxerweise einen der zentralen Grundzüge des Kapitalismus als modernes neuzeitliches Phänomen ein: die Entfremdung, die Entwurzelung gegenüber identitären, territorialen, kulturellen und ökomischen Einbindungen. *Juden, Arbeiter, Frauen, Flüchtlinge* sind insofern *Differenzfiguren*, als sie in ihrer Nicht-Hegemonialität, in ihrer strukturellen Nicht-Zugehörigkeit, das Prinzip der Moderne als permanenten Selbstdifferenzierungsprozess emblematisch in seiner Ambivalenz als emanzipatorischen und zerstörerischen Prozess ausdrücken. Nicht wegen einer kulturalisierten Identifikation mit einer Religion oder Ethnie für die Juden und die Flüchtlinge, mit einer spezifischen Klasse für die Arbeiter, mit bestimmten Geschlechterstereotypen für die Frauen, sondern wegen ihrer Nicht-Passung, ihrer Nicht-Identität kristallisiert sich um sie in der deutlichsten Form heraus, was der junge Georg Lukács die „transzendentale Obdachlosigkeit" der bürgerlichen Welt, der Welt der Moderne im Gegensatz zu jener der Antike charakterisiert hat.[11]

Karl Marx hatte in einer von der Religion emanzipierten Judenfrage die Möglichkeit für den bürgerlichen Staat selbst gesehen, sich von der Religion zu emanzipieren. Die politische Emanzipation der Juden von der Religion sei der Weg zur menschlichen Emanzipation als solcher[12].

Als Denkfiguren, die eine Differenz markieren, unterscheiden sich Juden, Flüchtlinge, Arbeiter und Frauen als Kollektive in der Geschichte der bürgerlichen Moderne hinsichtlich der politischen Formen, in denen sich ihre Alterität öffentlich artikuliert und wie sie verhandelt wurde. Ähneln sich Juden und Flüchtlinge wegen ihrer Exterritorialität, teilen Arbeiter und Frauen politisch in einem radikalen Sinn einen gescheiterten Emanzipationsprozess.

Versucht man M. Heideggers Antisemitismus jenseits der Pseudoskandale der letzten Zeit zu begreifen, stellt man fest, dass das, was Heidegger an den Juden kritisiert, weder ihre Religion noch die angebliche Zugehörigkeit zu einer bestimmten Rasse ist, sondern ihre Modernität, ihr Zuhause in der Heimatlosigkeit. Es ist kein Zufall, dass in seinen *Überlegungen* die Juden den Engländern folgen, nämlich denjenigen, die für das neuzeitliche Denken und für den neuzeitlichen ökonomischen Produktionsmodus stehen:

---

11 Georg Lukács: Die Theorie des Romans (1920). Bielefeld: Aisthesis Verlag 2009, S. 30.
12 Karl Marx: Zur Judenfrage (1843). In: Karl Marx/Friedrich Engels – Werke. (Karl) Dietz Verlag, Berlin. Band 1. Berlin/DDR. 1976. S. 347–377.

„Warum erkennen wir so spät, daß England in Wahrheit *ohne* abendländische Haltung ist und sein kann? Weil wir erst künftig hin begreifen werden, daß England die *neuzeitliche* Welt einzurichten begann, die Neuzeit aber ihrem Wesen nach auf die Entfesselung der Machenschaft des gesamten Erdkreises gerichtet ist. Auch der Gedanke einer Verständigung mit England im Sinne einer Verteilung des ‚Gerechtsamen' der Imperialismen trifft nicht ins Wesen des geschichtlichen Vorgangs, den England jetzt innerhalb des Amerikanismus und des Bolschewismus und d. h. zugleich auch des Weltjudentums zu Ende spielt. Die Frage nach der Rolle des Weltjudentums ist keine rassische, sondern die metaphysische Frage nach der Art von Menschentümlichkeit, die schlechthin ungebunden die Entwurzelung alles Seienden aus dem Sein als weltgeschichtliche ‚Aufgabe' übernehmen kann."[13]

Die Juden werden in Heideggers Lektüre zum Emblem der Moderne, der neuzeitlichen Entwurzelung. Heidegger führt diese Entwurzelung zugleich auf die neuzeitliche Mathematisierung der Welt, das heißt auf das moderne Wissenschaftsverständnis und auf die kapitalistische Abstraktion zurück. Letztere realisiere sich im Medium des Geldes, das als universeller Übersetzer von jedem Besonderen abstrahiert und damit jede Spur des Heimischen auslöscht.

In seiner Zeitdiagnose der Gegenwart, die er als Grammatik der Multitude kennzeichnet, nimmt Paolo Virno als Ausgangspunkt seiner Analyse Heideggers Unterscheidung von Furcht und Angst, um die Vollendung jenes Prozesses zu charakterisieren, die

---

13 Martin Heidegger: Überlegungen XII–XV (Schwarze Hefte 1939–1941). Gesamtausgabe Bd. 96. Frankfurt a. M.: Vittorio Klostermann, 2014, GA, Bd. 96, S. 243.

Heidegger als die weltgeschichtliche Aufgabe der Juden gesehen hatte. Die Modernisierung der Welt vollzieht sich in dem Moment, in dem nicht nur die Juden, sondern jeder nicht mehr zu Hause ist. Einige sind wegen ihrer Flucht heimatlos geworden, einige fühlen sich aus Angst vor der Flucht der anderen nicht mehr heimisch:

> „Heute erfahren alle Lebensformen jenes ‚Un-zu-Hause', das nach Heidegger der Ursprung der Angst ist: sodass es nichts allgemein Verbreiteteres und Normaleres, in gewissen Sinn nichts Öffentlicheres gibt als das Gefühl des ‚Un-zu-hause' […] Anders gesagt, das Gefühl, in dem Furcht und Angst ineinanderfließen, ist unmittelbar *Angelegenheit aller*. Man könnte vielleicht sagen, dass das ‚Un-zu-hause' ein Wesenszug des Begriffs der Multitude sei, während die Trennung zwischen einem ‚innen' und einem ‚außen', zwischen Furcht und Angst, die Hobbes'sche (und nicht nur seine) Vorstellung des Volkes auszeichnet. Das Volk ist *eines*, weil die substanzielle Gemeinschaft eine gemeinsame Anstrengung unternimmt, um den Formen von Furcht entgegenzuwirken, die aufgrund begrenzter Gefahren entstehen."[14]

Betrachtet Marx die politische Emanzipation der Juden von der Religion als Weg menschlicher Emanzipation aller, so könnte man heute die politische Emanzipation der Flüchtlinge, nämlich die Anerkennung ihres Rechtsstatus, als eine Emanzipation aller betrachten. Die postnationale Staatsbürgerschaft wäre die entsprechende rechtliche Form gegenwärtiger Modernität und ökonomischer Produktionsweise. Auch hier bleibt die Ambivalenz eines geschichtlichen Prozesses, der zugleich zerstörerisch und emanzipatorisch ist. Er zerstört die Bindung zur Nation und zu den

---

14 Paolo Virno: Grammatik der Multitude. Die Engel und der General Intellect . Wien: Turia & Kant, 2005, S. 40.

Lebensformen, die mit der Nation verbunden sind, und eröffnet zugleich die Möglichkeit eines Übergangs von einer nationalen zu einer Weltbürgerschaft.

Im Unterschied zu den Juden und den Flüchtlingen haben Arbeiter und Frauen im 19. und vor allem im 20. Jahrhundert dezidiert als politische Subjekte agiert. Sie teilen die Geschichte eines Scheiterns. Jede/r für sich. Das mag auf den ersten Blick überraschen in Anbetracht der Tatsache, dass in den westlichen Gesellschaften eine *Emanzipation* der Frauen und der Arbeiter stattgefunden hat. Sie sind bei der Arbeit wie zu Hause Rechtsträger geworden. Diesen Rechtsstatus haben sie sich politisch erkämpft. Als Differenzfiguren aber sind sie gescheitert. Ihnen ist es nicht gelungen, den Überschuss zu artikulieren, den sie durch ihre Kämpfe antizipiert hatten: die Demaskierung der ideologischen Selbstgenügsamkeit des Bürgertums und die Absetzung des für neutral gehaltenen Modells männlicher Subjektivation. Sie sind in ihrem Versuch kollektiv gescheitert, die patriarchale bürgerliche Moderne in ihrer Hegemonie zu desavouieren. Der Preis ihrer Emanzipation ist ihre Integration.

In der *Theorie der Halbbildung* unterscheidet Adorno die Position des Proletariats von der des Bürgertums als Subjekt geschichtlicher Transformationen deutlich:

> „Konträr zur Vorstellung der bürgerlichen Gesellschaft von sich selbst war das Proletariat zu Beginn des Hochkapitalismus gesellschaftlich *exterritorial*, Objekt der Produktionsverhältnisse, *Subjekt nur als Produzent*."[15]

---

15   Theodor W. Adorno: Theorie der Halbbildung (1959). In: T. W. Adorno: Gesammelte Schriften. Bd. 8: Soziologische Schriften 1, Frankfurt a. M.: Suhrkamp, 1972, S. 93–121, S. 100, Hervorhebung RC.

Und an anderer Stelle:

> „Als das Bürgertum im England des siebzehnten und im Frankreich des achtzehnten Jahrhunderts politisch die Macht ergriff, war es ökonomisch weiter entwickelt als die Feudalität, und doch wohl auch dem Bewußtsein nach. […] Anders stand es um die neue Klasse, die von der bürgerlichen Gesellschaft hervorgebracht ward, kaum daß diese sich nur recht konsolidiert hatte. Das Proletariat war, als es die sozialistischen Theorien zum Bewußtsein seiner selbst zu erwecken suchten, subjektiv keineswegs avancierter als das Bürgertum."[1]

Adorno kritisiert die sowjetische Diktatur des Proletariats, die sich nur auf der Basis dessen realisiert hat, was die Ursache der Unfreiheit des Arbeiters darstellt: die Arbeit als Zwang. Damit greift er zugleich implizit den sozialdemokratischen Weg der Integration des Arbeiters an. Sie nimmt dem Arbeiter weg, was ihn vom Spießer und Kleinbürger unterscheidet: seinen Eigensinn und seine Frechheit.

Die politische Emanzipation der Arbeiter als Emanzipation aller wäre eine, welche die Menschheit als solche von der als Zwang organisierten Arbeit befreien und damit die Prämisse für die Entwicklung eines postbürgerlichen Verständnisses von Kultur ermöglichen würde.

Zum Schluss kommen die Frauen, kommt die Frau, die, folgt man der Psychoanalyse, ein Symptom des Mannes sei. Die Frau sei innerhalb der patriarchalischen Ordnung als Subjekt nicht existent. So lautet die Diagnose der Exterritorialität der Frau, die Jacques Lacan in einem Seminar von 1972–1973 formuliert. 1970 erscheint eine Schrift von Carla Lonzi mit dem Titel *Sputiamo su Hegel*, die genau diese Exterritorialität der Frau als Ausgangspunkt

---

1   Ebd., S. 98.

ihrer Befreiung und der Möglichkeit einer neuen Form von Subjektivität macht.

Lonzis Angriff auf Hegel beinhaltet eine Kritik am Marxismus und am nach Emanzipation strebenden Feminismus. Ihre Analyse beginnt mit einer Positionsbestimmung. Das Problem der Frauen bestehe in der Infragestellung ihrer Position im Verhältnis zu der des Mannes. Ziel des Feminismus sei die Negation einer solchen Position. Die Position des Mannes sei die absolute. Er habe kein Bewusstsein von etwas, das außer ihm existieren könne. Die Position der Frau sei die eines Nichts. Die Beziehung zwischen dem Männlichen und dem Weiblichen sei keine Beziehung zwischen zwei Geschlechtern, „sondern zwischen einem Geschlecht und dem Fehlen eines Geschlechts"[2]. Die Frau könne sich nicht aus der tradierten Geschichte oder Kultur denken. Von ihrer Genealogie seien keine Spuren tradiert worden. Die Frau bewege sich geschichtlich auf einer anderen Ebene als der Mann:

> „Die Frau steht nicht in einem dialektischen Verhältnis zur männlichen Welt. Die Bedürfnisse, die sie gerade klärt, implizieren keine Antithese, *sondern ein Sich-auf-einer-anderen-Ebene-bewegen*."[3]

Ausgehend von der Feststellung dieser radikal unterschiedlichen Verankerung im geschichtlichen Prozess wird von Lonzi das Gleichheitspostulat des emanzipatorischen Feminismus kritisiert. Dessen Begriff der Gleichheit sei juristisch und nicht philosophisch gefasst. Er werde gedacht aus einer identitären Logik, welche die radikal unterschiedliche Position von Männern und von Frauen verleugnet. Dementsprechend würde das Streben nach Gleichheit die Frauen dazu führen, sich den Männern angleichen

---

[2] Carla Lonzi: Die Lust Frau zu sein (1970). Aus dem Italienischen übersetzt von Sigrid Vagt, Berlin: Merve, S. 24.
[3] Ebd., S. 29.

zu wollen. Das Ziel des Feminismus solle aber nicht darin bestehen, die Herrschaft in ihrer sowohl abstrakten als auch konkreten Form weiterhin zu begehren, sondern sie zu negieren.

Sich stützend auf die Analysen Michel Foucaults wird der Feminismus der Neunzigerjahre Herrschaft nicht mehr von Macht unterscheiden. Derselben Logik folgend wird auch Emanzipation mit Befreiung gleichsetzt. Für Lonzi ist Herrschaft nicht ein Neutrum, nicht ein reines Kräfteverhältnis, das als *agency* umgedeutet werden kann. Die moderne Form der Herrschaft, „potere", die Lonzi begrifflich mit Hegel fasst, ist durch die Beherrschung des Lebendigen geprägt. Eine solche Form von Herrschaft ist „das Kontinuitätselement des männlichen Denkens und deshalb der Endlösungen. Der Begriff der Unterordnung der Frau folgt ihm wie ein Schatten."[4]

Dieser Logik gegenüber ist die Frau das Ausgeschlossene, die Differenz, die sich dialektisch nicht aufheben lässt, und dadurch der Ausgangspunkt, die Möglichkeit einer anderen Form von Subjektivität:

> „Das unvorgesehene Schicksal der Welt liegt darin, den Weg noch einmal von vorn zu durchlaufen mit der Frau als Subjekt. Wir erkennen uns selbst die Fähigkeit zu, aus diesem Augenblick eine totale Veränderung des Lebens zu machen. Die, die nicht in der Dialektik von Herr und Knecht steht, wird sich ihrer selbst bewußt und bringt das unvorgesehene SUBJEKT in der Welt."[5]

Die Emanzipation der Frauen aus dem Phallogozentrismus patriarchaler Geschlechterverhältnisse als Emanzipation aller wäre eine, welche die Menschheit von der Verdrängung der Angewiesenheit und Vergewaltigung des Lebendigen befreien würde.

---

4 Ebd., S. 34.
5 Ebd.

THOMAS SEIBERT

Drei Thesen zur Existenzökologie der Revolution

Anders als im Titel dieses Buchs unterstellt, ist die Revolution heute nicht aktuell, im Gegenteil. Aktuell ist die existenzielle Herausforderung der gegenwärtigen Welt durch den fundamentalistischen Terror. In ihm, nicht in der Revolution, verdichtet sich die Krisenhaftigkeit der bestehenden Weltordnung. Sie zeichnet sich dadurch aus, dass in ihr (mehr oder minder) beliebige Individuen ihr Begehren nach dem ganz Anderen so artikulieren, dass sie an (mehr oder minder) beliebigen Orten andere (mehr oder minder) beliebige Individuen mit dem Tod bedrohen. Selbstermächtigend spielen sie dabei (fast) nichts als ihre Bereitschaft aus, in den Tod zu gehen und möglichst viele andere mit sich zu reißen.

Die an das Selbstmordattentat gebundene Herausforderung verdichtet die Krisenhaftigkeit der Gegenwart allerdings erst in der Verwobenheit mit ihrem Widerpart, dem kybernetisch hochgerüsteten und tendenziell von allem Recht entbundenen Anti-Terror-Krieg. Er fungiert als letzter Konvergenzpunkt eines globalen Empires, das ansonsten an allen Fronten mit seinem Zerfall kämpft. Die Desintegration des Empires resultiert nicht bloß aus der fundamentalistischen Herausforderung, sondern aus dem Umstand, dass die Welt heute zugleich von mehreren Krisen heimgesucht wird.

Krise der Geschichte

So tritt zur Terrorkrise die Hungerkrise hinzu, die aktuell allein im Südsudan 5,5 Millionen Menschen mit dem Tod bedroht. Sie verweist mittelbar auf die Krise des globalen Kapitalismus: einer Ordnung der Welt, die ein Maß an Reichtum aufgehäuft hat, unter dem eigentlich kein Mensch mehr hungern müsste. Von der Krise des Kapitals zu sprechen heißt, von der ökologischen Krise und der Krise der Arbeit zu sprechen. Die ökologische Krise bildet den Horizont aller anderen Krisen, weil sie mit der Drohung beladen ist, die Erde unbewohnbar wie den Mond werden zu lassen. Aus ihr heraus können Fragen der Gerechtigkeit nur noch als Fragen des Übergangs in eine Postwachstumsgesellschaft gestellt werden, die zuerst die Gesellschaften des globalen Nordens zu beantworten haben. Die Krise der Arbeit liegt darin, dass Arbeit unter kapitalistischen Bedingungen einerseits den einzigen Zugang zu einem überlebenssichernden Einkommen verspricht, andererseits immer weniger Menschen gesichert zur Verfügung steht. Von der ökologischen Krise und der Krise der Arbeit führt ein direkter Weg zur Krise des Städtischen. Mit diesem Begriff soll der im Ausmaß noch gar nicht abzusehende Umbruch gefasst werden, nach dem erstmals seit Beginn der Geschichte mehr Menschen in der Stadt als auf dem Land leben, ein Umbruch, mit dem zugleich der alle bisherige Geschichte bestimmende Unterschied von Stadt und Land in die Krise geraten ist. (Lefebvre 2014)

Zur Krise des Städtischen gehört die Krise der traditionellen sozialen Beziehungen, einschließlich der Elementarbeziehungen der Freundschaft und der Liebe: eine für uns alle existenzielle Krise. „Existenziell" ist sie auch, weil sie zugleich die Krise unserer Vergeschlechtlichung und als solche die Krise des Selbstverhältnisses einer jeden von uns ist. Historisch ruft sie den Zusammenhang von Globalisierung und Individualisierung auf, den Zusammenhang des ausnahmslos alle betreffenden Weltweitwerdens der Welt mit ihrer rückhaltlosen Vereinzelung wiederum auf einen jeden und eine jede von uns. Dramatisch wird dies in der Krise der Migration, die gerade als größte soziale Bewegung aller Zeiten systematisch auf sich selbst zurückgeworfene Menschen hervorbringt, darin aber die Geburt eines neuen Kosmopolitismus einleitet.

Der Bogen, der sich von der Krise der Vergeschlechtlichung und der Selbstverhältnisse auf die der sozialen Beziehungen im paradoxen Zusammenhang von Globalisierung und Individualisierung spannt, umfasst auch die Krise des Ethischen und folglich des Politischen, die sich ihrerseits nicht zufällig in der Doppelkrise zugleich der Religion und der Säkularität artikuliert. Deren handgreiflicher Ausdruck ist die noch vor kurzem nahezu ausgeschlossene „Wiederkehr des Religiösen", von der der Bogen zurück auf die Krise des Terrors wie des Anti-Terrors und derart auf das Auseinander-hervor-und-ineinander-über-Gehen aller Krisen führt.

Im Moment des Zusammenschlusses der Krisen zum Kreis wird dann aber doch die Revolution aktuell – als das, was dem In-sich-Kreisen der Krisen fehlt: uns, der Gegenwart und der ganzen Welt. Was aber fehlt im Fehlen der Revolution? Nichts anderes als das, was in den ersten beiden Jahrhunderten nach der Französischen Revolution „Weltgeschichte" hieß und von Hegel als der revolutionäre Gang des Fortschritts im Bewusstsein der Freiheit bezeichnet wurde. Das Gefühl, die Idee und die Wette, die jeweils eigenen Lebensmöglichkeiten in dieser Revolutionsgeschichte zu finden und sie im eigenen Handeln und Denken auszutragen, beflügelten seit 1789 überall auf der Welt den ethischen und politischen Enthusiasmus von Millionen. Er gewährte dem, was morgen aus Freiheit möglich wäre, den Vorrang gegenüber allem, was sich jeweils gegenwärtig als Wirklichkeit behauptete: Im Grunde schien zumindest letzten Endes alles möglich zu sein. Den Rückzug der Revolution aus der Geschichte und damit der Geschichte selbst aus dem Horizont unserer Erwartungen artikuliert die imperiale Krisenverwaltung seit dem letzten Drittel des 20. Jahrhunderts in der Losung „There is no alternative"; auf sie antworten die Fundamentalismen dieser Welt, und hier schließt sich der Kreis, je mit ihrem Terror. Damit ist meine *erste These* aufgestellt: Die im Widerspiel von Terror und Anti-Terror verdichtete Krisenhaftigkeit der Gegenwart findet ihren Begriff im noch ausstehenden Begriff der Krise der Geschichte, die alle anderen Krisen der Gegenwart durchherrscht und aufeinander bezieht.

Was heißt Existenzökologie?

Weil der über die Krise der Geschichte vermittelte Bezug der vielen Krisen aufeinander im Horizont der ökologischen Krise stattfindet, bezeichne ich den Versuch ihrer politisch-philosophischen Bestimmung als Existenzökologie. Dabei benennt die Kombination der Begriffe Ökologie und Existenz zunächst ein Paradox, weil sie in ihrem Eigensinn nicht zusammenpassen. Der Begriff der Ökologie (von altgr. *oikos*, οἶκος, Haus, Heim, Wohnort, Umwelt, Natur) fasst den Menschen primär als Lebewesen und verweist ihn in die Grenzen seines „Ökosystems" oder seiner „ökologischen Nische". Das Ökosystem der Natur wiederum gilt als der Ort, in den sich der als Lebewesen bestimmte Mensch einfügen müsse, um zu seiner eigenen und zur Erhaltung der Welt seinen Teil beizutragen. Deshalb sind die meisten ökologischen Lehren solche der Selbsterhaltung der Natur und der Lebewesen.

Demgegenüber fungiert der Begriff der Existenz in seinem spezifisch modernen Gebrauch als Synonym zugleich der Freiheit wie der Geschichte. Er entwirft die Existierenden – also uns – als freie und geschichtliche Wesen, die zwar offensichtlich Teil einer Umwelt und insofern auch Lebewesen sind, sich in ihrer Umwelt aber immer auch in der Fremde befinden. Die Existierenden sind in der Welt, aber nicht von der Welt, weil sie frei sind zur Überschreitung ihrer selbst und der Welt. Im zunächst paradoxen Zusammenschluss beider Begriffe ist eine Ökologie der Existenz deshalb gerade keine Lehre von der Selbsterhaltung der Lebewesen in ihrem Ökosystem, sondern eine Einführung in Möglichkeiten der Selbstüberschreitung der Existenz wie ihrer Umwelten.

So verstandener Existenzökologie ist dann aber ein bohrender Verdacht eingeschrieben: Kommt in der ökologischen Krise als dem Horizont aller Krisen zum Austrag, dass der *oikos* ein Wesen einschließt, dass sich in kein System fügt? Und: Konkretisiert sich die ethisch und politisch entscheidende Frage „Was tun?" heute deshalb in der Frage, welchen Gebrauch der Freiheit wir erfinden müssen, um die ökologische Krise aus Freiheit zu überwinden – und eben nicht aus einer wie auch immer begründeten „Einsicht in die Notwendigkeit"? Verweist die ökologische Krise deshalb auf die Krise der Geschichte, in der alle anderen verhandelt werden? Und wäre eine Ökologie der Existenz darum nicht der angemessene Ort, einer Aktualität der Revolution nachzugehen, die für uns zunächst in der Aktualität ihres Fehlens liegt?

Der Begriff der Krise geht auf das griechische Wort *krísis* (κρίσις) zurück. In diesem Wort laufen zwei Bedeutungslinien ineinander. Auf der ersten Linie bedeutet *krísis* bedenkliche Lage, Unsicherheit, Not. Auf der zweiten bedeutet *krísis* Zuspitzung, Höhepunkt, Wendepunkt und Entscheidung. Die erste Linie gibt an, was uns spontan einfällt, wenn wir nach der Bedeutung von „Krise" gefragt werden. Die zweite Linie verweist uns auf das, was vielen eben nicht spontan einfällt. Sie bestimmt die erste: Sich in einer bedenklichen Lage, einer Unsicherheit, einer Not zu befinden heißt zuletzt, vor die Entscheidung eines Wendepunkts gestellt zu sein. Dies aber, und daran hängt im Folgenden alles Weitere, kann nur einem Wesen widerfahren, das zum Akt der Entscheidung frei ist – oder sich zu einem solchen Akt befreien kann. Dies ist das positive Moment einer Krise: Bewährungsprobe der Freiheit und darin Entstehungsherd von Geschichte zu sein.

Kehren wir von hier zur Krise der Geschichte zurück, dann ist zunächst festzuhalten, dass sie im Jahr 1989 durchbricht, im Sieg des sogenannten freien Westens über den sogenannten sozialistischen Osten. Als Philosoph dieses Sieges verkündet Francis Fukuyama damals das „Ende der Geschichte". (Fukuyama 1992) Daran hat auch das Jahr 2001 nichts geändert, seit dem die nachgeschichtliche Welt zugleich vom Terror wie vom Anti-Terror heimgesucht wird. Tatsächlich glauben beide Parteien, dass das Ende der Geschichte bereits erreicht sei. Deshalb geht es der Partei des Anti-Terrors lediglich um die Sicherung des Bestehenden – und der Partei des Terrors um seine Vernichtung zugunsten der finalen Erlösung aus Welt und Weltgeschichte überhaupt. Die Herausforderung der Krise der Geschichte wie der ökologischen Krise anzunehmen heißt deshalb, wortwörtlich einen Kampf auf Leben und Tod *und* einen Kampf um Leben und Tod zu kämpfen. Dabei ist der kleine Unterschied in der Präposition (*auf* Leben und Tod, *um* Leben und Tod) ein großer Unterschied in der Sache, weil er den Kampf gegen das „alternativlose" Ende der Geschichte vom Kampf der Fundamentalismen und von dem des Empire scheidet.

Auf Leben und Tod

Die Existenzökologie kommt an dieser Stelle auf die zehn wichtigsten Seiten zurück, die je zur politischen Philosophie geschrieben wurden. Sie führt im selben Zug auf die beiden wichtigsten Antworten zurück, die diese zehn Seiten in der weiteren Geschichte politischen Philosophierens gefunden haben. Die Rede ist zum einen vom Herr-Knecht-Kapitel in Hegels *Phänomenologie des Geistes* und zum anderen von den Antworten, die diese zehn Seiten bei Marx und Nietzsche gefunden haben. (Hegel 1970) Dabei geht es nicht um einen bloß philosophischen Streit, sondern um die mit ihren Namen aufgerufene Dialektik, in der sich das politische Philosophieren, die kritischen Wissenschaften und die revolutionären Kämpfe der Moderne in einzigartiger Weise verbunden haben. Sie hat aus den beiden auf die Französische Revolution folgenden Jahrhunderten die vielleicht wichtigste Sequenz aller Geschichte gemacht: die Sequenz, in der Geschichte als Revolutionsgeschichte gedacht und gelebt werden konnte. Mit einigem Recht wird zur Bezeichnung der auf Marx zurückgehenden Linie der Begriff der Sozialkritik und zur Bezeichnung der auf Nietzsche zurückgehenden Linie der Begriff der Künstler*innenkritik verwendet. Existenzökologie beansprucht, beide Linien methodisch, strategisch und programmatisch fortzuschreiben. (vgl. Boltanski/ Chiapello 2003: 79 ff. und passim)

Wovon also handelt das Herr-Knecht-Kapitel? Es stellt einen auf Leben und Tod geführten Kampf dar, in den sich zwei freie Wesen gerade im Vollzug ihrer Freiheit, oder genauer im Vollzug ihrer Freiheitsbegierde, verstricken. Hegel bezeichnet diesen Kampf als Kampf um Anerkennung, weil die beiden Kämpfenden versuchen, dem jeweils anderen die eigene Freiheit mitzuteilen und sich im Gegenzug von dieser oder diesem als freies Wesen anerkennen zu lassen. Die Probe der Freiheit liegt dabei in der einzigartigen Befähigung des freien Wesens, im Kampf tatsächlich das Wagnis des Todes einzugehen, sich so vom Naturzwang der Selbsterhaltung und damit vom bloßen Leben zu lösen, um sich als Existenz zu bewähren und zu bejahen.

Der *turning point* des Herr-Knecht-Kapitels liegt dann aber darin, dass eine*r der beiden Kämpfenden im letzten Augenblick dieser Probe ausweicht und sich zur Rettung des eigenen Überlebens zum Knecht beziehungsweise zur Magd des anderen macht. Aus dieser Konstellation entspringt, so Hegel weiter, die Weltgeschichte – natürlich nicht im Sinn einer kausalen Ursache, sondern im Sinn des logischen Ausgangspunkts für den Versuch, zu begreifen, worum es in ihrem blutigen Auf und Ab eigentlich geht. Zu begreifen ist dabei, dass die Freiheit immer auch die Möglichkeit zur Abwahl ihrer selbst bereitstellt – einer Abwahl, die als solche selbst ein Akt der Freiheit ist und bleibt. Von daher ist alle Geschichte immer auch Geschichte der freiwilligen Knechtschaft, der gegenüber jede mögliche ideologische Verblendung nur eine nachträgliche Ausrede, ein Symptom nachträglicher Selbsttäuschung ist. Das unauflösliche, aber nicht ausweglose Doppel von Freiheit und freiwilliger Knechtschaft ist so verstanden der Ursprung der Geschichte – und der Ursprung ihrer Krise.

Deren innere Dynamik liegt darin, dass das Verhältnis von Herrschaft und Knechtschaft für alle Beteiligten unbefriedigend bleibt. Bei den Knechten-und-Mägden liegt das auf der Hand: Ihr Überleben hängt an nichts anderem als an der Willkür ihrer Herr*innen. Fällt ihnen trotzdem Anerkennung zu, handelt es sich meist um die Anerkennung in einer Position der Unterwerfung (ein guter Deutscher zu sein, eine sorgende Mutter, ein fleißiger Arbeiter, eine gut integrierte Migrantin, ein kirchlich-behördlich getrautes schwullesbisches Paar). Die Herr*innen wiederum haben sich mit ihrem Sieg im Kampf zwar die Anerkennung der Knechte-und-Mägde erzwungen. Sie werden darin aber eben nur von unfrei gebliebenen Lebewesen anerkannt, das heißt von Wesen, deren Anerkennung im Letzten wertlos ist. Das unausweichliche Unbefriedigtsein stachelt die Begierde immer neu an, führt zu immer neuen Kämpfen zwischen den Herr*innen und den Knechten-und-Mägden, aber auch zu den Kämpfen unter den Herr*innen und unter den Knechten-und-Mägden.

Dabei kommen die Knechte-und-Mägde Zug um Zug in die stärkere Position. Während die Herr*innen über nichts als ihre Todesbereitschaft verfügen, entwickeln die arbeitenden Knechte-und-Mägde immer neue Fähigkeiten und Kenntnisse. Sie werden sich im Maß der in der Arbeit erfahrenen Macht zur Selbst- und

Weltbeherrschung des Unterschieds zwischen lebendigem und freiem Wesen bewusst, den sie als Knechte-und-Mägde nicht ausleben können. Je mehr sie ihre Fertigkeiten, ihre Kenntnisse und ihr Bewusstsein entfalten, das heißt, je mehr sie sich bilden, desto unerträglicher wird ihnen die Knechtschaft. Damit werden ihre Kämpfe, wie verworren auch immer, zu politischen Kämpfen im eminenten Sinn des Begriffs: zu Befreiungskämpfen, zu Geschichte.

Die erste Auflösung dieses Dramas markiert die Französische Revolution: Die Tötung des Königs ist die Abschaffung des Herrn – für Hegel deshalb das Ende der Geschichte. Hier setzen Marx und Nietzsche ein. Marx beziehungsweise die Sozialkritik bleibt im Prinzip in der Perspektive Hegels, bindet das Ende der Geschichte aber an die Überwindung noch der bürgerlich-kapitalistischen in einer sozialistisch-kommunistischen Gesellschaft als einer Gesellschaft der zu sich selbst befreiten Arbeit, die Marx „Praxis" nennt. Ihre politische Bestimmung liegt in der revolutionären Aufhebung des Staates und des Rechts in die Selbstregierung dieser Gesellschaft: ein Unterschied zu Hegel, der herauszuarbeiten bleibt. Nietzsche und die Künstler*innenkritik wollen noch einen Schritt weitergehen. Für sie gehören die widersprüchlichen Positionen der Herr*innen wie der Knechte-und-Mägde beide in den „Sklavenaufstand in der Moral". (Nietzsche 1999) Dem entspricht, dass ihnen die Gesellschaften Hegels und Marx' gar keine freien Gesellschaften sind, sondern proletaro-bourgeoise Gesellschaften der Knechte-und-Mägde-ohne-Herr*innen, Gesellschaften also der allgemeinen Verknechtung in Kapital und Arbeit, Gesellschaften, ökologisch gesprochen, des unbegrenzten Wachstums zugleich des Kapitals wie der Arbeit. Als solche stehen sie auch Nietzsche zufolge für ein Ende der Geschichte: eines jedoch, in dem zuallererst zu erfahren ist, was er die „Unschuld des Werdens" nennt. Damit ist ein für alle Ökologie zentraler Begriff ins Spiel gebracht: der des Werdens oder der Werden (im Plural). Die

Werden sind älter als alle Geschichte, wirken in aller Geschichte und werden nach ihr noch immer sein. Untersteht alle Geschichte den Zielen und Zwecken der Arbeit, und damit Unterscheidungen des Guten und des Bösen, sind die Werden ziel- und zwecklos und damit jenseits von Gut und Böse: Das eben nennt Nietzsche ihre Unschuld. Entdeckt man in ihr den weitesten Sinn des Anderen nicht zur, sondern in der Geschichte, also den weitesten Sinn dessen, was man „Erde", „Leben" oder „Natur" nennt, ergibt sich eine erste Ahnung des Zueinanderfindens von Ökologie und Existenz: Kann die Unschuld des Werdens bejaht werden, hätte eine zum Zweck an sich selbst befreite Existenz ihren *oikos* gefunden.

Globalisierung, Individualisierung, Mediokrisierung

Vertiefen wir im Folgenden die Beschreibung unserer Gegenwart durch eine Reihe von Begriffen, die schon formal auf deren Prozesscharakter verweisen – einige von ihnen wurden hier schon genannt, andere treten hinzu: Globalisierung, Proletarisierung, Kybernetisierung, Prekarisierung, Urbanisierung, Individualisierung und Mediokrisierung. Der Begriff der Globalisierung will den Prozess fassen, in dem das Verhältnis von Kapital und Arbeit zum weltweiten Verhältnis, die Gesellschaft der Knechte-und-Mägde-ohne-Herr*innen zur Weltgesellschaft werden. Der Begriff der Proletarisierung gilt uns, den Bewohner*innen dieser Welt: Wir selbst sind oder werden zu Proletarier*innen, zu Leuten also, deren Freiheit auf Arbeit, auf Praxis reduziert wird, durch den Zwang der Verhältnisse und in freiwilliger Knechtschaft. (vgl. Karl Reitter in diesem Buch) Im Begriff der Kybernetisierung wird angezeigt, dass die proletaro-bourgeoise Weltgesellschaft tatsächlich keine Herr*innen mehr kennt, weil Herrschaft zur anonymen Prozedur, zur Prozedur der primär kommunikationstechnologischen Steuerung und Sicherung der Arbeit wie einer Welt geworden ist, die nicht mehr nur Ware und Vorstellung, sondern auch

Schaltkreis ist. Mit ihr geht, nur scheinbar paradox, die Prekarisierung allen Lebens einher. In ihr übersetzt sich die kybernetische Sicherung der Praxis in die fortlaufende Verunsicherung des Überlebens der Proletarisierten, in der jeder und jede gegen jeden und jede um sein oder ihr eigenes Überleben kämpft: auf eigene Kosten, auf Kosten der Nächsten und auf Kosten der Umwelt, zuletzt als Kampf auf Leben und Tod.

Der Begriff der Urbanisierung versucht zu fassen, dass und wie das permanente Wachstum von Kapital und Arbeit und die von ihren Krisen vorangetriebene weltweite Migration mittlerweile eine wahrhaft weltgeschichtliche Schwelle überschritten haben: Weil wir mit dem Umzug der Menschheit in die Städte überall auf der Welt im Städtischen leben, gleichgültig, ob wir schon in einer Stadt oder noch in einem Dorf wohnen. Diese Welt ist fast zur Gänze aus unserer Arbeit hervorgegangen, auch dort, wo sie uns noch als Lebenswelt oder Naturlandschaft erscheint.

Der Begriff der Individualisierung soll besagen, dass Globalisierung, Proletarisierung, Kybernetisierung, Prekarisierung und Urbanisierung ihren Konvergenzpunkt in der Vereinzelung der Welt auf jede und jeden haben. Politisch ist das von entscheidender Bedeutung, insofern wir zwar alle – jeder und jede für sich – proletarisiert worden sind, das universelle Proletariat aber nie auf Dauer zum „klassenbewussten" und deshalb handlungsfähigen Kollektiv geworden ist. Stattdessen sind wir überall auf der Welt zu einer *lonely crowd* geworden, zur Masse der überall auf der Welt mit- und gegeneinander Vereinzelten. (Riesman 1986) Der daran anschließende, die ganze Reihe abschließende Begriff der Mediokrisierung soll verständlich werden lassen, dass wir im Zusammenspiel von Globalisierung und Individualisierung gerade nicht zum freien Selbst geworden sind. Im Gegenteil: Vereinzelt zu sein heißt zunächst, dass jede und jeder Einzelne am jeweils anderen, besser: am Durchschnitt aller anderen, Maß nimmt und Maß nehmen muss, um in der Überlebenskonkurrenz aller gegen alle überhaupt bestehen zu können (von lat. *mediocris*, mittelmäßig). In der Mediokrisierung aller Praxis und Existenz liegt deshalb die aktuelle Form der freiwilligen Knechtschaft, die nicht mehr Unterwerfung unter eine äußerliche, sondern unter eine verinnerlichte Herrschaft ist: Hegel und Honneth haben diese Herrschaft als Sittlichkeit, Heidegger hat sie als Herrschaft des Man, Gramsci als Herrschaft durch Hegemonie und Foucault als Herrschaft der Gouvernementalität bezeichnet. Den real existierenden Begriff des verallgemeinerten Mittelmaßes in der Sittlichkeit, im Man, in Hegemonie und Gouvernementalität stellt die Mittelklasse dar, die im Zug der Globalisierung zur globalen Mittelklasse wird. Sie ist dies nicht, weil wir alle zur Mittelklasse gehören, sondern weil von ihrer Existenzweise eine Sogwirkung ausgeht, der weltweit die Begierden, Bedürfnisse und Lüste der allermeisten folgen. Das gilt auch und gerade für die Menschen, die gar keine Chance auf Zugehörigkeit haben. Insofern fasst der Begriff der Mediokrität in seinem Zusammenhang mit den voranstehend genannten Begriffen die innere Dynamik dessen, was anderswo als globale „Externalisierungsgesellschaft" oder als „imperiale Lebensweise" bezeichnet wird. (Lessenich 2016, Brand/Wissen 2017)

Mai 68 und die Folgen

Die *zweite These* der Existenzökologie liegt in der strategischen Einsicht, dass wir, wenn wir uns aus der Mediokrität, also aus der imperialen Lebensweise und der globalen Externalisierungsgesellschaft, befreien wollen, dorthin zurück müssen, wo sie ihren jüngsten Anfang gefunden hat: zum Mai 68. Tatsächlich verdankt sich der Globalisierungs- und Individualisierungsschub der letzten 50 Jahre maßgeblich dem Ereignis des Mai, das seinen eigenen Anfang irgendwann in den 1950er Jahren genommen hat und in den frühen 1980er Jahren zum Abbruch kam. Das soll natürlich nicht heißen, dass die Aufständischen von damals für den Prozess der kapitalistischen Globalisierung verantwortlich wären – im Gegenteil! Was den Mai zum für uns verbindlichen Geschichtsereignis macht, ist vielmehr seine noch heute unübertroffene Radikalität. Die wiederum lag und liegt noch immer darin, allen uns heute benennbaren Herrschafts-, Ausbeutungs- und Missachtungsverhältnissen die Zustimmung aufgekündigt zu haben – einschließlich der Regime von Unterdrückung, Ausbeutung und Missachtung, die in der vorangegangenen Revolutionsgeschichte ihren Ursprung haben. Deshalb ist der Sozialismus des 19. und 20. Jahrhunderts nicht erst 1989 zugrunde gegangen, sondern schon 1968: damals aber nicht im Namen eines Empires des Weltmarkts, sondern im Vorgriff auf einen Sozialismus des 21. Jahrhunderts – ein Ausdruck, der sich den Militanten des ersten Aufbruchs des Mai, den Situationist*innen, verdankt. (Ohrt 1995: 167–171)

Dabei gründete die Radikalität des Mai – auch dies haben die Situationist*innen am klarsten ausgesprochen – in der bewussten Zusammenführung der beiden Linien der Kritik, die ich hier mit den Eigennamen „Marx" und „Nietzsche" belegt habe. Nicht zufällig stammt deshalb auch die Losung für die Zusammenführung von Sozial- und Künstler*innenkritik von einem Situationisten: „Die autonome Emanzipation der Individuen ist die einzige Grundlage der klassenlosen Gesellschaft." (Vaneigem 1979) Mit ihr wird der welt- und revolutionsgeschichtliche Antagonismus vom Widerspruch der Klassen auf den zwischen jeder und jedem Einzelnen und dem Ganzen der Gesellschaft übertragen: eine noch heute nicht wirklich verstandene Verschiebung, die die Neue Linke in der Formel von der „Politik in erster Person" fasst. Zu ihr gehört, dass mit der eingeforderten Klassenlosigkeit die Bestreitung jeder Klassifikation, auch der des Geschlechts, der Herkunft, letztlich jeder Normalisierung, gemeint ist.

Und doch – und doch ist auch dem Mai widerfahren, was allen früheren Geschichtsereignissen widerfuhr: Er wurde vom Kapitalismus absorbiert, von seiner Fähigkeit, alle Einsprüche gegen seine Herrschaft zu ebenso vielen Anlässen seiner Modernisierung zu machen. Und in diesem Sinn beginnen die kapitalistische Globalisierung und Individualisierung tatsächlich mit dem Mai 68: mit der Absorption seiner globalen Dimension, mit der Absorption zugleich seiner Politik der autonomen Emanzipation der Individuen als der einzigen Grundlage einer endlich klassenlosen Gesellschaft.

Auf den Mai zurückzukehren, um sich aus der globalen Krise der Geschichte zu befreien, muss dann natürlich heißen, auf seinen Überschuss und auf sein Unabgegoltenes zurückzukehren: also auf das, was von ihm gerade nicht absorbiert werden konnte. Dessen Bergung ins Denken wie ins Leben bildet einen wesentlichen Zug der Existenzökologie und macht sie – mit der gebotenen Ironie! – zu einer Phänomenologie des Geistes des Mai 68.[6]

6   In meinem Buch *Zur Ökologie der Existenz. Freiheit, Gleichheit, Umwelt* fasse ich diesen ganz besonderen Geist in fünf in sich stets vielstimmigen Konstellationen (Hamburg 2017: 145–316). Den Anfang bildet die situationistische Konstellation, die ich in dem Dreiecksverhältnis von Marxismus, Existenzialismus und Surrealismus ausmache, zu dem neben den Situationist*innen auch Autoren wie Marcuse, Sartre, Bataille und Fanon zählen. Die zweite Konstellation wird durch die Philosoph*innen bestimmt, die man gegen ihren Willen als „Poststrukturalist*innen" bezeichnet hat. Mit ihnen hört der Marxismus der Arbeiter*innenbewegung auf, den Horizont der Verbindung von Sozial- und Künstler*innenkritik zu bilden – auch wenn das Denken von Marx ein unverzichtbares Moment aller Kritik bleibt. Die drei anderen Konstellationen treten in gewisser Weise zu den beiden ersten hinzu und verleihen ihnen jeweils einen eigenen Akzent. Es handelt sich um den Feminismus oder vielmehr die Feminismen, um die Kritische Theorie und um das, was ich die „Kommunismus"-Debatte nenne. Sie beginnt zwar erst im 21. Jahrhundert, wird jedoch maßgeblich von Protagonist*innen des Mai 68 geführt:

Anarchismus, Sozialismus, Kommunismus

Meine *dritte These* lautet, dass eine im Unabgegoltenen des Mai 68 freizusetzende Aktualisierung der Revolution zugleich den Widerstreit aktualisieren muss, in dem sich die Revolutionsgeschichte des 19. und des 20. Jahrhunderts in die Strömungen des Anarchismus, des Sozialismus beziehungsweise der Sozialdemokratie und des Kommunismus gespalten hat. War diese Spaltung im 19. und 20. Jahrhundert tragisches Missgeschick und maßgeblicher innerer Grund für das Scheitern noch des Aufbruchs des Mai 68, kann sie gerade deshalb zur wichtigsten Ressource seiner Aktualisierung werden: zu der Dialektik, mit der es der Revolution gelingt, das im Prinzip unauflösliche Problem der Freiheit und der freiwilligen Knechtschaft produktiv durchzuarbeiten. Dabei verstehe ich den Anarchismus als die Form der Politik, in der die Freiheit radikal auf sich selbst besteht: was sie nur kann, wenn sie ihren Befreiungskampf als unversöhnliche Revolte, das heißt als einen Kampf um Leben und Tod – und zur Not auch auf Leben und Tod führt. Den Sozialismus verstehe ich als den Gegenspieler des Anarchismus. Zwar geht es auch ihm um die Freiheit, doch in dem Bewusstsein, dass die meisten Existierenden in der längsten Zeit ihres Lebens dazu neigen, sich in freiwilliger Knechtschaft in das Man, die Hegemonie, die Gouvernementalität oder die Sittlichkeit des laufenden Lebens einzufügen. Deshalb weicht der Sozialismus der Zuspitzung des politischen Kampfs zum Kampf um

von Badiou, Negri, Zizek – und von Gramsci, der zwar sehr viel älter ist, doch in gewisser Weise auch als Denker des Mai 68 bezeichnet werden kann. Wenn ich die Ökologie der Existenz als eine Phänomenologie des Geistes dieser Konstellationen bezeichne, dann deshalb, weil ich sie dort in eine Dialektik verwickle, der es um die Bergung ihres Überschusses und Unabgegoltenen geht: um die Aktualisierung der Revolution. Einen verwandten Weg in eine solche Phänomenologie eröffnet hier der Beitrag von Claire Fontaine.

und auf Leben und Tod aus und setzt stattdessen auf eine Politik der Reform, deren Maßgabe der pragmatische Konsens der Mediokrität ist.

Getreu dem *Manifest der Kommunistischen Partei* verstehe ich den Kommunismus nicht als eine eigenständige dritte Kraft neben Anarchismus und Sozialismus: Die Kommunist*innen sind ja gerade, so heißt es dort ausdrücklich, „keine besondere Partei gegenüber den anderen Arbeiterparteien". (Marx/Engels 1977: 472) Vielmehr sind sie im unauflöslichen Zwist dieser Parteien die Agent*innen des Gemeinsamen, der Geschichte und deshalb der Zukunft – genauer noch: der Vorwegnahme der Zukunft schon in der Gegenwart. Eben deshalb müssen sie in der Lage sein, zwischen der anarchistischen Freiheitsbegierde und dem sozialdemokratischen Verständnis der freiwilligen Knechtschaft zu vermitteln: eine undankbare, doch zugleich unverzichtbare Aufgabe. Lösen können die Kommunist*innen sie nur, wenn es ihnen gelingt, mit der Spontaneität der Anarchist*innen und mit der Mediokrität der Sozialist*innen zugleich den „Gesichtspunkt der Totalität" zur Geltung bringen: „Die Betrachtung aller Teilerscheinungen als Momente des Ganzen, des dialektischen Prozesses, der als Einheit von Gedanken und Geschichte gefasst ist". Erst im Zusammenfall von „Gedanke und Geschichte" entkommt der revolutionäre Prozess dem „Dilemma vom Fatalismus der reinen Gesetze und von der Ethik der reinen Gesinnung", an dem Sozialist*innen und Anarchist*innen für sich allein auf komplementäre Weise scheitern – die einen im knechtischen Respekt vor dem geregelten Gang der Dinge, die anderen im freien Sprung über diesen Gang hinweg. (Lukács 1983: 95 bzw. 112)

Revolution und Reformation

Den Widerstreit von Revolte, Reform und Revolution heute produktiv auszutragen soll hier heißen, ihn dort wieder aufzunehmen, wo das im Mai 1968 eröffnete Projekt einer auf die autonome Emanzipation der Individuen gegründeten klassenlosen Gesellschaft in den Prozess kapitalistischer Globalisierung und Individualisierung absorbiert worden ist. Es soll zugleich heißen, den Überschuss und das Unabgegoltene dieses Projekts gegen die Krise der Geschichte auszuspielen. Das aber bedeutet nichts anderes, als den Versuch der Überwindung des globalen Kapitalismus auf dem Widerspruch zwischen jeder und jedem Einzelnen und dem Ganzen seiner Welt zu begründen. Und es heißt, auf diesem Weg zugleich die ökologische Krise lösen zu wollen, die den Horizont auch der Krise der Geschichte bildet.

Der Einwand gegen diese Stellung des Problems liegt auf der Hand: Ist es nicht völlig überspannt, dem globalen Kapital-und-Arbeit-Verhältnis mit einer „Politik in erster Person" gegenüberzutreten, das heißt mit nichts anderem als den Denk-, Handelns- und Lebensmöglichkeiten von auf sich vereinzelter Individuen? Ist nicht bereits der Aufbruch des Mai 68 gerade daran gescheitert und konnte deswegen auch so leicht absorbiert werden? Und bedeutet das nicht, sich in der oben kritisierten „Ethik der reinen Gesinnung" zu verfangen, der zuletzt gar nichts anderes übrig bleibt, als vor dem „Fatalismus der reinen Gesetze" zu kapitulieren?

Hier gilt es, genauer hinzusehen. War die „Politik in erster Person" tatsächlich nichts als ein individualistisches, also subjektivistisches und zuletzt sogar narzisstisches Unternehmen? Geben wir dazu Foucault das Wort, der für die „Politik in erster Person" den zugleich strategischen und programmatischen Begriff einer „Ästhetik der Existenz" geprägt hat. (vgl. Foucault 2007) Wie begreift Foucault das revolutionäre Projekt des Mai 68, wie würde er seine Aktualisierung in der aktuellen Konjunktion von Globalisierung und Individualisierung entwerfen? „Ich glaube", schreibt Foucault,

> „dass man in der Geschichte des Abendlands eine Periode finden kann, die der unseren ähnelt, auch wenn sich die Dinge natürlich nicht wiederholen, nicht einmal die Tragödien in Form der Komödie: nämlich das Ende des Mittelalters. Vom 15. zum 16. Jahrhundert bemerkt man eine völlige Reorganisation der Regierung der Menschen, jenen Aufruhr, der zum Protestantismus geführt hat, zur Bildung der großen Nationalstaaten, zur Konstitution der autoritären Monarchien, zur Verteidigung der Territorien unter der Autorität der Verwaltungen, zur Gegenreformation, zu der neuen weltlichen Präsenz der katholischen Kirche. All das war gewissermaßen eine große Umgestaltung der Art und Weise, wie die Menschen regiert wurden, sowohl in ihren individuellen wie in ihren sozialen, politischen Beziehungen. Mir scheint, dass wir uns erneut in einer Krise der Regierung befinden. Sämtliche Prozeduren, mit denen die Menschen einander führen, sind erneut in Frage gestellt worden." (Foucault 2005: 276. vgl. ebd.: 859–873)

Was ist mit dieser Anverwandlung des Mai 68 an die am Anfang der modernen Revolutionsgeschichte stehende historische Reformation gesagt, die ja ebenfalls zugleich eine Bewegung der Globalisierung und der Individualisierung war? Mit ihr ist gesagt, dass die Macht von existenzästhetischen „Politiken in erster Person" in ihrem geschichtlichen, allen oder zumindest vielen gemeinsamen Charakter liegt. Dieses Gemeinsame resultiert aus dem Faktum, dass die ethischen Umwälzungen der alltäglichen Selbstregierung der Einzelnen gerade als solche notwendig miteinander kommunizieren, weil sie gar nicht anders können als zum Ferment von Kämpfen um Anerkennung zu werden: Kämpfen, die selbst wieder in Verhältnissen der Herrschaft und der Ausbeutung und damit stets gegen diese Verhältnisse geführt werden. Im gelingenden Fall organisieren sie sich dabei zur „Reformation", also zur Umwälzung der Welt im Ausgang vom und in Bezug auf das Alltagsleben des sich im Geflecht seiner „Konvivialität" mit den Anderen und der Welt vereinzelnden – und sich darin frei vergesellschaftenden Individuums. (vgl. Dennis Eversberg in diesem Buch). Der Mai 68 hat dies zunächst in der Spontaneität seines eigenen „Aufruhrs" getan, in den kommunizierenden Revolten von Einzelnen, und er hat diesen Prozess dann in der Mediokrität seiner Reformen fortzusetzen versucht. Irgendwo „dazwischen" setzte seine Absorption ein: dem Prozess vergleichbar, in dem sich die bauernkriegerischen und wiedertäuferischen Aufbrüche der historischen Reformation in ihrer eigenen Mediokrisierung verloren haben: in dem ersten „Geist des Kapitalismus", der sie dann zu absorbieren wusste. (Weber 1988: 17–206)

Was tun?

Sich in der alle Krisen der Gegenwart durchherrschenden Krise der Geschichte zur Aktualisierung der Revolution zu befreien heißt auch, sich dem Problem der strategischen Führung eines solchen Prozesses zu stellen. Die Phänomenologie des Geistes des Mai 68 kann zeigen, dass seine Konstellationen je auf ihre Weise genau das versucht haben. Sie haben sich dabei auch dem „Dilemma vom Fatalismus der reinen Gesetze und von der Ethik der reinen Gesinnung" gestellt und versucht, diesem gegenüber den „Gesichtspunkt der Totalität" zur Geltung zu bringen: also den Ausgriff auf das Ganze der Welt aus der Singularität einer existenziell-praktisch situierten Perspektive (von lat. *perspicere*, hindurchsehen, von je einem besonderen Blickwinkel oder Gesichtspunkt her).

Wenn es so dringlich ist, ihre Antworten heute noch einmal durchzugehen, dann deshalb, weil sie die Sache der Befreiung damit auf nichts als auf die Freiheit gestellt haben und uns damit in unüberbietbarer Schärfe vor das Problem der freiwilligen Knechtschaft als das Grundproblem des Politischen schlechthin stellen. Den „Gesichtspunkt der Totalität" einzunehmen heißt darum gar nichts anderes, als diese Herausforderung ohne jede Ausflucht anzunehmen. Das verleiht den Sätzen eine wortwörtlich brennende Aktualität, in denen Guy Debord, ein anderer Situationist, diese Herausforderung unmittelbar vor dem Mai 68 umrissen hat:

> „Die proletarische Revolution hängt ganz und gar von dieser Notwendigkeit ab, dass die Massen zum ersten Mal die Theorie als Intelligenz der menschlichen Praxis erkennen und leben. Sie fordert, dass die Arbeiter Dialektiker werden und ihr Denken in die Praxis übertragen; sie verlangt daher von den Menschen ohne Eigenschaften sehr viel mehr als die bürgerliche Revolution von den Menschen verlangte, die über alle Eigenschaften verfügten, um sie ins Werk zu setzen."
> (Debord 1974: 97)

Das Zueinanderfinden von Gedanke und Geschichte der Revolution war allerdings schon für Debord nicht mehr das Werk einer Avantgarde der Arbeit. Es war vielmehr umgekehrt Sache der Unterbrechung ihrer erweitert in sich zurücklaufenden Reproduktion: die Sache also eines Muts zum gemeinsamen Ausstieg aus der Verknechtung, in dem jede und jeder selbst mit sich den Anfang machen muss. Eines Muts zum Ausstieg zugleich aus der Entlohnung der Arbeit in den unterwerfenden Anerkennungen durch den proletaro-bourgeoisen Konsum und das proletaro-bourgeoise Recht. Des Muts zum zugleich postreligiösen wie postsäkularen Ausstieg aus einer geschichtlich entleerten und deshalb irre werdenden Religiosität und einer ebenso entleerten und deshalb längst zynisch gewordenen Säkularität. Des Muts zuletzt zum Ausstieg aus der herrschenden Globalisierung und Individualisierung zugunsten eines anderen Weltweitwerdens der Welt und einer anderen Vereinzelung dieses Werdens. Vorbereitet wird dieses Ereignis in der Vielstimmigkeit der öko-anarchistischen, öko-sozialistischen und öko-kommunistischen Kommunikation der Existierenden mit all den anderen Wesen ihrer Erde. (Zu Begriff und Sache des Ereignisses wie der Erde vgl. Hardt/Mezzadra in diesem Buch) Inmitten der uns zur Entscheidung gestellten, uns vielleicht übermächtigenden Krisen wird das Ereignis seinen Ort im Städtischen finden, bei den in ihre freie Fremde Entbundenen, bei denen, die nichts sind, um auf je einzige Weise alles sein zu können, singulare Universale.

Literatur:

Boltanski, Luc/Chiapello, Éve, Der neue Geist des Kapitalismus, Konstanz 2003.

Brand, Ulrich/Wissen, Markus, Imperiale Lebensweise. Zur Ausbeutung von Mensch und Natur im globalen Kapitalismus, München 2017.

Debord, Guy, Die Gesellschaft des Spektakels, Düsseldorf 1974.

Foucault, Michel, Das Subjekt und die Macht. In: Schriften 4, Frankfurt/M. 2005: 269–294. Ders., Die Rückkehr der Moral. Gespräch mit Gilles Barbedette und André Scala, ebd.: 867f.

Foucault, Michel, Ästhetik der Existenz. Schriften zur Lebenskunst, Frankfurt/M. 2007.

Fukuyama, Francis, Das Ende der Geschichte. Wo stehen wir?, München 1992.

Hegel, Georg Wilhelm Friedrich, Phänomenologie des Geistes, Werke Bd. 3, Frankfurt 1970: 145–144.

Lefebvre, Henri, Die Revolution der Städte. La Révolution urbaine, Hamburg 2014.

Lessenich, Stephan, Neben uns die Sintflut. Die Externalisierungsgesellschaft und ihr Preis, Berlin 2016.

Lukács, Georg, Geschichte und Klassenbewusstsein. Darmstadt/Neuwied 1983.

Marx, Karl/Engels, Friedrich, Manifest der Kommunistischen Partei, Werke Bd. 4, Berlin 1977: 459–493).

Nietzsche, Friedrich, Zur Genealogie der Moral, Kritische Studienausgabe Bd. 5, München 1999.
Riesman, David, Die einsame Masse, Hamburg 1986.
Situationistische Internationale: Die S.I. jetzt: 168. In: Ohrt, Roberto Der Beginn einer Epoche. Texte der Situationisten. Hamburg 1995: 167–171.
Vaneigem, Raoul, Die autonome Emanzipation der Individuen ist die einzige Grundlage der klassenlosen Gesellschaft, o. O. 1979
Weber, Max, Die protestantische Ethik und der Geist des Kapitalismus. In: Gesammelte Aufsätze zur Religionssoziologie I, Tübingen 1988: 17–206.

ISABELL LOREY

Zur Wiederkehr der Revolution

Foucault hat sich einmal, 1977 im Gespräch mit dem *Nouvel Observateur*, als „Historiker der Gegenwart" bezeichnet.[1] Ein solcher Historiker bricht, ähnlich wie Benjamin, mit allen Formen historistischer Geschichtsphilosophie, vor allem jener von Hegel, und geht kritisch von der Gegenwart aus. Es ist ein Gegenwartsverständnis, das Konsequenzen hat, sagt er, es bedeutet, mit der Revolution zu rechnen, sich dem Problem der „Wiederkehr der Revolution" zu stellen.[2] Diese Wiederkehr ist keine Rückkehr, zu vergangenen Revolutionen etwa. Eine solche Rückkehr entspräche einem Historizismus, der die Vergangenheit heranzieht, um die Probleme der Gegenwart zu lösen. Foucault benutzt aber den Begriff der Wiederkehr, eine Terminologie Nietzsches.[3]

1   Michel Foucault: „Nein zum König Sex", Gespräch mit B.-H. Lévy [1977], in: Michel Foucault: *Schriften in vier Bänden. Dits et Ecrits, Band III: 1976–1979*, hrsg. von Daniel Defert und François Ewald, unter Mitarbeit von Jacques Lagrange, Frankfurt/M.: Suhrkamp 2003, S. 336–356, hier S. 349.
2   Ebd. S. 350.
3   Seit den 1960er Jahren bezieht sich Foucault immer wieder auf Nietzsche. In einem Gespräch mit Paul Rabinow bezeichnet er sich sogar selbst als „Nietzscheaner". Michel Foucault: „Raum, Wissen und Macht", Gespräch mit Paul Rabinow [1982], in: Michel Foucault: *Schriften in vier Bänden. Dits et Ecrits, Band IV: 1980–1988*, hrsg. von Daniel Defert und François Ewald, unter Mitarbeit von Jacques Lagrange, Frankfurt/M.: Suhrkamp 2005, S. 324–341, hier S. 334 und 335. Zu Foucaults Bezüge auf Nietzsche siehe Daniel Defert: „Situierung der Vorlesungen", in: Michel Foucault:

Diese Wiederkehr ist nicht rückwärtsgewandt, sie ist Aktualisierung und entspricht in Foucaults Interpretation viel eher einer permanenten Möglichkeit der Umkehr: aus der Dynamik von Machtverhältnissen, denen der Widerstand nicht als bloßer Effekt nachgereiht ist. Der Widerstand ist primär und entsteht permanent in stets umkehrbaren Machtverhältnissen. Aus dieser Dynamik von Macht und Widerstand erwächst die Möglichkeit der Wiederkehr der Revolution.[4]

Es ist die „Kritik an der Gegenwart", die durch Foucaults Weise der historischen Analyse möglich wird.[5] Revolutionäre Praxen entsprechen keinen einfach aus der Vergangenheit kommenden, keinen übernommenen und überkommenen Strategien und Taktiken. Widerstand in der Gegenwart entfaltet seine Kraft in dem, was Machtbeziehungen entgeht, was sie flieht. Es sind Kämpfe, die sich nicht am Recht und an der Repräsentation orientieren, als käme die Macht einfach nur „von oben". Es sind Kämpfe, die – wie die Macht – „von unten" kommen. Ereignisse, keine Kontinuitäten; sie entstehen in den Körpern, in den Subjektivierungen.

Über den Willen zum Wissen. Vorlesungen am Collège de France 1970–1971, Berlin: Suhrkamp 2012, S. 330–360.

4   Dieses Verständnis umkehrbarer Machtverhältnisse konzeptualisiert Foucault explizit in *Der Wille zum Wissen. Sexualität und Wahrheit 1* ([1976] Frankfurt/M.: Suhrkamp 1983). Siehe auch Isabell Lorey: *Figuren des Immunen. Elemente einer politischen Theorie*, Zürich, Berlin: Diaphanes 2011 sowie meinen Text „Das Gefüge der Macht", in: Brigitte Bargetz, Gundula Ludwig und Birgit Sauer (Hg.): *Gouvernementalität und Geschlecht. Politische Theorie im Anschluss an Michel Foucault*, Frankfurt/M., New York: Campus, S. 31–61.

5   Foucault, „Nein zum König Sex", a. a. O., S. 349; siehe auch „Raum, Wissen und Macht", a. a. O., S. 334.

Wiederkehr der Kämpfe

Häufig wiederholt Foucault die Frage danach, was wir in der Gegenwart sind. Sie entspringt seinem Geschichtsverständnis, das stark von Nietzsche beeinflusst ist, dessen Kritik der Historie die Frage nach der Ontologie mit der Weise, Zeit zu denken, verbindet, mit der Weise, zu leben.

Was wir in der Gegenwart sind, so Foucaults Argumentation, ist keine Frage der Identität, sondern eine der Diskontinuität, der Erfahrung und der Ent-Subjektivierung.[6] Was wir in der Gegenwart sind, ist eine Frage des Geschichtsverständnisses und eine des Verständnisses der revolutionären Praxis. Es ist eine Frage, die mit der kontinuierlichen, linearen oder auch teleologischen Geschichtskonstruktion nicht gestellt werden kann, denn diese negiert die Kämpfe gegen Herrschafts- und Ausbeutungsverhältnisse und macht sie unsichtbar. Foucault verschränkt den Körper mit der Geschichte und stellt so die Erfahrungen ins Zentrum, die permanent die Subjektivierungen verändern und ein kohärentes Subjekt auflösen. Diese Kämpfe entsprechen einer anderen Zeitlichkeit, einer diskontinuierlichen Geschichte, die Foucault mit Nietzsche „Genealogie" nennt. Die Genealogie nimmt Brüche wahr, Ereignisse, Anfänge. Und mehr noch: Die genealogische Perspektive – so Foucault 1971 in seinem Aufsatz „Nietzsche, die Genealogie, die Historie" – muss die Einzigartigkeit von Ereignissen ausmachen.[7]

---

6   Dieses Denken ist auch inspiriert von Maurice Blanchot und Georges Bataille. Siehe Michel Foucault: „Gespräch mit Ducio Trombadori" [1978/1980], in: Foucault, *Schriften IV*, S. 51–119, hier S. 54 ff.

7   Michel Foucault: „Nietzsche, die Genealogie, die Historie" [1971], in: Michel Foucault: *Schriften in vier Bänden. Dits et Ecrits, Band II: 1970–1975*, hrsg. von Daniel Defert und François Ewald, unter Mitarbeit von Jacques Lagrange, Frankfurt/M.: Suhrkamp 2002, S. 166–191. Dieser Text entstand zur selben Zeit wie die Vorlesung 1970/71 *Über den Willen zum Wissen* (vgl. Defert, „Situierung der Vorlesungen", a. a. O., S. 349).

Sie muss die Ereignisse „dort aufsuchen, wo man sie am wenigsten erwartet, und in solchen Bereichen, die keinerlei Geschichte zu besitzen scheinen; Gefühle, Liebe, Gewissen, Triebe. [... Die Genealogie] muss nach deren Wiederkehr suchen."[8] Wie Benjamins Jetztzeit befasst sich auch die Genealogie mit den Affekten und Affizierungen, statt mit der Suche nach dem Ursprung und den Entwicklungen. Ohne Ursprung und ohne Wesen wird zwar die „eigentliche Identität" aufgegeben, nicht aber die unzähligen Anfänge.[9] Das ist der zentrale Akt: das Subjekt, die Identität, den Ursprung zu zertrümmern, diese Grundpfeiler des Historizismus, um andere Zeitlichkeiten zu denken, in denen das Verständnis der Gegenwart darüber entscheidet, in welcher Weise über Kämpfe nachgedacht wird. Wichtig ist es, den Anfang singulär und mannigfaltig zu denken, das Ereignis zu denken.

Es gibt einen weiteren Grund, nicht die Linearität zu suchen, nicht den Ursprung. Nicht alles zu erinnern, vergessen zu können, ist lebenswichtig und bedeutet das Vermögen, im *historistischen* Sinne „unhistorisch zu empfinden", wie Nietzsche schreibt.[10] Es muss möglich sein, dass sich in der Gegenwart Einzigartiges herausbildet, dass das Ereignis entsteht, ohne vergangenen Grund und ohne Identität. Man muss es wagen können, von Neuem zu beginnen und das Werden in der Gegenwart zu affirmieren. Die Praxen des Handelns, Denkens und Fühlens führen niemals bloß das Gewesene fort, sie sind nicht einfach Routine und Gewohn-

---

8   Foucault, „Nietzsche, die Genealogie, die Historie", a. a. O., S. 166.
9   Vgl. ebd., S. 172.
10 Friedrich Nietzsche: *Unzeitgemäße Betrachtungen. Zweites Stück: Vom Nutzen und Nachtheil der Historie für das Leben*, hrsg. von Günter Figal, Stuttgart: Reclam 2009, S. 10. „Mit dem Wort ‚das Unhistorische' bezeichne ich [Nietzsche] die Kunst und Kraft *vergessen* zu können und sich in einen begrenzten *Horizont* einzuschließen" (Günter Figal: „Nachwort", in: ebd., S. 107, Herv. i. Org.).

heit, sondern auch Ausprobieren, Experimentieren, Stolpern, Neu-Orientieren, Neu- Organisieren. Nietzsche bezeichnet solche Praxen als „unhistorisch". Das Vergangene muss sogar bis zu einem gewissen Grad vergessen werden, um „nicht zum Todtengräber des Gegenwärtigen" zu werden.[11] Nur im Unhistorischen beginnt ein „geschichtliche[s] Ereignis" ohne „überhistorische" Bedingung.[12] Das Ereignis ist mit Nietzsche dann geschichtlich, wenn es im gegenwärtigen Werden seine Kraft gewinnt, ohne das Ewige oder Unveränderliche heraufzubeschwören.

Man muss die lineare Erzählung zu ignorieren imstande sein, um überhaupt in der Gegenwart leben zu können. Diese Verteidigung der Gegenwart ist aber – das füge ich hinzu – nicht ausreichend, um gesellschaftliche Verhältnisse grundlegend zu verändern. Das Vergangene kann nicht einfach verdrängt werden: Für die Kritik von Herrschaftsverhältnissen, anhaltender Ausbeutung und Ungerechtigkeit ist es unabdingbar, das Vergangene in seinen Kontinuitäten und Brüchen zu analysieren, um dagegen zu handeln, solche Verhältnisse zu verändern, auf- und abzubrechen.

Auch das Ereignis entsteht nicht ohne Relation zum Vergangenen. Es setzt sich zum Vergangenen, Beständigen und Unbekannten auf neue Weise ins Verhältnis. Es ist einzigartig, nicht weil es einmalig und isoliert von bestehenden Verhältnissen betrachtet werden könnte. Es ist singulär und zugleich zeitlich und räumlich relational, denn es zeichnet sich durch die Kraft der Neukonstituierung aus. Das Ereignis kann Verlorenes ersetzen, zersplitterte Formen neu zusammensetzen und gestalten. Es hat „plastische

---

11   Nietzsche, *Unzeitgemäße Betrachtungen*, S. 11. *„Nur aus der höchsten Kraft des Gegenwart dürft ihr das Vergangene deuten"* (ebd. S. 63, Herv. i. Org.).
12   Ebd., S. 107: „[Ü]berhistorisch' nenne ich die Mächte, die den Blick von dem Werden ablenken, hin zu dem, was dem Dasein den Charakter des Ewigen und Gleichbedeutenden giebt [!], *zu Kunst und Religion*" (Herv. i. Org.).

Kraft", wie Nietzsche sagt, eine Kraft, die in der Zeit wirkt, (um)formt.[13] Das Ereignis gestaltet in der Gegenwart Geschichte. Es ist eine Kraft im Werden, die situiert ist, bedingt von den Kräfteverhältnissen und die nichts zur Idee einer historischen Wahrheit beizutragen hat. Plastische Kraft ist abhängig von der Umgebung, der Um-Welt, der „umhüllenden Atmosphäre",[14] gerade weil im Ereignis eine Neuzusammensetzung stattfindet, ist es in seiner schöpferischen Kraft nicht isoliert, vielmehr relational und bedingt. Es kann sich mit anderen Ereignissen verketten. In der Konstituierung des Ereignisses aus heterogenen Fragmenten werden neue Lebensweisen, politische Praxen und Ökonomien bejaht, die ihre Herkunft nicht abschütteln, sondern vervielfältigen.

Vor dem Hintergrund dieses nietzscheanischen Geschichts- und Ereignisverständnisses zeigt die Genealogie für Foucault nicht, „dass die Vergangenheit noch da ist und die Gegenwart immer noch insgeheim mit Leben erfüllt, nachdem sie den Lauf der Zeit von Anfang an geprägt hat."[15] Die Genealogie hat kein Interesse daran, den einen Ursprung, die eine Identität zu finden. Die genealogische Gegenwart ist geprägt durch unzählbare Anfänge, durch Zerstreuung, durch das Ereignis: Was wir sind, ist nichts als Kontingenz, Zerstreutes.[16] Die genealogische Analyse umfasst nicht nur die Kämpfe und das einzigartige Ereignis, sondern auch deren Wiederholung, deren „ewige Wiederkunft", wie Nietzsche sagt.[17] Diese Analyse bricht mit der Metaphysik der „ewigen Wahrheit" und entgeht damit der angemaßten Objektivi-

---

13   Ebd., S. 11. Die plastische Kraft ist die Kraft, „aus sich heraus eigenartig zu wachsen, Vergangenes und Fremdes umzubilden und einzuverleiben". Sie bildet Gegenwart auch durch Einverleibung vergangener Splitter.
14   Ebd., S. 13.
15   Foucault, „Nietzsche, die Genealogie, die Historie", a. a. O., S. 172.
16   Vgl. ebd. und S. 188.
17   Vgl. Defert, „Situierung der Vorlesungen", a. a. O., S. 348.

tät des Historikers, der sich außerhalb der Zeit imaginiert. Wiederholung ist die Grundlage des „historischen Sinns", der alles „wieder dem Werden" zuführt, was als unveränderlich galt: Körper, Gefühle, Subjekte, die Kontinuität der Zeit.[18] Nur im Werden sind Affizierungen wahrnehmbar, nicht in der begrenzten Identität.

Der historische Sinn ist in den Auseinandersetzungen und Kämpfen situiert, er blickt auf das Nächste und in die Tiefe, um die Zerstreuungen und Unterschiede zu entfalten.[19] Es ist eher ein medizinischer als ein philosophischer Blick, sagt Foucault, denn Letzterer habe stets den Körper verleugnet, um eine „zeitlose Idee zu begründen".[20] Der historische Sinn hat immer einen Anfang, der verworren, „unrein" und uneindeutig ist.[21] Aus ein und demselben Zeichen kann die Krankheit wie auch der „Keim eines wunderbaren Gewächses" entstehen.[22] Der Anfang ist stets kontaminiert.

Infinitive Gegenwart

Wenn Foucault sich von Ursprungsdenken und determinierender Vergangenheit abwendet, wenn er behauptet, dass es keine Rückkehr gebe und wir in der Kontingenz zu dem würden, was wir in der Gegenwart sind, dann ist er nicht nur beeinflusst von Nietzsche. Zeitgleich mit seinem Nietzschetext bespricht er in seinem Aufsatz „Theatrum philosophicum" ausgesprochen affirmativ die gerade erschienenen Bücher *Differenz und Wiederholung* sowie *Logik des Sinns* von Gilles Deleuze. Zuvor hatten er und

---

18 Foucault, „Nietzsche, die Genealogie, die Historie", a. a. O., S. 179.
19 Vgl. ebd. S. 182.
20 Ebd. S. 184.
21 Ebd. S. 183.
22 Ebd.

Deleuze gemeinsam an der kritischen Gesamtausgabe der Werke von Nietzsche gearbeitet, und beide sind nun, am Beginn der 1970er Jahre, damit befasst, die Gegenwart anders zu denken.

Beide distanzieren sich von einem linearen Geschichtsverständnis, das die Gegenwart – und damit die Kämpfe – gering schätzt. Denn das Ereignis ist nicht zu fassen, wenn das Aktuelle bloß „das ehedem Zukünftige [ist], das sich in seiner Form bereits abzeichnete" oder nur „die kommende Vergangenheit", schreibt Foucault. Eine solche teleologisch eingegrenzte Gegenwart erfordert eine „Metaphysik eines widerspruchsfreien, hierarchisch aufgebauten Kosmos".[23] Statt dessen spricht Foucault von einer infinitiven Gegenwart *(un présent infinitif)* als einer Gegenwart, die (im) Werden ist.[24] Nicht auf den Augenblick des Gegenwärtigen reduziert, bricht sie mit der linearen Geschichte, ohne von der Vergangenheit unabhängig zu werden. Foucault ergänzt mit dem Begriff der infinitiven Gegenwart sein Verständnis von Genealogie und Ereignis. Den neuen Begriff fügt er aus den Bedeutungen des grammatikalischen Präsens und des Infinitivs zusammen und nennt die darin entstehende Bedeutung mit Deleuze „Ereignis-Sinn".[25] Obwohl Foucault nur in seiner Besprechung von Deleuzes Büchern von „infinitiver Gegenwart" spricht und der Begriff nicht weiter ausgeführt ist, gibt er Hinweise darauf, wie seine genealogische Analyse der Gegenwart weiter aufgefaltet werden kann. Erst vor dem Hintergrund einer infinitiven Gegenwart lässt sich in neuer Weise von Wiederholung sprechen, jenem

---

23 Michel Foucault: „Theatrum philosophicum" [1970], in: Foucault, *Schriften II*, S. 93–122.

24 Michel Bischoff übersetzt „unbegrenzte Gegenwart" (ebd., S. 104). Deleuze und Guattari sprechen vom „unendlichen Jetzt" (*Was ist Philosophie?* [1991], Frankfurt/M.: Suhrkamp 2000, S. 130).

25 Vgl. Foucault, „Theatrum philosophicum", a. a. O., S. 102.

Deleuze'schen Verständnis von Wiederholung, das von Nietzsche inspiriert ist, nicht von Hegel.

In der Hegelschen Philosophie gelten das Nicht-Identitäre, das dialektisch Nicht- Repräsentierbare und die nicht über den Widerspruch angebundene Differenz als „maßlos, unkoordiniert, anorganisch",[26] schreibt Deleuze in *Differenz und Wiederholung*. Es soll sich nur das wiederholen, was unter einem „*absolut* identischen Begriff differiert".[27] Doch schon die Diskreditierung der nichtdialektischen, maßlosen Differenz, diese Geringschätzung der Mannigfaltigkeit, des Zerstreuten, verweist darauf, dass es immer etwas gibt, das der identitären Repräsentationslogik entgeht, egal wie unendlich sie zu werden versucht, egal wie sehr nichts Wesentliches jenseits von ihr zu geben scheint: Es entgeht ihr die Differenz, die gerade nicht über Identität und Repräsentation zu begreifen ist, die Differenz, die in der Wiederholung nicht an die Logik des Ähnlichen, des Gleichen, der Assimilation gebunden ist: eine mannigfaltige, maßlose Differenz, die weder auf eine Einheit zuläuft, noch den Gegensatz oder das ganz Andere darstellt. Statt in der Negation an die Identität gebunden, kommt die Differenz in der Affirmation zur Geltung, in der Bejahung ihrer Zerstreutheit, als unbestimmte Differenzierung.[28]

In diesem Verständnis kann es keine lineare Abfolge, keine Aneinanderreihung von Ereignissen geben, nur die Wiederkehr. In der infinitiven Gegenwart wiederholt sich das Ereignis ohne Grund, Nachahmung und Ähnlichkeit.[29] Es ist eine Wiederholung, die das Ereignis in seiner Einzigartigkeit affirmiert und es

---

26   Gilles Deleuze: *Differenz und Wiederholung* [1968], München: Fink 1992, S. 329.
27   Ebd., S. 338, Herv. i. O.
28   Vgl. ebd., S. 334 f.
29   Vgl. Foucault, „Theatrum philosophicum", a. a. O., S. 104.

dabei zerstreut lässt, es nicht auf den Begriff bringt und nicht in eine Entwicklungsgeschichte integriert. In der Wiederholung wird die zerstreute Mannigfaltigkeit offenbar und damit auch die Ent-Subjektivierung.[30]

„Gegenwart", schreibt Foucault, „ist endlose Wiederkunft. Aber sie kommt wieder als einzigartige Differenz", als maßlose Differenz.[31]

Diese Differenz ist Mannigfaltigkeit, Vielfalt, nicht bloße Vielheit. Wenn Vielheit die abgegrenzte Form der/des vereinzelten Vielen als quantitative Verschiedenheit beschreibt, unterstreicht Vielfalt die unzählbaren Falten in der Immanenz, ihre qualitative Verschiedenheit.[32] Die Falten sind nicht strikt voneinander zu trennen, sie verschmelzen, überlappen sich, sind zusammen gefaltet oder entfalten sich nacheinander und auseinander.

Das Mannigfaltige ist in permanenter Veränderung begriffen, es entfaltet sich in einem anhaltenden, wiederkehrenden Modus der Differenzierung. Dieser Modus ist die *Dauer*, die die infinitive Gegenwart kennzeichnet. Sie aktualisiert sich permanent in der Differenzierung; sie ist nicht abstrakt-allgemein, sondern in diesem Sinne konkret-singulär und nicht im Namen der Zahl, nicht numerisch zerteilbar.

Unzeitgemäße Dauer der Gegenwart

Zum Verständnis der Dauer in der infinitiven Gegenwart sind Henri Bergsons zeitphilosophische Überlegungen hilfreich. Dauer bezeichnet für Bergson nicht einfach eine Fortdauer der

---

30   Vgl. ebd. S. 106 und Foucault, „Gespräch mit Ducio Trombadori", a. a. O., S. 54.
31   Foucault, „Theatrum philosophicum", a. a. O., S. 120.
32   Zum Begriff der Falte siehe auch Gilles Deleuze: *Die Falte. Leibniz und der Barock* [1988], Frankfurt/M.: Suhrkamp 2000.

Vielfalt, die Dauer selbst existiert im Plural. Sie hat unmessbar viele, untereinander sehr verschiedene *durées*, ein Plural, der sich in anderen Sprachen nicht so einfach bilden lässt. Dauer als Vielfalt bedeutet die Gleichzeitigkeit von mehreren *durées* in der Gegenwart, eine Koexistenz und Gleichzeitigkeit von Strömen, in der sich das Vermögen zeigt, zugleich „eins zu sein und mehrere", wie Bergson schreibt.[33] Eins zu sein und mehrere bedeutet, die Dauer von anderen Lebewesen und Dingen wahrzunehmen und sich mit ihr zu falten. Dauer selbst ist vielfach gefaltet und in diesem Sinne teilbar, ohne sich zu spalten oder in Widerspruch mit dem Abgeteilten, dem Anderen zu geraten. Die Vielfalt der Dauer ist ohne Negation, sie ist Affirmation des Mannigfaltigen.

In diesem Rahmen dehnt sich die Gegenwart aus und ist durch eine vom Vergangenen unterschiedene Ontologie gekennzeichnet. Das Vergangene lässt sich nun als Ontologie des Seins verstehen, die Gegenwart dagegen als eine Ontologie des Werdens. Bergson wendet sich gegen Vorstellungen, die davon ausgehen, dass das Vergangene nicht mehr ist, es zu sein aufgehört hat und in diesem Sinne tot ist. In diesem Gedanken verwechseln wir, so Deleuze, „das Sein mit dem Gegenwärtig-Sein. Aber das Gegenwärtige *ist nicht*, es ist vielmehr reines Werden, das immer außer sich ist. Es *ist* nicht, sondern agiert."[34] Die Gegenwart kann nicht über das Sein des momenthaften Gegenwärtigen bestimmt werden, nur über das Agieren des Werdens, die Veränderung, die Bewegung.

---

33   Henri Bergson: *Durée et Simultanéité. A propos de la théorie d'Einstein* [1922], Paris: Les Presses universitaires de France 1968, S. 67; siehe auch Gilles Deleuze: *Henri Bergson zur Einführung*, Hamburg: Junius 2007, S. 104 f.
34   Deleuze, *Henri Bergson*, a. a. O., S. 74.

Um die Gegenwart in neuer Weise zu denken, unzeitgemäß, muss sie nicht nur deutlich vom Vergangenen unterschieden, sondern auch von Ideen von Zukünftigkeit gelöst werden. In Nietzsches Begriff des Unzeitgemäßen ist diese Eigenständigkeit der Gegenwart bereits ausgedrückt, gerichtet gegen normalisierte, vorherrschende Zeitverständnisse. In seiner Kritik an einer linearen Geschichtserzählung verbindet er das Unzeitgemäße mit dem Kommenden, das nicht als Zukunft misszuverstehen ist: „unzeitgemäß – das heißt gegen die Zeit und dadurch auf die Zeit und hoffentlich zu Gunsten einer kommenden Zeit."[35] Das Unzeitgemäße wirkt gegen die Vergangenheit auf die Gegenwart und flieht sie, widersteht ihr, ohne in eine Zukunft auszuweichen. Denn das Kommende entsteht in der Gegenwart, in den Kräfteverhältnissen und Machtbeziehungen. Es gibt keine Zukunft, nur die ausgedehnte Gegenwart.

Foucault bezeichnet die ausgedehnte Gegenwart auch als das „Aktuelle".[36] Das Aktuelle ist zutiefst verstrickt mit seiner ontologischen Frage, was wir in der Gegenwart *werden*, wie wir anders werden, uns ent-subjektivieren. Seine Frage ist nicht, was wir *sind*. In diesem Sinne meint das Unzeitgemäße auch das Unhistorische, das nichts Wahres und nichts Ewiges ist, sondern ewiges Werden im Sinne Nietzsches. In Foucaults Verständnis entfaltet sich diese unzeitgemäße ontologische Form nicht als Abstraktion, nicht als Substanz, sondern als eine Gegenwart, deren „Sein [...] die Wiederkehr der Differenz" ist.[37] In der Verbindung von Nietzsche und Deleuze benennt Foucault ein Verständnis von Ontologie, das in seinen Schriften wiederkehrt und das er noch 1984, kurz vor sei-

---

35 Nietzsche, *Unzeitgemäße Betrachtungen*, a. a. O., S. 7.
36 Michel Foucault: *Die Archäologie des Wissens* [1973], Frankfurt/M.: Suhrkamp 1981, S. 189.
37 Foucault, „Theatrum philosophicum", a. a. O., S. 103 und 120.

nem Tod, wieder aufnimmt, nämlich dann, wenn er zum letzten Mal auf sein Verständnis der Gegenwart im Verhältnis zur Revolution zu sprechen kommt.

Experimentieren ohne Zukunft

Was sind in diesem anderen Denken der Gegenwart nun aber revolutionäre Kämpfe, Kämpfe, in denen deutlich wird, was wir in der Gegenwart sind?

Um dieselbe Zeit, in denen er sich Gedanken zu einer infinitiven Gegenwart macht, äußert sich Foucault in einem Gespräch mit Studierenden zu den Ereignissen, auf die sich als Mai 68 bezogen wird. Die Studierenden merken an, dass die Bewegung als Besetzung eines gesellschaftlichen Raums viel weiter hätte gehen können, hätte ihr ein linker Diskurs eine Perspektive gegeben, eine utopische Richtung. Foucault verneint das und sagt, dass er der Utopie die Erfahrung und das Experiment entgegensetzt: statt der Zukunftsvision die Praxen (in) der Gegenwart, statt dem Nicht-Ort die aktuelle Situiertheit. Viel wichtiger als die Frage der Utopie sei beim Mai 68 gewesen, „dass Zehntausende eine Macht ausgeübt haben, die nicht die Form einer hierarchischen Organisation annahm".[38] Er berührt hier das Problem der konstituierenden Macht in der infinitiven Gegenwart. Mit Blick auf spätere Äußerungen von Foucault lässt sich hinzufügen, dass er Formen der Organisierung bevorzugt, die identitäts- und repräsentationskritisch sind.

Am Ende des Gesprächs macht Foucault noch eine weitere wichtige Bemerkung: Ein Student sagt, die Bewegung sei nicht in der Lage gewesen, „das gesellschaftliche Ganze [...] oder die Gesellschaft als eine Ganzheit" zu sehen und in sie einzugreifen,

---

38 Vgl. Michel Foucault: „Jenseits von Gut und Böse", Gespräch mit Studenten [1971], in: Foucault, *Schriften II*, S. 273–288, hier S. 286.

sie sei nicht in der Lage gewesen, aus den gemachten Erfahrungen das Allgemeine zu formulieren. Foucault erwidert, dass „die Idee eines ‚gesellschaftlichen Ganzen' [...] selbst in den Bereich der Utopie" gehört, die auf (geschichtsphilosophischen) Träumen aufbaut, entstanden „in jener historischen Entwicklungslinie, die schließlich zum Kapitalismus führte". Erfahrungen, Strategien, Aktionen, die die gesamte Gesellschaft umfassen sollen, sind zum Scheitern verurteilt. Diese Vorstellung von Gesellschaft müsse in ihrer Idee von Ganzheit und Totalität aufgegeben werden. Revolutionäre Praxen widerstehen nicht nur solchen Ideen, sie brechen auch mit der aus der Vergangenheit kommenden Logik des „bis jetzt".[39]

Kritik und das Aktuelle

Die Frage danach, wer wir in der Gegenwart sind, begleitet Foucault sowohl in seinem Kritikbegriff als auch in seiner Theorie der Gouvernementalität. Seit seinem Vortrag *Was ist Kritik?* von 1978 verknüpft er die Frage bekanntlich immer wieder mit Kant und der Aufklärung. Aber in *Was ist Kritik?* ist Foucault noch auf der Suche nach der Lösung, wie er auf neue Weise Kritik und Aufklärung verbinden kann. Nicht umsonst sagt er am Ende des Vortrages, er habe sich nicht gewagt, diesen Essay nach Kant „Was ist Aufklärung?" zu nennen.[40] Interessanterweise aber hat Foucault das fehlende Glied längst entwickelt – in seiner Geschichtskritik mit Nietzsche und Deleuze und den Spuren, die er mit seinem einmalig verwendeten Begriff der infinitiven Gegenwart gelegt hat.

In *Was ist Kritik?* übernimmt Foucault von Kant, dass Kritik bedeutet, aus der Unmündigkeit gegenüber Autoritäten herauszutreten, Mut zu haben, den eigenen Verstand zu gebrauchen:

---

39 Ebd., S. 278–288.
40 Vgl. Michel Foucault: *Was ist Kritik?* [1978], Berlin: Merve 1992, S. 41.

"Entunterwerfung" der Einzelnen.⁴¹ Kritik ist der entschiedene Wille, „nicht regiert zu werden" (oder, wie er auch formuliert, nicht *dermaßen* regiert zu werden).⁴² Daraus folgt nicht, dass Kritik immer und automatisch mit dem Regierbarmachen, mit den Dynamiken von Gouvernementalität, bricht. Im Gegenteil. Oft dient Kritik dazu, Regierungskünste aufrecht zu erhalten und zu stabilisieren, wie im Rahmen von Erkenntniskritik, wie sie nicht zuletzt Kant postuliert hat.⁴³ Diese Gouvernementalität erhaltende Kritik meint Foucault freilich nicht, wenn er von Kritik als Haltung spricht.

Um überhaupt eine Haltung zu entwickeln, nicht *dermaßen* regiert zu werden, müssen Singularitäten in ihren „Akzeptabilitätsbedingungen"⁴⁴ ausfindig gemacht werden, müssen Relationen von Singularitäten wahrgenommen werden, Interaktionen. Mehr noch: Relationen müssen vervielfältigt werden, sie sind stets in Bewegung, verhaken sich, spielen mit anderen Beziehungen zusammen und kommen wieder voneinander los – es geht darum, Machtverhältnisse zu unterbrechen und aus Effekten Ereignisse zu machen.⁴⁵

1982 geht Foucault in *Subjekt und Macht* aber einen Schritt weiter. Die Aktualität kommt wieder ins Spiel, wenn es um neue Formen „revolutionärer Praxen" geht, um die neuen sozialen Bewegungen der 1960er und 1970er Jahre. Foucault nennt sie „,transversale' Kämpfe", die den „Status des Individuums in Frage stellen". Es sind Kämpfe gegen das, „was sie an [die] eigene Identität bindet, […] gegen die ,Lenkung durch Individualisierung'"⁴⁶.

---

41 Ebd. S. 15.
42 Ebd. S. 45.
43 Ebd. S. 12.
44 Ebd. S. 40
45 Ebd. S. 38.
46 Michel Foucault: „Subjekt und Macht" [1982], in: Foucault, *Schriften IV*, S. 269–294, hier S. 272.

Und in all diesen Kämpfen geht es um die Frage „Wer sind wir?"[47]

Was Foucault mit der Fokussierung auf die Frage „Wer sind wir?" meint, wird erst deutlich, wenn er später im Text erneut auf Kants Aufsatz „Was ist Aufklärung?" zu sprechen kommt. Jetzt streicht er viel stärker als in *Was ist Kritik?* heraus, dass Kant *aktuelles* historisches Geschehen analysiert. Erst in der Beschäftigung mit den sozialen Bewegungen kommen wieder die Überlegungen zur infinitiven Gegenwart ins Spiel. „Als Kant 1784 fragt: ‚Was ist Aufklärung?', da meint er damit: ‚Was geschieht da gegenwärtig? Was geschieht mit uns?' [...] Wer sind wir in diesem ganz bestimmten geschichtlichen Augenblick? Diese Frage analysiert uns und unsere aktuelle Situation." Eine solche „kritische Analyse der Welt, in der wir leben", im Jetzt, in der Gegenwart bedeutet nicht, identitätslogisch festzuschreiben, „wer wir sind", sondern „abzulehnen, was wir sind", die Gegenwart zu analysieren und ihr zu widerstehen.

Ontologie des Werdens und der Wiederkehr

1984 überwindet Foucault das Zögern, das er 1978 äußerte, und benutzt den Titel „Was ist Aufklärung?" für einen Essay.[48] Er geht erneut auf das Verständnis von Ontologie ein, das der Frage „Wer wir sind?" immanent ist. Und in diesem Text wird nochmals deutlich, dass auch die Problematisierung der Gegenwart, der Aktualität nicht ausreicht, um die Dynamik von Aufklärung und Kritik, nach der Foucault sucht, auf den Punkt zu bringen. Es fehlt die Einschätzung der Revolution und die daran anschließende

---

47 Ebd., S. 280.
48 Foucault hat 1984 zwei Essays mit dem Titel „Was ist Aufklärung?" veröffentlicht. Ich beziehe mich auf den Essay Nr. 351, in: Foucault, *Schriften IV*, S. 837–848.

Möglichkeit der Wiederkehr der Revolution. Mit Kants Text „Was ist Aufklärung?" von 1784 ließ sich diese Frage nicht beantworten, erst sein nach der Französischen Revolution verfasster Text „Der Streit der Facultäten" gibt Foucault den entscheidenden Impuls.⁴⁹ Kant führt in diesem Text von 1798 die Revolution als Ereignis ein, als Ereignis, so Foucaults Leseweise, in dem Revolution keinen einmaligen, großen Bruch bedeutet, keinen „revolutionäre[n] Umsturz", denn dieser tut „nichts anderes […], als die Dinge umzukehren".⁵⁰ „Wichtig an der Revolution", so Foucault Kant lesend, „ist nicht die Revolution selbst, sondern das, was in den Köpfen derer vorgeht, die […] nicht ihre Hauptakteure sind, ist das Verhältnis, das sie selbst zu dieser Revolution haben".⁵¹ In Wirklichkeit ist die Revolution das, „was den Prozess selbst der *Aufklärung* vollendet und *weiterführt*".⁵²

Die Revolution, um die es hier geht, ist keine im traditionellen Sinn politische, sondern eine soziale Revolution, eine in den Köpfen, den Lebensweisen, den Wissensformen. „Die Frage ist", schreibt Foucault mit Bezug auf Kant, „was mit dem Willen zur Revolution, mit diesem ‚Enthusiasm' für die Revolution anzufangen ist". Gerade so, wie wir die Möglichkeit der Wiederkehr der Revolution betrachten, so beantworten wir auch die Frage „Was ist Aufklärung?" – beides sind Fragen danach, „was wir in unserer

49 Immanuel Kant: „Der Streit der Fakultäten", in: ders.: *Schriften zur Anthropologe, Geschichtsphilosophie, Politik und Pädagogik 1. Werkausgabe Band XI*, hrsg. von Wilhelm Weischedel, Frankfurt/M.: Suhrkamp 1977, S. 267–393; Foucault, „Was ist Aufklärung?", a. a. O., S. 841.
50 Michel Foucault: „Was ist Aufklärung?" [1984], in: Foucault, *Schriften IV*, S. 837–848.
51 Ebd., S. 844. Foucault spricht in Anlehnung an Kant von einem „einzigartige[n] Ereignis […] und zugleich permanente[n] Prozess" (ebd., S. 846).
52 Ebd., S. 845, 2. Herv. IL.

Aktualität sind". Es geht dabei um eine „Ontologie der Gegenwart, eine Ontologie unserer Selbst"[53]: eine Ontologie des Werdens und der Wiederkehr, eine Ontologie der Entunterwerfung. Das ist das kritische Denken, das Foucault jetzt vorschlägt, als fortwährende Übung, als etwas, das immer wieder von Neuem erarbeitet und ausgearbeitet werden muss.

Die kritische Haltung ist also eine andauernde und wiederkehrende Praxis im Aktuellen: Verweigerung der Unterordnung, singulärer und gemeinsamer Wille, nicht so regiert zu werden. Eine solche Kritik ist erfinderisch, sie eröffnet einen Raum und eine Zeit, in der neue politische Subjektivierungen entstehen. Diese Kritik ist Voraussetzung für Kämpfe präsentischer Demokratie.

Wiederkehr präsentischer Demokratie

Foucault hat nie explizit eine Neubestimmung von „Demokratie" angeboten. Der Begriff spielt bei ihm keine große Rolle. Foucault liefert aber viele Möglichkeiten dafür, Demokratie anders als in ihrer liberalen Form zu begreifen: ohne das Paradigma der politischen Repräsentation, ohne Demokratie an den Staat und die Idee einer Gesamtgesellschaft zu binden, ohne das immerwährende Versprechen einer kommenden, immer perfekteren Demokratie, ohne also Demokratie auf das Politische zu beschränken und soziale Demokratie auf die Zukunft zu verschieben. Vor dem Hintergrund des Brechens mit der linearen Geschichtserzählung, mit historistischen Kontinua, mit einer teleologischen Zukünftigkeit, mit der Idee von Fortschritt und Entwicklung lässt sich jedoch mit Foucault und Benjamin eine Form der Demokratie konzeptualisieren, die ich als „präsentisch" bezeichne. Diese Demokratie geht von der infinitiven Gegenwart, von der Jetztzeit

---

53   Ebd. S. 847–848.

der Kämpfe aus und rechnet mit den revolutionären Praxen, die sich in der Zerstreuung ereignen.

Die Besetzungs- und Demokratiebewegungen, die seit 2011 vor allem in Spanien entstanden sind, praktizieren präsentische Demokratie in der unzeitgemäßen Gegenwart. Sie haben den entschiedenen Willen, nicht mehr *dermaßen* regiert zu werden, sie entunterwerfen sich. Sie erfinden mannigfaltige revolutionäre Praxen, ohne sie auf spätere Tage zu verschieben. Sie experimentieren mit den Erfahrungen der Macht in nicht hierarchischen Organisierungen; sie fangen in vielfältigen horizontalen Versammlungen an, ohne Horizontalität als Ursprung oder Dogma festzuschreiben. Sie experimentieren mit dem Ereignis, mit dem Begehren nach einer anderen Form von Demokratie. Sie lehnen politische Repräsentation nicht rigoros ab, sondern versuchen, in der Zerstreuung das politische System mit repräsentationskritischen Plattformen und Parteien „von unten" aufzubrechen und eine neue soziale Politik für alle zu machen. Sie fangen wiederkehrend auf der kommunalen Ebene an, in den Nachbarschaften, im urbanen Raum. Sie erfinden mannigfaltige gleichzeitige Bewegungen und neue Initiativen, um eine soziale Revolution in den Köpfen und den Subjektivierungen zu entfalten. Sie gehen aus von Affizierungen, von den Verbundenheiten mit anderen, und organisieren soziale Reproduktion in solidarischer Weise neu. Die Stadt als Lebensraum soll von ihren singulären Bewohner_innen in ihren Relationalitäten gestaltet werden, in größtmöglicher Mitbestimmung und Selbstverwaltung.

Die Bewegungen beginnen in der Gegenwart und brechen nicht vollständig mit der Vergangenheit. Die neuen Formen politischen Handelns setzen im Begehren nach einer ganz anderen Demokratie zum Sprung an, zum Tigersprung, und sie schlagen eine Bresche für die Verkettung gescheiterter, abgebrochener und erfolgreicher revolutionärer Praxen aus der Vergangenheit: die

Räte der Pariser Kommune von 1871; die Strategien der Zapatistas aus den 1990er Jahren; das Instrument der Horizontalität aus der Argentinischen Revolution von 2001; Praxen der globalisierungskritischen Bewegungen sowie der EuroMayDay-Bewegungen der Prekären; Identitätskritiken und Problematisierungen der sozialen Reproduktion aus den (queer-)feministischen Bewegungen. Die Hausbesetzungen der in der PAH selbstorganisierten Madres unidas por el derecho a la vivienda digna lassen die revolutionären Praxen der Bewegung für ein würdevolles Wohnen aus den 2000er Jahren wiederkehren, die dieses in der spanischen Verfassung verankerte Recht einfordern.[54] Die präsentischen Bewegungen experimentieren mit Institutionen und werden zu instituierenden Bewegungen.[55] Sie beginnen von Neuem, setzen Initiativen, Erfahrungen und Begehren – trotz aller Konflikte, Zusammenbrüche und Widersprüchlichkeiten – immer wieder neu zusammen und schaffen gerade dadurch einen dauerhaften, vielfältigen und zerstreuten konstituierenden Prozess: in einem Gefüge des Experimentierens mit neuen Instituierungen und bestehenden Institutionen, als Plattform für Hypothekengeschädigte und als kommunale Bürger_innenplattformen wie Ahora Madrid, Málaga Ahora, Barcelona en Comú, Participa Sevilla, Compromís in Valéncia und andere mehr, die mittlerweile in den größten Städten Spaniens sogar das Amt der Bürgermeister_in stellen. Hier ist es nur am offensichtlichsten, dass das Experimentieren, das heißt die andauernde Wiederkehr im konstituierenden Prozess, bedeutet, nicht nur Demokratie, sondern auch den Staatsapparat, die

---

54 Siehe hierzu beispielsweise den Wikipedia-Eintrag zu ‚Movimiento por una vivienda digna en España', https://es.wikipedia.org/wiki/Movimiento_por_una_vivienda_digna.

55 Zum Prozess des Instituierens siehe Nowotny/Raunig, *Instituierende Praxen*, a. a. O.

Verwaltung, die Bürokratie und damit die Institutionalisierung des Zusammenlebens neu zu erfinden.[56] Die Herausforderung besteht darin, in den neuen instituierenden Praxen der Selbstfortschreibung des Instituierten zu entgehen.

Die Ausbreitung der kommunalen Bürger_innenplattformen macht die ausgedehnte, die infinitive Gegenwart, in der das Ereignis wiederkehrt und die Kraft der Neukonstituierung hat, offensichtlich. Das spanische *ahora* heißt „Jetzt". Es bezeichnet keinen punktuellen Augenblick, kein „jetzt gerade". Es ist viel eher als das Jetzt der infinitiven Gegenwart zu verstehen. Es ist vielfacher Anfang und vielfache Dauer zugleich. An mehreren Orten, in mehreren Weisen der Instituierung. Die Jetzte von Ahora Madrid, Málaga Ahora und all den anderen kommunalen Zusammenschlüssen, die es nicht so deutlich in ihren Namen tragen, breiten sich nicht nur territorial in der Stadt und über das Land aus, sondern sie vervielfältigen sich auch in der Zeit. Sie sind als instituierende Praxen persistent und bilden eine Kette von zerstreuten instituierenden Ereignissen und wechselseitigen Affizierungen. Die wiederkehrende radikale Inklusion der Bewohner_innen singulärer Orte wird auf mehreren zeitlichen und räumlichen Ebenen gleichzeitig praktiziert, von einer auf einem Platz unter freiem Himmel stattfindenden Stadtteilversammlung, kleineren Arbeitsgruppen in relativ geschlossenen Räumen, Netzwerktreffen von Delegierten bis zu selbstverwalteten sozialen Zentren, durch die gleichzeitig die Stadtteilbewohner_innen durch die abhängigen Mandate der *Ahoras* in die Entscheidungsprozesse im Rathaus eingebunden werden. Es ist eine Form der Organisierung und der Instituierung, die in der Wiederkehr selbst Mannigfaltigkeit pro-

---

56 Siehe hierzu auch Antonio Negri und Raúl Sánchez Cedillo: *Für einen konstituierenden Prozess in Europa. Demokratische Radikalität und die Regierung der Multituden*, Wien: transversal texts 2015.

duziert, die nicht im Einen zusammengeführt werden muss, nicht zu einer für alle zu adaptierenden Form, nicht zu einer Dachorganisation.

Die kommunalen Plattformen haben sich ihrem eigenen Selbstverständnis nach nicht einfach gegründet, um Wahlen zu gewinnen, sondern um neue Räume der Organisierung und Instituierung und der sozialen Teilhabe zu schaffen. Sie sehen sich in der Genealogie der 15M-Bewegungen und wollen die darin geäußerten Begehren und Ansprüche nach Veränderung weiter verhandeln, weitertragen, mit so vielen verschiedenen Beteiligten wie möglich ausweiten und umsetzen. Nicht der Marsch durch die bestehenden Institutionen, sondern neue instituierende Prozesse, die aus dem nichthierarchischen und transversalen Verhältnis von „Partei" und Bewegung entstehen, werden erprobt. *Ahora* meint nicht nur ein Ereignis in der Ereigniskette der Jetzte. Seine multiple Dauer ist selbst konstituiert durch Ereignisketten innerhalb der munizipalistischen Bewegung: den wechselseitig affizierten Stadtteilzentren, den mannigfaltigen, wiederkehrenden Zusammen- und Auseinandersetzungen zwischen Bewegung und Institution.[57] Die Praxen sind fragend, fortschreitend, ausgedehnt zuhörend, statt fürsprechend. Im *Ahora* der infinitiven Gegenwart erhebt das Gefüge der Jetzte den Anspruch, die Demokratie auszudehnen. Dies ist die Gegenwart, in der sich die Wiederkehr präsentischer Demokratie ereignet.

---

[57] Vgl. den Issue des multilingualen Webjournals *transversal:* „Monster Munizipalismen", September 2016, http://transversal.at/transversal/0916 sowie Christoph Brunner, Niki Kubaczek, Kelly Mulvaney, Gerald Raunig (Hg.): *Die neuen Munizipalismen. Soziale Bewegung und die Regierung der Städte*, Wien u.a.: transversal texts 2017.

GERALD RAUNIG

Die molekulare Revolution

Sozialität, Sorge, Stadt

„Man stellt fest, dass ein bestimmter Revolutionstyp nicht
möglich ist, aber gleichzeitig begreift man, dass ein anderer
Revolutionstyp möglich wird und zwar nicht durch eine
bestimmte Form des Klassenkampfes, sondern durch eine
molekulare Revolution, die nicht nur die sozialen Klassen
und Individuen in Bewegung setzt, sondern auch eine
maschinische und eine semiotische Revolution."
(Guattari, *Wunsch und Revolution*: 69)

Soziale Revolution

Was genau meinte Félix Guattari, als er 1977 im Gespräch mit dem jungen Medien-Aktivisten Franco Bifo Berardi darauf hinwies, dass gerade in der Unmöglichkeit eines bestimmten Typus der Revolution ein anderer Typus möglich wird? Wie ließe sich diese Differenz vierzig Jahre danach interpretieren und aktualisieren? Besteht die Möglichkeit jener anderen Form der Revolution nach wie vor? Wie können in den neuen Inwertsetzungen und Indienstnahmen des maschinischen Kapitalismus, unter Bedingungen verschärfter globaler Arbeitsteilung und wachsender politischer Repression, kolonialer Kontinuität und neokolonialer Ausbeutung, neue Formen des Zusammenlebens entstehen? Wie kann auch die Revolution erneut maschinisch werden, eine veritable molekulare Revolution?

Zunächst scheint in Guattaris Unterscheidung eine Kritik der Revolution durch, oder eines bestimmten Typus von Revolution, der sich im 19. und frühen 20. Jahrhundert schon als großes und homogenisierendes Paradigma durchgesetzt hat. Es ist dies die linear-molare Perspektive auf die Revolution, die die verschiedenen Komponenten der revolutionären Maschine auf einer Zeitlinie anordnet, auf eine Periode des Widerstands als Höhepunkt den mehr oder weniger gewaltvollen Aufstand folgen lässt, der quasi naturgemäß auf die Übernahme des Staatsapparats hinausläuft. Die revolutionären Wunschströme begradigen sich in diesem Paradigma und beschränken sich auf die Fixierung auf einen einzigen „Köder", den Staat. Die Vielfalt der revolutionären Maschinen reduziert sich auf das Ereignis des Aufstands, ihre räumlichen und zeitlichen Asymmetrien und Asynchronien büßen die ihnen eigenen viel gefalteten Dimensionen ein, die sozial-situierten Ökologien verlieren sich in den kanonisierten Parametern der klassischen Revolutionstheorien.

In den analytisch scheinbar fein trennbaren „zwei Typen von Revolution" klingt damit auch ein Unterschied an, den bezeichnenderweise sowohl Marx als auch Bakunin in ihren Schriften zur Pariser Commune von 1871 entwickeln, jener zwischen „politischer" und „sozialer Revolution". Politische Revolution wäre das Projekt der Übernahme des Staatsapparats, der Übergang der Staatsmacht von einer herrschenden Klasse auf die andere, die Beschränkung der Revolution auf den Austausch des Personals und der Ideologie: die richtigen Leute an die Stelle der falschen zu setzen, die richtigen Inhalte an die Stelle der falschen, somit den Staat nicht völlig neu zu formen, sondern seine Form intakt zu halten, um ihn im Sinne der Revolution einzusetzen, den Staatsapparat damit als etwas Neutrales zu verstehen, das man nur gut und demokratisch bedienen muss.

In der Theorie werden die beiden Aspekte der Revolution, das Soziale und das Politische, nicht unbedingt gegeneinander oder ausschließend gesetzt, eher als zwei Hälften der Revolution. Setzt sich allerdings die Logik der politischen Revolution durch, so neigt sie auch zur Verdrängung der sozialen Revolution und wird damit nicht einfach nur eine halbe Revolution, sondern weit weniger als das: Wenn die politische Logik sich über die soziale Kooperation setzt, höhlt sie die sozialen Ökologien auf Dauer aus, stellt ihre Ströme still, lässt ihre Sorgepraxen austrocknen. Und selbst einer erfolgreichen Revolution, die sozialen und ökonomischen Aspekten genau so viel Augenmerk schenkt wie im engeren Sinn politischen, bleibt das Problem der Strukturalisierung, Staatsapparatisierung, Verschließung (in) der Institution. So viele Revolutionen, gerade die „großen" wie die Französische oder die Russische Revolution konnten diesem Terror der Strukturalisierung wenig entgegenhalten. Parteien der institutionalisierten Revolution, Apparate der Verschließung der Revolution in den Institutionen, Staatsapparate als Folterbänke sozialer Maschinen.

Während die politische Revolution darauf abzielt, die institutionellen Apparate zu übernehmen, spielt die Musik der sozialen Revolution zunächst auf einem ganz anderen Terrain, jenem, das wir mit Guattari maschinisch-sozial nennen können.[58] Sie besteht

---

58 Zum Begriff des Maschinischen bei Félix Guattari als offene Kategorie der Durchquerung von Technik, Dingen, Körpern und Sozialität vgl. Guattari (1976) sowie darüber hinaus Raunig (2008). Hauptmerkmal der Maschine ist nach Guattari das Strömen ihrer Komponenten: Der klassische Reduktionismus der Vorstellung von Werkzeug und Maschine als Verlängerung oder Ersetzung menschlicher Körperteile wäre eine Kommunikationslosigkeit, und die Qualität der Maschine ist genau umgekehrt jene der Kommunikation, der Verbindung, des Strömens. Im heutigen maschinischen Kapitalismus sind diese Ströme jedoch nicht einfach nur als Begehrensströme zu verstehen, sondern auch als ambivalente For-

in der Sammlung und Versammlung, Neuerfindung und Neuzusammensetzung der Sozialität jenseits des Staats und vor dem Staat. Soziale Kooperation, soziale Ökologie, sozial-maschinische Umhüllung wird immer schon da gewesen sein, unterhalb des Radars der Apparate. Es geht darum, diese umhüllende Sozialität der sozialen Revolution zu stützen und auszuweiten und bis in die Staatsapparate hineinzutragen.

„Die Kommune war die entschiedene Negation jener Staatsmacht und darum der Beginn der sozialen Revolution des 19. Jahrhunderts", schreibt Karl Marx in seinem noch im Lauf der Pariser Commune verfassten Text „Bürgerkrieg in Frankreich" (MEW 17, 541 f.). Und interessanterweise kommt Bakunin dieser Beschreibung der revolutionären Commune erstaunlich nahe. Er versteht in seinen ebenfalls zeitnah geschriebenen Reflexionen unter dem Titel „Die Commune von Paris und der Staatsbegriff" die soziale Revolution als antagonistisch zur politischen Revolution und schreibt:

> „Im Gegenteil zu jener, meiner Ansicht nach, vollkommen falschen Idee der Sozialdemokraten, dass eine Diktatur (unumschränkte Herrschaft einzelner Menschen) oder eine konstituierende Versammlung (Parlament) – welche aus einer politischen Revolution hervorgegangen sind – die soziale Revolution durch Gesetze und Verordnungen aussprechen und organisieren kann, waren unsere Freunde, die revolutionären Sozialisten von Paris, überzeugt, dass dieselbe nur durch die selbständige und fortwährende Betätigung der Massen, der Gruppen und Vereinigungen des Volkes entstehen und sich voll entwickeln kann." (Schneider 1971: S. 15)

men maschinischer Indienstnahme und Dienstbarkeit im abhängigen Anhängen an die Maschinen, dem an sie Angehängt- und von ihnen Umhülltsein (vgl. Raunig 2014, 135–201).

Die Pariser Commune war kein plötzliches aufständisches Ereignis, aus dem Nichts entstanden, als spontane Füllung der Staatsmacht nach dem Auszug der nationalen Regierung Thiers nach Versailles. Sie war „entschiedene Negation jener Staatsmacht", „fortwährende Betätigung der Massen", soziale Revolution – eine persistente, instituierende, revolutionäre Maschine mit all ihren Komponenten des Widerstands, der Insurrektion und der konstituierenden Macht. Jahre vor dem Auszug der Regierung und der Bildung des Rats der Pariser Commune im März 1871 hatten Gegenmächte in Paris schon begonnen, sich zu konstituieren. In der Krise des Regimes von Napoleon III. verbreiteten sich im Laufe der zweiten Hälfte der 1860er Jahre soziale Unruhen, Streiks und neue Formen der Versammlung. Mit der auf Druck von unten erfolgten Gewährung der Presse- und Versammlungsfreiheit kam es ab Mitte 1868 zu mehreren Schüben der exponenziellen Zunahme von Versammlungen, bei denen sich die Pariser_innen an allen möglichen Orten trafen und begannen, eine Vielheit von Positionen in sehr unterschiedlichen Fragen zu entwickeln: Kritik des Eigentums, Höhe der Wohnungsmieten, „Frauenfrage", Schaffung und Verwaltung von Volksküchen und vieles mehr. Die heterogene soziale Zusammensetzung der Treffen war aber nicht nur Grundlage für thematische Vielfalt. Hunderte Versammlungen mit bis zu tausend Teilnehmenden veränderten sukzessive den sozialen Zusammenhang in den Quartiers und transformierten Alltag und Lebensweisen in Paris in eine Ökologie der sozialen Revolution.

Zunächst ging es um die Möglichkeit und Ausbreitung dieser Auseinandersetzung in direkter Kommunikation der versammelten Körper, im subsistenziellen Territorium des Quartiers und in konkreten Versammlungsräumen. Zugleich gab es mit der Aufhebung der Zensur aber auch eine wilde Verbreitung von verschiedensten medialen Formen über die ganze Stadt hinweg: Zeitungen, politische Plakate, Anschläge, Lithografien, öffentlich affichierte Karikaturen, Proklamationen, Verlautbarungen und Murales prägen den Stadtraum. Und in paradoxem Wechsel beschleunigten und verlangsamten, zerstreuten und versammelten sich die Klänge, Bilder, Körper und Wörter in ihren Bewegungen durch die Stadt. Diese Veränderung des Stadtraums durch eine enorme Ausbreitung neuer Versammlungsformen und Medien bestimmte die sozialen Umhüllungen neu und brachte neue soziale Ökologien hervor.[59]

Im Jahr 2011 hat sich eine ähnliche Versammlungsbewegung in einem wesentlich größeren geopolitischen Raum ausgebreitet, vom arabischen Nordafrika über die US-amerikanische Occupy-Bewegung bis zu späteren Besetzungsbewegungen in Istanbul, Jerewan oder Hongkong. Die nachhaltigste Entwicklung der sozialen Ökologie fand jedoch in Spanien statt, in einem jener europäischen Länder, in dem die Krise die härtesten Effekte zeitigte. Auch wenn wir hier wieder bei einem europäischen Beispiel angelangt sind, werden bei näherer Betrachtung die vielfältigen außereuropäischen Einflüsse der Bewegung, die fälschlich als Indignados gebrandet wurde, klar: Nicht nur die unmittelbar davorliegende Erfindung von neuen Protestformen im Rahmen der „Arabischen Revolution", sondern auch die diversen lateinamerikanischen Bewegungen, vor allem die zapatistische, aber auch die frühen Erfahrungen linker Regierungen um die Jahrtausendwende sind ausschlaggebend für das, was seit 2011 in Spanien vor sich geht. Die gewaltlose Insurrektion des 15. Mai 2011 (15M) erfolgte als

59 Zu Félix Guattaris dreifachem Begriff der Ökologie als mental, umweltbezogen und sozial vgl. Guattari (1994). Guattari entwickelte seinen erweiterten Begriff des Ökologischen in konkreter Auseinandersetzung mit der Gründung der Partei der französischen Grünen Ende der 1980er Jahre, in der Notwendigkeit, über die Positionen der reinen Umweltbewegung hinauszugehen.

Mobilisierung vor allem der Jüngeren in fast allen Städten Spaniens, als direkte Folge der hauptsächlich digitalen Mobilisierung von Democracia Real Ya! unter dem Slogan „Sie nennen es Demokratie, aber es ist keine". Aus den großen Demonstrationen wurde in den meisten Städten etwas unerwartet Nachhaltigeres: „Como en Tahrir, como en Tahrir!", war einer der Sprechchöre auf der Puerta del Sol in Madrid. Und „wie auf dem Tahrir-Platz" in Kairo blieben die Demonstrant_innen, besetzten den zentralen Platz ihrer Stadt, begannen die *acampadas* („Zeltlager"), und dasselbe geschah in vielen Städten Spaniens. Nicht für eine Nacht, nicht für eine Woche, auch nicht für einen Monat, sondern bis zu 90 Tage lang.

So war auch die 15M-Bewegung im Gegensatz zur Bedeutung ihres Namens nicht einfach das Ereignis eines Tages. Kein reiner Aufstand, sondern eine langfristige, nichtlineare Bewegung, mit sprunghaften Verbindungen und genealogischen Linien in alle Richtungen. Die drei Komponenten der revolutionären Maschine fanden gleichermaßen ihre Aktualisierung: Formen des Widerstands, die sich in den 2000er Jahren vor allem in den Bewegungen gegen Prekarisierung (Euromayday) und Wohnungsnot (V de vivienda) verdichtet hatten und zur Wende des Jahrzehnts durch neue Einflüsse etwa der Universitätsbesetzungen oder der Jasminrevolution in Tunesien aufgefrischt wurden; das Ereignis 15M, das sich in eine Reihe der postnationalen Insurrektion und massenhaften Mobilisierung eingliederte; und schließlich vor allem die Vielfalt von Erfahrungen konstituierender Macht in den Besetzungen und Versammlungen der Wochen, Monate und Jahre darauf.

Die Versammlungen waren auch hier Orte der Invention. Sie konnten sehr lange dauern, und die Versammelten waren geduldig genug, diese Längen nicht nur auszuhalten, sondern produktiv zu wenden. Kollektive Moderation, andauernde Sorgearbeit, die Weiterentwicklung der spezifischen Zeichensprache und die Methodologie der radikalen Inklusion brachten für Hunderttausende die intensive Erfahrung von Selbstorganisation in der Mannigfaltigkeit. Und wo die Versammlungen trotz Geduld und neuer Methoden an ihre Grenzen stießen, setzten sich die sozialen Ökologien ins Technopolitische fort: Soziale Medien, hier vor allem in der Aneignung des Monopolisten Twitter für die politische Aktion, und andererseits, für experimentellere Aktivismen in der Erfindung einer Alternative zu Facebook, dem Netzwerk n-1.cc, das es in seiner besten Zeit immerhin auf über 40.000 Nutzer_innen brachte, ermöglichten eine Verschiebung von räumlichen und zeitlichen Koordinaten: nicht einfach nur Medien oder Sphären der Information und des Meinungsaustausches, sondern reißende Mitten, in denen die Wünsche wirklich die Häuser verließen und auf die Straße gingen, und weiter in ein Territorium der Wunschproduktion zwischen dem, was früher einmal als real und virtuell unterschieden wurde. Ineinander Übergehen von Körpern und Maschinen, soziale Umhüllung durch technologische Gadgets, temporäre Architektur und die sorgende Praxis der *acampada*.

Condividuelle Revolution der Sorge

Maskulinistische Konnotation von Revolution und Produktion einerseits, feminisierte Repräsentation der Revolution und Reproduktion andererseits, so setzt sich die ebenso weit verbreitete wie hartnäckige Dichotomie, die viele Diskurse der Revolution prägt. Doch in der Arbeit der revolutionären Maschinen löst sich solcherlei falsche Abstraktion schnell auf. Nicht weibliche Repräsentation oder Metapher dessen, was in männlichen Kämpfen ausgetragen wird: Die Revolution ist nicht weiblich, nicht männlich, sie *wird* Revolution. Sie wird *als* Revolution, sie wird *zur* Revolution, queer-maschinische Mannigfaltigkeit, molekulare Vielheit. So wie in der Pariser Commune, als die Frauen den städtischen Raum füllten, jenen entleerten Raum, jene Öffentlichkeit als

Loch, entleert durch den Krieg, der um Paris tobte, entleert durch den Auszug der Regierung nach Versailles. Als die Frauen die Kanonen der Nationalgarde gegen die Regierungstruppen verteidigten, weil sie eben da waren, weil sie in aller Frühe die Straßen füllten, weil die Revolution sich dort ereignet, wo – wie Rosa Luxemburg über die Commune schreibt – die Herrschaft „von allen verlassen" ist, „herrenlos".

Von allen verlassene Herrschaft, Herrenlosigkeit: urbane Räume, Straßen, Plätze, verlassene Verwaltungen und Regierungsgebäude, die anders besetzt werden konnten. Während die Frauen auch in der Commune aus der Sphäre der Politik der Repräsentation ausgeschlossen waren, ihnen aktives und passives Wahlrecht verweigert wurde, beteiligten sie sich vor allem daran, jene entleerten, herrenlosen Räume der Stadt in Räume der Sorge umzufunktionieren:[60] nun nicht mehr nur privatisierte Räume sozialer *Reproduktion*, die als weibliches Terrain essenzialisiert und abgewertet werden, in denen Sorge die private Hilfeleistung von Individuen ist: Sorgepraxis bedeutete *Produktion* von Sozialität, die Commune war eine condividuelle Revolution der Sorge.

Ein wichtiger Erfolgsfaktor der *acampadas* des Sommers 2011 bestand darin, dass sich die Besetzungen und Versammlungen in den verschiedenen Städten zwar nach einem Monat, manchmal nach drei Monaten, auflösten, aber damit nicht einfach verschwanden: Sie nahmen eine neue Form an, breiteten sich aus auf die verschiedenen Viertel der Stadt, zugleich in die *Mareas* („Gezeiten"), die in verschiedensten Bereichen von der Gesundheit bis zur Bildung konkrete Konzepte entwickelten. Unter dem Hashtag-Slogan #tomaslasplazas wurden Tausende von Versammlungen in den Barrios gegründet.

60   Mehr zu einer nicht-essenzialistischen Interpretation der Rolle der Frauen in der Commune, s. Raunig (2017), 145–152.

Schon 2009 war als Antwort auf die rigiden Effekte der Krise die Plataforma de Afectados por la Hipoteca (PAH) gegründet worden: um mit Banken und Behörden zu verhandeln, um Räumungen aufzuhalten oder aktivistisch zu verhindern, um die Rolle der Banken anzugreifen und schließlich um auch die rechtliche Lage zu verändern. Doch die wichtigste Praxis der PAH bestand darin, einen Prozess des Austausches, der dividuellen gegenseitigen Ermächtigung und der condividuellen Sorge zu beginnen,[61] wo Hunderttausende in Spanien durch die Krise in radikal individualisiertes Leid getrieben worden waren. Gegen diese ökonomische, soziale und psychopathologische Individualisierung der Kriseneffekte ließen die Aktivist_innen der PAH Territorien condividueller Sorge entstehen. In den Versammlungen und Aktionen der Plattform wurde die Sorge geteilt: Con-dividuelle Teilung als Überwindung der radikalen In-Dividualisierung, der Selbstbeschuldigung in der Verschuldung, der Angst vor Räumung und Verlust von subsistenziellen Territorien des Wohnens und Zusammenlebens.

Das queer-feministische Kollektiv Precarias a la deriva hat diese neuen Formen der Sorgepraxis schon in den frühen 2000er Jahren mit einem Begriff belegt, der durch eine minimale Umstellung von Buchstaben eine Abkehr von der Vorstellung souveräner individueller Bürgerschaft (*ciudadanía*, von spanisch *ciudad* für Stadt) hin zur *cuidadanía* (von spanisch *cuidado* für Sorge) voll-

---

61   Zum Dividuellen und zur Condividualität sowie zu den Genealogien von *dividuum* vgl. Raunig (2014). Das Dividuelle ist nicht einfach nur der Positiv des Negativs In-dividuum, sondern steht quer zum Dualismus von Individuum und Gesellschaft. Con-dividualität stellt sich zugleich auch gegen jede Form der totalisierenden Gemeinschaft, in der die Singularitäten in einer höheren Einheit aufgehoben, ausgelöscht werden. Division bedeutet in diesem Kontext eine Linie ziehen und damit die Mannigfaltigkeit affirmieren und weiter ausdifferenzieren.

zieht.[62] Das unübersetzbare *cuidadanía* drückt vor allem die Vielheit der Sorgebeziehungen aus, die nicht von Individuen ausgeht und nicht individualisierend ist, sondern condividuell funktioniert, die nicht klientelistisch und top-down organisiert ist, aber auch nicht totalisierend und kommunitär. Die Condividualität der *cuidadanía* bedeutet nicht Aufteilung, nicht Aufgehen in der Gemeinschaft, sondern gemeinsames Sorgetragen ohne Aufgabe der Singularität.

Wenn ich in diesem Zusammenhang von subsistenziellen Territorien spreche, klingt also nicht die Idee von patriarchalen Formen der Subsistenzwirtschaft weit weg von den Städten mit, sondern eine queere, feministische Form der Sorge-Ökonomie, die ausgeht von der Subsistenz der wilden Sorge im Barrio. Subsistenz meint nicht die Reduktion auf eine notgedrungene Ökonomie, die aus dem Mangel kommt, sondern die Produktion von sorgender und umhüllender Sozialität, mitten im Auge des Sturms, in den urbanen und metropolitanen Zonen der Ballung und Verdichtung.

Molekulare Revolution

Wenn nun Guattari im Ausgangszitat von einem anderen Typus der Revolution spricht, so belegt er diesen anderen Typus in seinen Texten der 1970er und 1980er Jahre vor allem mit dem Namen „molekulare Revolution". Molekularität ist in vielen Dimensionen zu denken, keineswegs auf den Dualismus mikro/makro zu reduzieren. Das Molekulare impliziert in all diesen Dimensionen Vielheit, Mannigfaltigkeit, die vielen Moleküle, die sich nicht vereinheitlichen lassen, sondern in ihren Verkettungen ihre Einzigartigkeit bewahren. Molekulare Revolution wirkt aus

---

62   Vgl. zur cuidadanía und zum Vorschlag eines „Sorgestreiks" : Precarias a la deriva (2014).

den Fugen und in die Poren des Alltags, aus und in den Molekülen der Lebensweisen.

Wenn politische Revolution dazu tendiert, den Staat überzucodieren und damit die sozial-maschinische Umhüllung zu verdrängen oder aus dem Blick zu verlieren, lässt sich das nicht einfach umkehren als Vorwurf, soziale Maschinen würden das Politische, das Institutionelle, die Notwendigkeit politischer Organisation missachten. Es geht vielmehr darum, die Staatsform, die Form der institutionellen Apparate nicht als neutral zu verstehen, sondern als notwendigerweise veränderlich, Organisationsfragen nicht zu universalisieren, sondern immer situiert zu diskutieren. Das impliziert zunächst, bei der Frage der Regierung nicht nur den (National-)Staat in den Blick zu nehmen, die molare Dimension der Revolution, sondern möglichst nah an das zu kommen, was Marx die lokale „Selbstregierung der Produzenten" (MEW 17, 339) genannt hat. Im Gefolge der Versammlungs- und Club-Bewegungen der Jahre 1868 bis 1870 wurde Ende 1870 auch in Paris der Ruf nach lokaler Autonomie immer stärker, und damit geriet das Terrain der Stadt und ihrer Verwaltung, das Munizipale, immer stärker in den Blick. Angesichts einer konservativen nationalen Regierung und der ständigen Gefahr der Wiederetablierung der Monarchie lag es nahe, die Idee der Commune in den Städten zu erproben, vom Quartier ausgehend, auf die neuen Lebensweisen in den subsistenziellen Territorien aufbauend, die Regierung der Städte radikal neu zu denken. Das geschah 1870/71 nicht nur in Paris, sondern in einigen französischen Städten. Die molekulare Revolution bedeutete in diesem Zusammenhang auch, eine Vielfalt von revolutionären Maschinen im jeweils überschaubaren Rahmen der Städte und Stadtteile zu instituieren.

Damit stellt sich aber auch „die Frage, in welchem Verhältnis die molekulare Revolution zu dem steht, was nicht molekular ist. In erster Linie geht es dabei um das Verhältnis zum Staat – der mehr oder weniger weiterfunktioniert, auch wenn er nicht mehr der Ort der Machtübernahme ist." (Guattari, Wunsch und Revolution: 27) Gerade wenn der Staatsapparat nicht als Ort der Machtübernahme verstanden wird, wird er in all seinen Größenordnungen zum relevanten Faktor, der neu gedacht werden muss. Zunächst in der Frage der Organisationsform der Bewegungen selbst, dann in der notwendigen Pluralisierung als „viele Staatsapparate" (in Überwindung der Fixierung auf den Nationalstaat), dann in der radikalen Veränderung seiner Form. Das bedeutet heute auch, die oft unhinterfragten problematischen Faktoren der repräsentativen Demokratie infrage zu stellen, die Repräsentation so weit wie möglich auszudehnen, den Staatsapparat orgisch werden zu lassen.[1]

Mit den Europawahlen von 2014 war in Spanien eine neue linke Partei an die Öffentlichkeit getreten. Während Podemos sich auf die EU, dann mehr und mehr auf den nationalen Raum konzentrierte und die Parlamentswahlen von 2015 und 2016 fokussierte, bildeten sich seit Anfang 2015 Plattformen und *confluencias*[2], in denen sich die sozialen Bewegungen um 15M, PAH, die Mareas und Sozialzentren auf der Ebene der Städte und Stadtver-

---

[1] „Orgisch" nennt Gilles Deleuze jene paradoxe Form von Repräsentation, die das Prinzip der Vertretung einer andauernden Erschütterung unterzieht, vgl. Deleuze (1997), 49–98, sowie Raunig (2017), 131–144. Der Begriff des orgischen Staatsapparats soll in dieser Tradition darauf hinweisen, dass die Experimente an der institutionellen Form möglichst weit gehen sollen, ohne ein absolutes Außen des Institutionellen herbeizufantasieren.

[2] *Confluencias* werden im Wortsinn die „Zusammenflüsse" genannt, die offenen und sehr heterogenen Organisationsformen, Allianzen, Plattformen der munizipalistischen Bewegung; vgl. auch Raunig (2016) sowie im Allgemeineren zu den munizipalistischen Bewegungen die Transversal-Ausgabe *municipalismos monstruo*: http://transversal.at/transversal/0916.

waltungen formierten. Mit Perspektive auf die Gemeindewahlen von Juni 2015 entstand eine spanienweite munizipalistische Bewegung von unten. Trotz verschiedener Namen (Barcelona en Comú, Ahora Madrid, Cádiz Si se Puede, Zaragoza en Común, Participa Sevilla, Málaga Ahora etc.) und unterschiedlicher Zielsetzungen eint diese Plattformen ihr Bezug zu den Prinzipien und Methoden der 15M-Bewegung sowie einige andere gemeinsame Konzepte: die Frage der Verschuldung, die Remunizipalisierung bestimmter Dienstleistungen, eine Stadtplanung, die gegen Gentrifizierung und Touristifizierung der spanischen Städte vorgeht, die Garantie von sozialen Rechten, vor allem was Wohnen und Bildung betrifft, orgische Formen der Repräsentation und Molekularisierung des Staatsapparats. Das Verhältnis der munizipalistischen Bewegung zu den *municipios* lässt sich nicht als Subjekt-/Objektbeziehung beschreiben, als revolutionäres Subjekt, das sich seines Begehrensobjekts bemächtigt. Es geht nicht um die Übernahme der durch die Aushöhlung der repräsentativen Demokratie entleerten Gefäße, der korrupten Parteien, der Bürokratie. Vielmehr geht es um die Veränderung der institutionellen Form selbst, der Subjektivierungsweisen und der instituierenden Praxen, die nicht erst nach der Übernahme des Staatsapparats beginnt, sondern vor und jenseits linearer Entwicklungsvorstellungen.

Im Juni 2015 ereignete sich ein kaum erwarteter Wahlsieg der munizipalistischen Bewegung; in A Coruña, Barcelona, Madrid, Zaragoza, Cádiz und einigen anderen Städten konnten die *confluencias* die Regierung übernehmen. In Barcelona wurde mit Ada Colau eine zentrale Aktivistin der PAH zur Bürgermeisterin gewählt. Das wurde möglich, weil Barcelona en Comú elf der vierzig Mandate im Stadtparlament erhielt und damit zur größten Fraktion reüssierte. Doch schon vor diesen erstaunlichen Wahlerfolgen hatte sich eine neue Institutionalität entwickelt: Barcelona en Comú wollte die Gemeinde nicht einfach nach geschlagener

Wahl im Juni 2015 übernehmen, als überzeitlich konstanten Container, dessen Inhalt übernommen oder auch ausgetauscht wird.

Neben vielen Versammlungen, mikropolitischen Praxen und unterschiedlichsten Aktionen hatte die Plattform mitten in der Wahlbewegung des Frühjahrs 2015 auch eine militante Untersuchung unter den Angestellten der munizipalen Verwaltung in Barcelona initiiert. Die Forschungsfragen betrafen die Machtverhältnisse unter ihnen, ihre Arbeitsverhältnisse, die Beziehungen der Angestellten zu den Bürger_innen sowie zu den gewählten Vertreter_innen, und die politische Struktur der Gemeinde. Die Untersuchung ergab, dass im Gegensatz zum Bild vom abgesicherten Beamten die Transformationen des maschinischen Kapitalismus und die damit einhergehende Prekarisierung auch nicht vor der Arbeitsorganisation des Staatsapparats haltgemacht hatten.

Diese Situation von allgemeiner Korruption und Prekarisierung zu transformieren bedeutete zunächst zurückzukommen auf den spezifischen Intellekt, das „technische Wissen" der Verwaltenden als Expert_innen: Diejenigen, die den Apparat kennen, die wissen, wie er funktioniert, haben auch eine besondere Kompetenz darin, ihn zu verändern. In der militanten Untersuchung formulierten die Teilnehmenden daher Dokumente, Protokolle und Positionen, die inhaltliche Grundlage für Veränderungen ihrer eigenen Tätigkeit und Institutionalität sein sollten. Der wichtigste Effekt der Untersuchung bestand im Zusammenfließen der Subjektivierungen, das genau *zwischen* identifizierbaren Akteur_innen wie Barcelona en Comú und „der Verwaltung" in Gang gebracht wurde.

Hier liegt auch die Potenzialität des orgischen Staatsapparats in der molekularen Revolution. Um innerhalb des Municipalismos neue instituierende Praxen zu erfinden und zu erproben, braucht es kein ungestörtes Funktionieren des Apparats, auch wenn er im Dienst der Bürger_innen oder einer guten Sache zu handeln glaubt. Es braucht vielmehr revolutionäre Maschinen, die sich nicht in ihren Strukturen verschließen, sondern permanent Zusammenbrüche wie Durchbrüche, Verästelungen wie Zusammenflüsse produzieren. Die molekulare Revolution bewegt sich mit diesen revolutionären Maschinen als soziale Umhüllung, Vielheit der Sorgebeziehungen, Wiederaneignung der Stadt.

Literatur:

Michail Bakunin: „Die Commune von Paris und der Staatsbegriff", in: Dieter Marc Schneider (Hg.), Pariser Kommune 1871, Reinbek bei Hamburg: Rowohlt 1971, Band I, 8–22.

Gilles Deleuze: Differenz und Wiederholung, München: Fink 1997.

Félix Guattari: „Maschine und Struktur", in: ders., Psychotherapie, Politik und die Aufgaben der institutionellen Analyse, Frankfurt a. M.: Suhrkamp 1976, 127–138.

Félix Guattari: „Die Kausalität, die Subjektivität und die Geschichte", in: ders., Psychotherapie, Politik und die Aufgaben der institutionellen Analyse, Frankfurt a. M.: Suhrkamp 1976, 139–166

Félix Guattari: Wunsch und Revolution. Ein Gespräch mit Franco Berardi (Bifo) und Paolo Bertetto, Heidelberg: Das Wunderhorn 2000.

Félix Guattari: Die drei Ökologien, Wien: Passagen 1994.

Karl Marx: „Der Bürgerkrieg in Frankreich (Adresse des Generalrats vom 30.5.1871)", in: Karl Marx, Friedrich Engels, Werke, 17, Berlin: Dietz 1976, 313–362.

Precarias a la deriva: Was ist dein Streik? Militante Streifzüge durch die Kreisläufe der Prekarität, Wien: transversal texts 2014.

Gerald Raunig: Tausend Maschinen, Wien: Turia + Kant 2008.

Gerald Raunig: DIVIDUUM. Maschinischer Kapitalismus und molekulare Revolution, Wien: transversal texts 2014.

Gerald Raunig: „Konfluenzen. Die molekular-revolutionäre Kraft der neuen Municipalismos in Spanien", transversal multilingual webjournal 09/16. http://transversal.at/transversal/0916/raunig/de

Gerald Raunig: Kunst und Revolution, Neuauflage, Wien: transversal texts 2017.

ULRICH BRAND

Sozial-ökologische Transformation als „halbe Revolution"
Perspektiven eines kritisch-emanzipatorischen Verständnisses

Eric Hobsbawms Begriff des „kurzen 20. Jahrhunderts" markiert den Beginn und das Ende einer Epoche, in der eine postkapitalistische Gesellschaft nicht nur Ziel emanzipatorischer Strategien und Kämpfe war, sondern ganz praktisch und in großem Maßstab realisiert wurde. Lange Zeit war nach dem Vorbild der Oktoberrevolution – und zuvor in vielen Sozialbewegungen seit der Französischen Revolution – das Denken revolutionärer Veränderungen häufig als Bruch mit den bestehenden Verhältnissen gedacht (Brie 2017). Der Staatssozialismus ist bekanntlich an seiner zunehmenden Bürokratisierung, damit einhergehenden Fehlern und in den 1980er Jahren an dramatisch sinkender Zustimmung der Bevölkerung zugrunde gegangen (Hobsbawm 1998, Segert 2013). Zugrunde gegangen ist auch das Modell des großen und raschen Bruchs, der den Raum für die Neugestaltung von Gesellschaft schafft – ein Modell, das freilich bereits früher von relevanten Teilen sozialer Bewegungen infrage gestellt wurde.

Die 1990er Jahre waren gekennzeichnet von einer Intensivierung neoliberaler Politik und einem vermeintlichen Ende der Utopien, das Francis Fukuyama (1992) mit seiner These vom „Ende der Geschichte" auf den Punkt brachte: Jenseits von liberaler Demokratie und Marktwirtschaft (lies: Kapitalismus) geht nichts. Die neoliberale Globalisierung schien alternativlos. Selbst der kurz darauf beginnende und weltweit beachtete Aufstand der Zapatistas im mexikanischen Chiapas – der „ersten Rebellion des 21. Jahrhunderts" mit einem sehr anderen Politikverständnis – änderte daran wenig. (Brand/Ceceña 2000) „9/11" und der bis heute andauernde „Krieg gegen den Terror" waren eher der Auftakt einer noch radikaleren Verengung dessen, was an Alternativen denk- und realisierbar scheint.

Doch die Globalisierung war und ist nicht nur dystopisch. Insbesondere in Ländern, in denen sich der Neoliberalismus nicht durchsetzte (China, lange Zeit Indien) oder durch soziale Bewegungen erfolgreich bekämpft wurde (einige Gesellschaften Lateinamerikas), kam es für viele Menschen zu verbesserten materiellen Lebensverhältnissen: längst nicht für alle und um den Preis sozialer Spaltung und enormer Naturzerstörung, doch eben als massenhafte und fortschrittlich empfundene Erfahrung. Und diese Verbesserung der Lebensverhältnisse, die tendenzielle Verallgemeinerung der „imperialen Lebensweise" (Brand/Wissen 2017; vgl. I. L. A. Kollektiv 2017, Lessenich 2016) in Ländern des globalen Südens, ging in der Regel nicht mit einem Gewinn an Freiheit und Selbstbestimmung einher, sondern war staatskapitalistisch und durchaus repressiv geprägt. In den entsprechenden Ländern Lateinamerikas sprach man – angesichts der kaum aufbrechenden politischen Partizipations- und Gestaltungsspielräume – während der wirtschaftlichen Boom- und Umverteilungsphase von *integración por consumo*, Teilhabe durch Konsum – im Sinne einer „freiwilligen Knechtschaft"? (vgl. hier den Beitrag von Thomas Seibert) Das Unabgegoltene des Versprechens auf „(Produktivkraft-)Entwicklung", nicht auf Freiheit und Selbstbestimmung, wurde partiell eingelöst. In Brasilien mit seinen gut 200 Millionen EinwohnerInnen kursieren schätzungsweise 800 Millionen Kreditkarten, die zur Finanzialisierung des Alltags beitragen, zu einer permanenten Umschichtung der vermeintlich diversifizierten Privatschulden.

Und dennoch: In den letzten Jahren kam es zu unterschiedlichen Verschiebungen und einer Renaissance von Denken und Handeln, welche über die kapitalistischen Verhältnisse hinausweisen – und damit die Problematik der Revolution aktualisieren. Zum einen ist mit der globalisierungskritischen Bewegung ab der Jahrhundertwende ein heterogener Akteur entstanden, der eine radikale Kritik am Kapitalismus mit der Perspektive seiner Überwindung an vielen Orten und in unterschiedlichen Feldern thematisierte und für eine Perspektive der Veränderung jenseits von Nationalstaaten stark machte: sei es die Kritik an der industriellen und von mächtigen Konzernen kontrollierten Landwirtschaft unter dem Label „Ernährungssouveränität", sei es der kapitalismuskritische Begriff der „Commons" (Gemeingüter), der sich gegen die immer weitere Kommodifizierung und Landnahme von Gesellschaft und Natur stellt. Die Liste ließe sich fortsetzen.

Zum anderen wurden infolge der Wirtschafts- und Finanzkrise ab 2007/2008 und der damit einhergehenden Verarmung vieler Menschen Stimmen laut, welche die Krise und Instabilität der sich immer tiefer in Gesellschaft und Umwelt hineinbohrenden kapitalistischen Wachstums- und Akkumulationsdynamik kritisieren. Das war nicht per se emanzipatorisch, und insbesondere die Kritik an der vermeintlichen Dominanz des (angeblich schlechten) Finanzkapitals über die (vermeintlich gute) Realwirtschaft hatte immer schon eine offene Flanke ins rechte Lager mit antisemitischen Untertönen. Und dennoch wurde auch die linke und emanzipatorische Kapitalismuskritik wieder hörbarer und inhaltlich konturierter.

Ein drittes Feld, in dem immer öfters und auch von Teilen des Establishments die Notwendigkeit konstatiert wird, die bestehenden Verhältnisse ganz grundlegend umzuwälzen, ist die

Debatte um ökologische Krise und Nachhaltigkeit. Sie steht im Mittelpunkt dieses Beitrags.³

Von der Revolution zur Transformation?

Im September 2015 beschloss die UNO-Generalversammlung 17 Ziele für nachhaltige Entwicklung (Sustainable Development Goals, SDGs) im Rahmen der Agenda 2030. Der Anspruch ist kein geringer: „Transforming Our World". Das ist nur das prominenteste Beispiel von vielen. Sozial-ökologische oder Soziale oder Große Transformation – die semantische Anlehnung an Karl Polanyis Beschreibung des Übergangs zum Industriekapitalismus ist nicht zufällig – scheint zum Containerbegriff zu werden. Dieser stellt ein neues politisch-epistemisches Terrain dar und ist gleichzeitig ein Feld des als angemessen erachteten Wissens um Probleme beziehungsweise Krisen, samt ihrer Ursachen und der zur Problembearbeitung zuständigen Akteure wie auch der Ausarbeitung als sinnvoll und zielführend erachteter Strategien. (Überblicke in O'Brien 2012, Brie 2014, Jonas 2016, Nalau/Handmer 2015, Brand/Wissen 2016)

Die aktuellen Fachdiskussionen um „sozial-ökologische Transformation" scheinen eine ähnliche Funktion zu erfüllen wie eben jene in den 1990er Jahren um „nachhaltige Entwicklung": Die ökologische Krise wird in einen breiteren Kontext gestellt und die politische Zuständigkeit wird über Fachapparate wie Umweltministerien und nachgelagerte Behörden, spezialisierte Abteilungen in Unternehmen und einschlägige Nichtregierungsorganisationen hinaus deutlich ausgeweitet.

Blicken wir kurz zurück: Nach dem Ende der Blockkonfrontation markierte „nachhaltige Entwicklung" einen Horizont und

---

3   Dieser Text basiert in Teilen auf einem Beitrag für: Brie, Michael, Reißig, Rolf, Thomas, Michael (Hrsg., 2016): Transformation. Suchprozesse in Zeiten des Umbruchs. Münster et al.: LIT Verlag, 209–224.

Strategien, insbesondere in Zusammenhang von ökologischer Krise und der „Krise der Entwicklung" der Länder des Globalen Südens. Die in vielen Gesellschaften „verlorene (Entwicklungs-) Dekade" der 1980er Jahre sollte überwunden werden mit einem anderen, nämlich irgendwie grünen Typus von Entwicklung.

Es bildete sich ein doppelter politischer Modus heraus: Zum einen wurden insbesondere in den Ländern des Globalen Nordens die Umweltdimensionen in der Nachhaltigkeitsdebatte immer wichtiger – die wirtschaftliche und soziale Dimension abgeschattet – und der Korridor des Möglichen und Sagbaren war jener der ökologischen Modernisierung. (Krüger 2013, Bemmann et al. 2014) Zum anderen bildete sich auf internationaler Ebene etwas heraus, was als „globales Umweltmanagement" bezeichnet werden kann. Mit politischer Kooperation kann ein Rahmen dafür geschaffen werden, dass sich insbesondere Unternehmen und VerbraucherInnen zunehmend in Richtung (ökologischer) Nachhaltigkeit entwickeln würden. (Park et al. 2008)

Doch bereits die Weltumweltkonferenz zu Umwelt und Entwicklung (UNCED) im Juni 1992 in Rio de Janeiro und mehr noch die Jahre danach verdeutlichten, was in den in der brasilianischen Metropole unterzeichneten Abkommen (die Klimarahmenkonvention und die Konvention über biologische Vielfalt), der völkerrechtlich unverbindlichen Agenda 21 und anderem alles *nicht* verhandelt wurde: die Durchsetzung des Neoliberalismus, der ja in vielen Ländern des globalen Südens maßgeblich zur „verlorenen Dekade" führte, die wieder wichtige Option der Ausübung militärischer Gewalt als Mittel internationaler Politik – 16 Monate vor der Rio-Konferenz, im Januar 1991, begannen die US-Regierung und ihre Verbündeten den zweiten Irakkrieg (Görg/ Brand 2002). Die im voranschreitenden Globalisierungsprozess durch Privatisierung, Deregulierung und Schwächung der Gewerkschaften zunehmende Macht der transnationalen Unternehmen, aber auch bestehender Macht- und Herrschaftsverhältnisse insgesamt waren kein Gegenstand der internationalen Diplomatie nachhaltiger Entwicklung.

Eine welthistorische Dynamik war zu Beginn der 1990er Jahre kaum absehbar – und auch noch das Kyoto-Protokoll der Klimarahmenkonvention von 1997 berücksichtigt das nicht: nämlich den spektakulären wirtschaftlichen Aufstieg der Schwellenländer, allen voran Chinas. Dasselbe gilt für die zunehmende Macht des Finanzkapitals.

Der inzwischen sehr verzweigte Diskurs über nachhaltige Entwicklung ist zwar weiterhin hochgradig relevant – siehe die erwähnten SDGs, die ja für alle Länder gelten –, doch macht sich auch eine gewisse Erschöpfung hinsichtlich der Frage breit, ob damit, neben unbestreitbaren Erfolgen im Einzelnen, die tiefgreifenden globalen Probleme angegangen werden können.

Und die haben sich ja eher verschärft. Ein Umschlagpunkt ist dabei zweifellos der Beginn der Wirtschafts- und Finanzkrise im Jahr 2008. In ihrer Folge wurden Begriffe wie „Transition" und wenig später „Transformation" wichtig. Stellvertretend können Nalau und Handmer (2015: 351) aus einem Überblicksaufsatz zitiert werden. Sie verstehen Transformation als „fundamentale Veränderung *(shift)*, die Werte und Routineverhalten hinterfragt und herausfordert sowie vormalige Perspektiven verändert, die zuvorderst versuchten, Entscheidungen und Entwicklungspfade rationaler zu machen". Oder, wie Driessen et al. feststellen, Transformation bezieht sich nicht zuletzt „auf Veränderungen der systemischen Charakteristik von Gesellschaften und umfasst soziale, kulturelle, technologische, politische, wirtschaftliche und rechtliche Veränderungen". (2013: 1; vgl. auch Reißig 2009, 2014) Transformation impliziert nichtlineare Veränderungen und keine Priorisierung einer zeitlichen (kurz-, mittel- oder langfristig) oder räumlichen (lokal, national, regional, global) Maßstabsebene.

(Brand/Brunnengräber et al. 2013) Transformation meint also nicht den einen und umfassenden Bruch.

Das ist nicht von ungefähr, denn die Dynamiken des globalen Kapitalismus und damit einhergehende Problemlagen haben sich deutlich verschoben, die eine Befreiung aus unterschiedlichen Herrschaftsverhältnissen ungleich komplexer machen.

Der erwähnte spektakuläre wirtschaftliche Aufstieg einiger vormaliger Entwicklungsländer und die damit einhergehenden Wohlstandsgewinne brachten eine enorme Zunahme der Förderung und Nutzung natürlicher Ressourcen mit allen ambivalenten Implikationen für die Förderregionen und -länder mit sich. Schon heute etwa weisen einige Schwellenländer in absoluten Zahlen – also nicht pro Kopf – größere CO_2-Emissionen auf als viele OECD-Länder, Tendenz steigend: China emittierte im Jahr 2014 etwa 9.680 Millionen Tonnen CO_2 und damit pro Kopf etwa 7 Tonnen, die USA 5.560 Millionen Tonnen und pro Kopf 17 Tonnen. Demgegenüber weist ein Land wie Ecuador 41 Millionen Tonnen und pro Kopf etwa 2,5 Tonnen an CO_2-Emissionen auf. (Global Carbon Atlas 2016)

Zweitens handelt es sich um eine weltweite Krise, die nicht nur in einigen Weltregionen stattfindet. Die erwähnten Sustainable Development Goals sind prominenter Ausdruck davon. Waren die 2001 verabschiedeten Millennium Development Goals noch stark auf die Länder des Globalen Südens hin (und an klassischen Entwicklungsthemen) ausgerichtet, so gelten die SDGs für alle Länder und geben sozial-ökologischen Fragen einen hohen Stellenwert.

Kritisch gewendet: Die SDGs formulieren Ziele vor dem Hintergrund einer Ahnung der globalen politischen Eliten, dass die klassischen Mechanismen des kapitalistischen Weltmarktes und imperialer Politik weniger als in der Vergangenheit gelingen: nämlich Krisen in ihren negativsten Auswirkungen tendenziell in andere Regionen – und, prominent im Fall des Klimawandels oder Atomstroms, in die Zukunft – zu externalisieren.[4] Ich komme auf diesen wichtigen Punkt noch zurück.

Drittens wird seit Beginn der Krise 2008 zunehmend anerkannt, dass es sich um eine multiple oder Vielfach-Krise handelt. (Demirović et al. 2011) Auch wenn die Strategien zur Krisenüberwindung eher klassisch daran orientiert sind, wie das kapitalistische Wachstum wieder dynamisiert werden kann – ggf. zu Lasten anderer Krisendimensionen: etwa zu Lasten der biophysikalischen Lebensgrundlagen – Stichwort Abwrackprämie, wo die Krise doch die Chance sozial-ökologischen Umsteuerns eröffnet hätte – oder der Demokratie – Stichwort autoritäre Politik der Austerität und Schuldenbremse –, so können insbesondere die ökologischen Implikationen der dominanten Produktions- und Lebensweise immer weniger negiert werden.

Und viertens werden die Grenzen politischer Steuerung heute deutlicher als noch in den 1990er Jahren. Waren schon damals die Grenzen des „globalen Umweltmanagements" augenfällig (Görg/Brand 2002, Park et al. 2008), so gilt das heute erst recht für ein einigermaßen angemessenes Management der multiplen Krise. Angesichts der Komplexität der Probleme beziehungsweise verschiedener Krisendimensionen und insbesondere ihrer Zusammenhänge besteht große Unsicherheit in Bezug auf die Auswirkungen intentionalen politischen Handelns. Der vor einigen Jahren noch prominente Ansatz des „Transition Managements" bleibt für spezifische Felder weiterhin sinnvoll; mit seinem auf Nischen fokussierenden und sozialtechnologischen Bias taugt

---

4   De facto findet die Externalisierung heute in Europa selbst statt, nämlich in den Süden und Osten, während China und viele lateinamerikanische Länder in den ersten Jahren der Wirtschaftskrise nicht so stark von dieser bedroht waren.

er jedoch kaum für die Entwicklung einer umfassenderen Veränderungsperspektive.

In dieser Konstellation entwickelt die Transformationsdebatte ihre radikale Semantik. Transformation signalisiert grundlegende Formveränderung, während Transition eher mit inkrementellem Wandel konnotiert wird. Auch wenn der Transformationsbegriff noch wenig gesellschaftspolitische Relevanz hat, so ist er in Fachkreisen durchaus wichtig: Er deutet auf Elitendissense hin, die immerhin anerkennen, dass neoliberale Orientierungen in die Irre führen. Er ist ein produktiver Stachel für die klassische linke Krisenperspektive, die sich am keynesianischen Wachstums- und Verteilungsparadigma orientiert und andere Dimensionen abwertet. Der Begriff deutet aber auch die Grenzen der weiterhin dominanten umweltpolitischen Perspektive einer ökologischen Modernisierung des Kapitalismus – prominent seit einigen Jahren im Begriff der Grünen Ökonomie verdichtet – an, die viel Vertrauen in die bestehenden politischen, wirtschaftlichen und kulturellen Institutionen setzt.

Aus kritischer und emanzipatorischer Perspektive ist der Begriff deshalb wichtig, weil er auf notwendigen und bereits entstehenden Alternativen insistiert. Insofern, ich führe das noch aus, sind im aktuellen Transformationsbegriff neben analytischen Anliegen auch politisch-strategische aufgehoben. Konsens ist, dass die bestehenden Gesellschaften sich grundlegend ändern müssen. Das ist in Zeiten von Krisen und unvorhersehbaren Dynamiken, von Politiken der Bestands- und Positionssicherung – insbesondere der Eliten, aber etwa auch der Kernbelegschaften in den Hochlohnbranchen – nicht wenig.

Machen wir uns aber nichts vor. Die Transformationsdebatte findet nur in spezifischen Bereichen und bei wenigen Akteuren statt – insbesondere dann, wenn ökologische Probleme und ihre Bearbeitung verhandelt werden. Im überwiegenden Teil der wirtschafts- und finanzpolitischen Diskussion, aber auch in der feministischen oder migrationspolitischen Debatte werden Kritik und Alternativen kaum unter diesem Label verhandelt. Gleichwohl könnten aktuell spannende Ansätze wie jene um Degrowth (Eversberg in diesem Band), Grundeinkommen, Share Economy, solidarische Ökonomie oder auch „Ecommony" (Habermann 2016) darunter gefasst werden. In den letzten Jahren scheint – in Anlehnung an die positiven, teilweise romantisierenden Konnotationen von *Buen Vivir* oder *Vivir Bien* in den Andenländern – der Begriff „Gutes Leben für alle" eine Art übergreifende Orientierung zu werden.

Differenzierungen des Transformationsbegriffs

Die starke Dynamik der Fachdiskussion geht mit einer großen Unklarheit einher, was genau mit sozialer, sozial-ökologischer oder Großer Transformation gemeint ist. Wie so oft bei neuen und schillernden Begriffen sind möglicherweise gerade die Unklarheiten der Grund für diese Dynamik. Viele AkteurInnen beziehen sich darauf, versuchen ihre Anliegen von dieser Warte aus zu betrachten, auch wenn bei genauerem Hinsehen deutliche Unterschiede und mitunter gar gegenläufige Positionen vertreten werden. Das betrifft etwa die Einschätzung der zentralen und zu bearbeitenden Probleme – in vielen Beiträgen zur Transformationsdebatte werden ökologische Probleme und Krisen fokussiert, wobei die Wirtschafts- und Finanzkrise oder die Krise der Demokratie aber kaum bis gar nicht erwähnt werden. Auch die Einschätzungen der Krisenursachen und -dynamiken in diesem Feld, die Rolle privatkapitalistischer Unternehmen und des Staates, der Produktions- und Lebensweise bei der Verursachung und Bearbeitung der Krise variieren. Einige Ansätze privilegieren Bottom-up-Ansätze, während andere die politische Steuerung durch den Staat und internationale politische Institutionen sowie den angeblich bereits stattfindenden Wertewandel in Richtung Nachhaltigkeit, die Rolle der Unternehmen oder den technologischen Wandel ins Zentrum stellen.

Nalau und Hendmer (2015: 350) argumentieren entsprechend:

> „[O]bwohl die Idee der Transformation insbesondere in der wissenschaftlichen Community prominenter wurde, gibt es keinen klaren Konsens darüber, was der Begriff praktisch bedeuten soll, wie die Umsetzung evaluiert werden könnte und welche Rolle transformative Ansätze im Krisen- und Risikomanagement, Politik und Praxis spielen." (Ähnlich O'Brien 2012: 670)

Das verweist auf eine konstitutive Spannung, die den meisten Verwendungen des Begriffs inhärent ist. Einer radikalen Diagnose, insbesondere ökologischer Probleme, entsprechen eher inkrementelle Vorstellungen, wie diese Probleme bearbeitet werden sollen. Das ist auf den ersten Blick überraschend, da Einsichten in tiefgreifende sozial-ökologische Problem- und Krisenlagen ja zu weitgehenden Veränderungsperspektiven, insbesondere der Beseitigung der Ursachen, führen sollten.

Doch es scheint eine Art „politisch-strategischen Überhang" zu geben, der die Debatte zwar motiviert, aber dazu neigt, die tief verankerten Problem- und Krisenursachen zu unterschätzen. In weiten Teilen der Transformationsdebatte herrscht offenbar die – meist implizite – Einschätzung vor, dass Veränderungen angesichts der bestehenden Kräfteverhältnisse und Institutionen eben von diesen ausgehen müssen. Das ist nicht falsch, wenngleich politisch unzureichend. Aufgrund spezifischer Verkürzungen läuft die dominante Debatte Gefahr – vielleicht sogar gegen ihr eigenes Anliegen – allenfalls zur partiellen ökologischen Modernisierung des Kapitalismus beizutragen.

Viele Beiträge zur Transformation unterschätzen möglicherweise in politisch-strategisch bester Absicht die Barrieren der Transformation oder gar gegenläufige Entwicklungen zu unterschätzen oder gar zu übergehen. (Ausführlich Brand 2014). Rainer Rilling bringt das präzise auf den Punkt: Es geht den Transformationsansätzen durchaus darum, „den Kapitalismus [zu] verändern – aber eben nur halb: sein Industrialismus und dessen energetische Basis sollen dabei im Zentrum stehen, nicht seine politische Ökonomie". (Rilling 2011: 16)

Trotz vieler Unschärfen in der Debatte bildet sich damit eine Art „neuer kritischer Orthodoxie" heraus. Der radikalen Problemdiagnose und den als notwendig erachteten grundlegenden gesellschaftlichen Veränderungen werden eher inkrementelle Vorschläge beigefügt, um eben diese Probleme zu bearbeiten. Das griechische Wort *orthós* bedeutet „richtig" und *dóxa* wird mit „Glaube" oder „Meinung" übersetzt.

Im Kern streben die meisten Beiträge für eine gesellschaftliche oder Große Transformation insbesondere den Umbau des Energiesystems an, veränderte Produktions- und Konsummuster, eine aktive Rolle des Staates und insbesondere der Unternehmen. Wissenschaft und Technologie sollen für den „Unterbau" sorgen. Ein, wenn nicht das zentrale Kriterium erfolgreicher Transformation ist die Reduktion von CO_2-Emissionen (und nicht etwa Emanzipation oder ein gutes Leben für alle). Große Transformation kann als „umfassendes institutionelles Reformprojekt verstanden werden, das das Institutionengefüge moderner Gesellschaften im Hinblick auf ihre Reflexionsfähigkeit, Partizipationsfähigkeit, die Möglichkeiten des Machtausgleichs sowie eine umfassende Innovationsfähigkeit stärkt". (Schneidewind 2013: 85).

Wie eingangs im Hinblick auf die Diskussionen um den Begriff der nachhaltigen Entwicklung ausgeführt: Es bleibt auch zu fragen, was in den dynamischen und wichtiger werdenden Debatten eigentlich nicht thematisiert wird.

Transformation kritisch-emanzipatorisch

Die Kritik an dem politisch-strategischen Überhang der Transformationsdebatte speist sich nicht aus einem akademischen Wunsch nach begrifflicher Klarheit. Es soll vielmehr darauf hingewiesen werden, dass die unzureichende Analyse der Gründe, warum eine weitreichende sozial-ökologische Transformation so schwierig ist, dazu führen kann (und wahrscheinlich dazu führen wird), die bestehenden Verhältnisse partiell zu ökologisieren, ohne aber ihre grundlegen destruktive Dynamik zu überwinden. (vgl. die Beiträge in Bauriedl 2015)

Eine kritisch-emanzipatorische Transformationsperspektive verbindet beides: zum einen eine systematische Analyse herrschender Entwicklungen und der ihnen eigenen Transformationsdynamiken, der Hindernisse für Alternativen, zum anderen sich aus Krisen, Widersprüchen und Kämpfen entwickelnde Ansätze für andere, solidarische und nicht zerstörerische Formen der Vergesellschaftung. Diesbezügliche Diagnosen über Probleme und Krisen sowie Ansatzpunkte ihrer Veränderung sind aber selbst Gegenstand theoretisch-begrifflicher Arbeit im Lichte gesellschaftlicher Entwicklungen und Erfahrungen. (Brie 2014)

Die deutschsprachige kritisch-emanzipatorische Transformationsforschung lehnt sich dabei stark an den von Dieter Klein (2013) vorgeschlagenen Begriff der „doppelten Transformation" an, der in der Tradition von Rosa Luxemburgs „revolutionärer Realpolitik" oder Joachim Hirschs „radikalem Reformismus" die aktuellen progressiven Reforminitiativen mit einer weitergehenden Transformationsperspektive verknüpft. (vgl. auch Thomas 2016).

Lutz Brangsch wies mich in einer Kritik einer früheren Version dieses Textes darauf hin, dass die „kritische Orthodoxie" nicht unbedingt die aktuellen Machtverhältnisse vergisst, sondern sie mehr oder weniger bewusst als Restriktion setzt. (vgl. auch Brangsch 2014). Damit gehe die Gefahr einher, die in der Transformationsdebatte als notwendig erachteten Lernprozesse und sich neu herauszubildenden Verhaltensweisen derart zu verstehen, dass sie zum einen eine Anpassung an bestehende Machtverhältnisse implizierten und – mit Blick auf die aufgeklärten oder aufzuklärenden Eliten – zu einer Art „Fürstenerziehung" würden. Und schließlich werde die eigene Position in der Verursachung der Krise damit de-thematisiert. Das sei, so Brangsch zu Recht, schwierig genug, denn Macht- und Herrschaftsverhältnisse seien ja schwer zu personalisieren. Gleichwohl müssten aus einer kritischen Perspektive gegen die „neue kritische Orthodoxie" zumindest ergänzend die in der Produktions- und Lebensweise verankerten Ursachen, die alltäglich gelebt und über mächtige politische und wirtschaftliche Akteure vorangetrieben werden, genauer bestimmt werden.

Damit stellen sich Fragen gesellschaftlicher Gestaltung, also solche der Einhegung von Macht und damit von Demokratie, Fragen der angemessenen technologischen und gesellschaftlichen Mittel, um die vielfältigen Krisen gesamthaft zu bearbeiten – und nicht um einzelne Krisendimensionen zu verschärfen, wie wir gegenwärtig etwa an der Dynamik einer weiteren „Finanzialisierung der Natur" erkennen können: Die Akkumulationskrise soll mit Investitionen in unterschiedliche Bereiche der Natur bearbeitet werden, sei es über den Handel mit CO_2-Zertifikaten, sei es über den verstärkten Anbau von Palmöl oder Zuckerrohr für „Bio-Sprit"; und die ökologische Krise soll gleich mitbearbeitet werden.

Die „Aufhebung" der Revolution in einem kritisch-emanzipatorischen Transformationsverständnis

Gerade weil die Transformationsdebatte aktuell prominent ist, scheint die Präzisierung eines eigenständigen kritischen Transformationsverständnisses umso wichtiger. Es geht zum einen um die grundlegende Veränderung gesellschaftlicher Strukturmuster und die sich darüber reproduzierenden sozialen Verhältnisse, weshalb eben diese präzise begriffen werden müssen – auch und gerade in ihrer macht- und herrschaftsförmigen Entstehung, Reproduktion und Veränderung. Das ist meines Erachtens die spezifische Differenz eines kritisch-emanzipatorischen Transformationsbegriffs, denn es führt zu der Einsicht, dass es neben Nischen und Experimentierfeldern sowie deren Ausweitung auch anderer Modi und Logiken gesellschaftlicher Reproduktion bedarf – eben nicht mehr die auf Akkumulation und Herrschaft setzende, Krisen, Verelendung und Zerstörung in Kauf nehmende kapitalistische Transformationsdynamik. Die „neue kritische Orthodoxie" übergeht diesen Aspekt, sei es bewusst in Einsicht in die bestehenden Herrschaftsverhältnisse oder gar als deren Affirmation oder eher unbewusst, weil in den meisten wissenschaftlichen Diskussionen Macht und Herrschaft keine Rolle spielen.

Transformation im Sinne der eingreifenden Veränderung gesellschaftlicher Verhältnisse (inklusive der gesellschaftlichen Naturverhältnisse) muss umfassende Veränderungen in den Blick nehmen, die weniger intentional stattfinden: Die Transformation von Subjektivitäten, gesellschaftlichen Wertvorstellungen und Dispositiven, die vielen, oft wenig sichtbaren Mikrokämpfe, in denen Machtansprüche und Zumutungen zurückgewiesen werden, Veränderungen von Alltagspraktiken und die Überwindung der „imperialen Lebensweise" (Brand/Wissen 2017), die realen oder als solche empfundenen Bedrohungen und Ängste und vieles mehr. Dieses Nichtintendierbare und Nichtintendierte, das in Teilen der „neuen kritischen Orthodoxie" durchaus gesehen wird, muss ein kritisch-emanzipatorischer Transformationsbegriff berücksichtigen. (Ähnlich Demirović 2014) Dazu kommt die notwendige, sich ebenfalls auf unterschiedlichen Ebenen vollziehende

Arbeit an einem emanzipatorischen Sinnhorizont, der sich in bewussten politischen, wirtschaftlichen und kulturellen Eingriffen, in öffentlichen Debatten, aber auch in alltäglichen Praxen herstellt und stabilisiert.

Geschieht dies nicht, läuft ein kritisch-emanzipatorischer Transformationsbegriff Gefahr, den politisch-strategischen Überhang der „neuen kritischen Orthodoxie" – die sich insbesondere durch das Fehlen einer Emanzipationsperspektive auszeichnet – und ihren unzureichenden Blick auf die bestehenden Strukturen zu reproduzieren.

Wenn meine Überlegungen plausibel sind, dann sollte die vorgeschlagene begriffliche Schärfung weitergeführt werden. Die „neue kritische Orthodoxie" versteht sich auch als kritisch, übergeht dabei aber einen zentralen Aspekt: Die Bearbeitung der ökologischen Krise geht mit der Frage nach Befreiung und Freiheit einher und impliziert damit auch die Frage, wer dazu in der Lage ist, eine solche Geschichte überhaupt zu machen. In der aktuellen Diskussion um sozial-ökologische oder Große Transformation lautet großteils die bereits angedeutete Antwort wie folgt: Regierungen und Unternehmen sind – gepaart mit technologischen Neuerungen – die ProtagonistInnen, um Hunger und Umweltzerstörung zu bekämpfen und damit eine andere Zukunft zu schaffen. Daher sollten wir konsequent von „kritisch-emanzipatorischer Transformation" sprechen, um die Differenzen mit der neu-orthodoxen Kritik anzuzeigen.

Literatur:

Bauriedl, S. (Hrsg.) 2015. Wörterbuch Klimadebatte. Bielefeld: Transcript.

Bemmann, M., B. Metzger, R. von Detten (Hrsg.) 2014. Ökologische Modernisierung. Zur Geschichte und Gegenwart eines Konzepts in Umweltpolitik und Sozialwissenschaften. Frankfurt/M. und New York: Campus.

Biesecker, A., U. von Winterfeld. 2013. Alte Rationalitätsmuster und neue Beharrlichkeiten. Impulse zu blinden Flecken der Transformationsdebatte. GAIA 22/3: 160–165.

Brand, U. 2016. How to get out of the multiple crisis? Towards a critical theory of social-ecological transformation. Environmental Values 25(5), 503–525.

Brand, U./Brunnengräber, A. u. a. 2013. Debating transformation in multiple crises. In: UNESCO/OECD/ISSC (Hrsg.): World Social Science Report 2013: Changing Global Environments. Paris, 480–484.

Brand, U., Ceceña, A. E. (Hrsg.) 2000. Reflexionen einer Rebellion. „Chiapas" und ein anderes Politikverständnis. Münster: Westfälisches Dampfboot.

Brand, U., Wissen, M. 2013. Strategien einer Green Economy, Konturen eines grünen Kapitalismus: zeitdiagnostische und forschungsprogrammatische Überlegungen. In: Atzmüller, R., Becker, J., Brand, U., Oberndorfer, L., Redak, V., Sablowski, T. (Hrsg.): Fit für die Krise? Perspektiven der Regulationstheorie: Westfälisches Dampfboot, 132–148.

Brand, U., Wissen, M. 2016. Social-Ecological Transformation. In: Noel Castree et al. (Hrsg.). International Encyclopedia of Geography. People, the Earth, Environment, and Technology. Hoboken: Wiley-Blackwell/Association of American Geographers.

Brand, U., Wissen, M. 2017. Imperiale Lebensweise. Zur Ausbeutung von Mensch und Natur im globalen Kapitalismus. München: oekom.

Brangsch, L. 2014. Transformationsprozesse und ihre Politisierung in Einstiegsprojekten. In: Brie, M. (Hrsg.): Futuring. Perspektiven der Transformation im Kapitalismus über ihn hinaus. Münster: Westfälisches Dampfboot, 368–391.

Brie, M. (Hrsg.) 2014. Futuring. Perspektiven der Transformation im Kapitalismus über ihn hinaus, Münster: Westfälisches Dampfboot.

Brie, M. 2017. Lenin neu entdecken. Hamburg: VSA.

Brie, M., Reißig, R., Thomas, M. (Hrsg.) 2016. Transformation – Suchprozesse in Zeiten des Umbruchs. Berlin: Lit Verlag.

Demirović, A. 2014. Transformation und Ereignis. Zur Dynamik demokratischer Veränderungsprozesse der kapitalistischen Gesellschaftsformation. In: Brie, M. (Hrsg.): Futuring. Perspektiven der Transformation im Kapitalismus über ihn hinaus. Münster: Westfälisches Dampfboot, 419–435.

Demirović, A., Dück, J., Becker, F., Bader, P. (Hrsg.) 2011. VielfachKrise im finanzdominierten Kapitalismus. Hamburg: VSA.

Driessen, P. et al. 2013. Societal transformations in the face of climate change. Paper prepared for the Joint Programming Initiative Connecting Climate Change Knowledge for Europe (JPI Climate).

Fischer-Kowalski, M., Hausknost, D. 2014. Large scale societal transitions in the past. Milestone Paper 27: Research paper top-down and bottom-up results. Welfare, Wealth and Work for Europe (WWWfor Europe): Vienna.

Fukuyama, F. 1992. Das Ende der Geschichte. München: Kindler.

Global Carbon Atlas 2016. Global Carbon Atlas, http://www.globalcarbonatlas.org/, Stand: 30. 4. 2016.

Haberl, H., Fischer-Kowalski, M., Krausmann, F., Martinez-Alier, J., Winiwarter, J. 2009. A sociometabolic transition towards sustainability? Challenges for another Great Transformation. Sustainable Development 19, 1–14.

Habermann, F. 2016. Ecommony. UmCARE zum Miteinander. Sulzbach: Ulrike Helmer Verlag.

Hay, C. 2002. Political Analysis. A Critical Introduction. London: Palgrave Macmillan.

Hobsbawm, E. 1998. Das Zeitalter der Extreme. Weltgeschichte des 20. Jahrhunderts. München: DTV.

I. L. A. Kollektiv. 2017. Auf Kosten anderer? Wie die imperiale Lebensweise ein gutes Leben für alle verhindert. München: oekom.

Jahn, T. 2013. Wissenschaft für eine nachhaltige Entwicklung braucht eine kritische Orientierung. GAIA 22/1: 29–33.

Jonas, M. 2016. Change, Transition or Transformation? In: Jonas, M., Littig, B. (Hrsg.): Towards A Praxeological Political Analysis. London: Routledge (zitiert aus dem deutschsprachigen Manuskript).

Kates, R. W., Travis, W. R., Wilbanks, T. J. 2012. Transformational adaptation when incremental adaptations to climate change are insufficient. PNAS 109(19), 7156–7161.

Klein, D. 2013. Das Morgen tanzt im Heute: Transformation im Kapitalismus und über ihn hinaus. Hamburg: VSA.

Krüger, T. 2013. Das Hegemonieprojekt der ökologischen Modernisierung. Leviathan 41/3: 422–456.

Lessenich, S. 2016. Neben uns die Sintflut: Die Externalisierungsgesellschaft und ihr Preis. München: Hanser Berlin.

Marsh, D., Stocker, G. (Hrsg.). 2010. Theory and Methods in Political Science. London: Palgrave Macmillan.

Nalau, J., Handmer, J. 2015. When is transformation a viable policy alternative? Environmental Science & Policy 54: 349–356.

NEF – New Economics Foundation, 2010. The Great Transition. London: NEF.

O'Brien, K. 2012. Global environmental change (2): From adaptation to deliberate transformation. Progress in Human Geography 36/5: 667–676.

Park, J., Conca, K., Finger, M. (Hrsg.) 2008. The Crisis of Global Environmental Governance. Towards a new political economy of sustainability. London and New York: Routledge.

Reißig, R. 2009. Gesellschafts-Transformation im 21. Jahrhundert. Wiesbaden: Verlag für Sozialwissenschaften.

Reißig, R. 2014. Transformation – ein spezifischer Typ sozialen Wandels. Ein analytischer und sozialtheoretischer Entwurf. In: Brie, M. (Hrsg.): Futuring. Perspektiven der Transformation im Kapitalismus über ihn hinaus. Münster: Westfälisches Dampfboot, 50–100.

Rilling, R. 2011. Wenn die Hütte brennt … „Energiewende", green new deal und grüner Sozialismus. Forum Wissenschaft Nr. 4, 14–18.

Rilling, R. 2014. Transformation als Futuring. In: Brie, M. (Hrsg.): Futuring. Perspektiven der Transformation im Kapitalismus über ihn hinaus. Münster. Westfälisches Dampfboot, 12–48.

Schneidewind, U. 2013. Transformative Literacy. Gesellschaftliche Veränderungsprozesse verstehen und gestalten. GAIA 22/2: 82–86.

Schneidewind, U., Augenstein, K. 2016. Ideas, Institutions, technological Innovation. Three Schools of Transformation Thinking. GAIA 25/2 (in Druck).

Scholz, R. W. 2011. Environmental Literacy in Science and Society. From Knowledge to Decisions. Cambridge: Cambridge UP.

Segert, D. 2013. Transformationen in Osteuropa im 20. Jahrhundert. Wien: UTB.

Thomas, M. 2016. Im Schatten der Großen Transformation – Orientierungssuche im offenen Gelände. In: Brie, M., Reißig, R., Thomas, M. (Hrsg.) 2016. Transformation – Suchprozesse in Zeiten des Umbruchs. Berlin: Lit Verlag, 13–40.

WBGU – German Advisory Council on Global Change. 2011. World in Transition. A Social Contract for Sustainability. Berlin: WBGU.

WBGU – German Advisory Council on Global Change. 2014. Klimaschutz als Weltbürgerbewegung. Sondergutachten. Berlin: WBGU. www.wbgu.de/sondergutachten/sg-2014-klimaschutz

Westley, F. et al. 2011. Tipping Toward Sustainability. Emerging Pathways of Transformation. AMBIO 40/7: 762–780.

DENNIS EVERSBERG

Nach der Revolution

Degrowth und die Ontologie der Abwicklung

Wer am 7. Juli 2017 abends die Berichterstattung des Nachrichtensenders *N24* über den G20-Gipfel in Hamburg verfolgte, wurde Zeug:in eines ungeheuer suggestiven Schauspiels: Auf geteiltem Bildschirm liefen links Livebilder der Auseinandersetzungen zwischen Polizei und Vermummten, rechts waren die 20 mächtigsten Staatschef:innen der Welt nebst Partner:innen während des Beethoven-Konzerts in der rundum belagerten Elbphilharmonie zu sehen. Rechts der Chor, „Freude schöner Götterfunken" schmetternd, links Wasserwerfer und Prügel, rechts gelangweilte Potentaten, links fliegende Steine und Barrikadenbau. Wer das sah, konnte kaum anders, als hierin die fast perfekte Bebilderung eines vorrevolutionären Szenarios zu erblicken – rechts die sterile, abgeschottete Selbstgefälligkeit eines erstarrten *Ancien Régime,* links die Gewalt, ohne die eine solche Inszenierung in einer europäischen Millionenstadt nicht zu haben ist.

Tatsächlich aber machten die Bilder eines deutlich: Revolution ist nicht an der Tagesordnung, *diesem* Ancien Régime ist so nicht beizukommen. Ein Umsturz, in dem die Beherrschten ein oder mehrere Zentren der Macht ein- und damit das geschichtliche Blatt des Handelns übernehmen, um eine neue Ära zu beginnen, ist in dem globalen Machtgefüge, das sich hier bildlich verdichtete, kaum noch vorstellbar, weil es diese Zentren so gar nicht mehr gibt und weil sich ein so komplexes Machtgefüge nicht mehr *umstürzen*, sondern nur noch *abwickeln* lässt.

Dies jedenfalls nehme ich mir hier zur Ausgangshypothese, um einige Überlegungen zur historischen Bedeutung und Funktion des Revolutionsbegriffs anzustellen und zu fragen, was denn ‚danach' eigentlich kommen kann, wenn die bis heute nicht abgegoltenen emanzipatorischen Ansprüche, die Linke seit über zwei Jahrhunderten mit ihm verbanden, dennoch nicht entsorgt, sondern geschichtlich *aufgehoben* werden sollen. Ich stelle diese Fragen aus der Sicht einer Variante von Kapitalismuskritik, die unter dem Schlagwort *Degrowth* seit einiger Zeit steigende Aufmerksamkeit findet (D'Alisa et al. 2016). Sie problematisiert im Kern die technologisch und institutionell gestützte Eskalationslogik der Gesellschaften des globalen Nordens und fordert den Rückbau von dessen „imperialer Lebensweise" (Brand/Wissen 2017).

In einer langen Tradition linker Debatten von Lenin bis Mason wurde und wird die Überwindung des Kapitalismus (durchaus in Marxscher Tradition) als Vorantreiben der Entwicklung der Produktivkräfte über die Fesseln der kapitalistischen Produktionsverhältnisse hinaus gedacht. Konträr hierzu erklärt *Degrowth*, anknüpfend an Traditionen der Entwicklungskritik und an technologiekritische Entwürfe wie die von Ivan Illich (1998) oder Jacques Ellul (1978) ebenso an wie an die ökologische Wissenschaftskritik Nicolas Georgescu-Roegens (Georgescu-Roegen 1971) und den feministischen Subsistenzansatz, auch die Produktivkräfte selbst zum Gegenstand der notwendigen Umwälzung. *Degrowth* steht für den Bruch mit eierlegenden Wollmilchsäuen wie „grünes Wachstum" und „nachhaltige Entwicklung": Weil der Reichtum der einen global gesehen nur die Kehrseite der Armut der anderen (Lessenich 2016) und der zu verteilende Kuchen nur auf Kosten der Bewohnbarkeit des Planeten weiter zu vergrößern ist, betrachten *Degrowth*-Verfechter:innen ökologische Probleme immer zugleich als globale Gerechtigkeitsfragen und technologischen Fortschritt eher als Teil des Problems denn als Teil von dessen Lösung. Damit ist aber immer auch die subjektive Struktur der in technologiegläubigen Gesellschaften groß gewordenen Menschen Teil der zu überwindenden Herrschaftszusammenhänge, es gilt sich also auch von den grundlegenden Selbstverständlichkeiten der eigenen Seinsweise zu emanzipieren. Spätestens hier scheint fraglich, ob dabei noch von „Revolution" zu sprechen ist. Der globale Zusammenhang von Zurichtung, Extraktion und Kontrolle, der von den in der Elbphilharmonie versammelten Gestalten mehr symbolisiert als verkörpert wird, ist in seiner Totalität weder „umzukehren", noch durch eine Alternative zu ersetzen: Er ist *abzuwickeln,* aus der Welt zu schaffen, damit und indem weltweit Räume für emanzipative Prozesse der gemeinsamen, autonomen Aneignung jeweils eigener Lebensbedingungen bei umfassend gleichen Rechten und Einflussmöglichkeiten geschaffen werden (können).

Diesen Gedankengang will ich in drei Schritten entfalten: Anknüpfend bei Hannah Arendt verweise ich zunächst (1.) auf den Status des Revolutionsbegriffs als konzeptioneller Nachfolger des Krieges im politischen Denken. Anhand der unterschiedlichen Transformationsvorstellungen an der Basis des *Degrowth*-Spektrums diskutiere ich (2.) die in diesem Feld vorfindlichen Versuche einer Synthese zwischen produktivkraftoptimistischen Fortschrittsvorstellungen einerseits, romantisierend-zivilisationskritischen Idealen einer notwendigen „Umkehr" andererseits. Abschließend schlage ich (3.) als eine mögliche solche Synthese die Perspektive der *Abwicklung* herrschaftlicher Selbst-, Sozial- und Naturverhältnisse im Allgemeinen und der Imperialen Lebensweise im Besonderen vor.

Was von der Revolution bleibt: Das Strategiedilemma emanzipatorischer Politik

Wenn es überhaupt einen Sinn haben soll, „Revolution" als Konzept zu historisieren, muss der Begriff enger gefasst werden als in einer Verwendung, in der jeder wesentlich von innergesellschaftlichen Kräften ausgehende, weitreichende Umsturz einer politischen und/oder gesellschaftlichen Ordnung so bezeichnet wird (vgl. z. B. Osterhammel 2009).

Angemessen trennscharf, aber nicht übermäßig verengt scheint mir hierbei das Verständnis Hannah Arendts in *Über die Revolution* (1963). Für Arendt ist „Revolution" eine spezifisch *moderne* Vorstellung. Sie wird erst denkbar mit den neuzeitlichen Prozessen der Etablierung einer linearen Zeitwahrnehmung und der Säkularisierung, die die Menschen als (zumindest potentielle) Akteur:innen der eigenen Geschichte einsetzt. Instruktiv ist bei Arendt gerade die unter dem Eindruck des nuklearen Wettrüstens der Nachkriegszeit formulierte Eingangsthese ihres Buchs, derzufolge der *Krieg* als Motor tiefgreifender sozialer Wandlungen seit Anbruch der Moderne tendenziell von der Revolution abgelöst worden sei (ebd.: 9 ff.). Kriege sind demnach Konfrontationen *zwischen Mächten,* die traditionell mit Argumenten der *Notwendigkeit* gerechtfertigt wurden. Eine Revolution ist dagegen ein innerhalb des (national-)staatlichen Rahmens ausgetragener, mehr oder weniger gewaltsamer Kampf *um die Macht,* der mit dem politischen Ziel der *Freiheit* begründet wird und im Erfolgsfall in die Etablierung einer neuen politischen und sozialen Ordnung mündet. Erst die lineare Geschichtskonzeption und der Säkularismus der Moderne ermöglichen diese Vorstellung eines von Menschen intentional herbeigeführten absoluten Bruchs, eines totalen Neuanfangs. Revolutionen waren stets historische Momente, *in denen sich die Moderne* (sei es in bürgerlich-kapitalistischer, sei es in sich selbst als sozialistisch verstehender Gestalt) *bruchartig durchsetzte –*

in klassischen Fällen wie Frankreich oder Russland gegen feudale, in anderen, wie in Haiti, Kuba oder selbst den USA, mindestens ebensooft aber auch gegen koloniale Herrschaftsverhältnisse. Immer aber waren sie auf die Begründung einer modernen Staatlichkeit und Gesellschaftsordnung gerichtet.

Dass ihr Projekt die Durchsetzung der Moderne war, wurde, wie Arendt (1963: 50f.) betont, den Akteur:innen ihrer historischen Referenzfälle, der französischen und der amerikanischen Revolution, selbst erst im Nachhinein klar. Anstatt einer Neubegründung hatten sie ihrem Selbstverständnis nach zunächst viel mehr die *Restauration* eines (idealisierten, fiktiven) früheren Zustands von Freiheit und Recht angestrebt, der durch absolutistische Tyrannis beziehungsweise koloniale Abhängigkeit unrechtmäßig außer Kraft gesetzt worden sei. Eben dieses Unrecht wollten sie rückgängig machen, „zurückdrehen" *(re-volvere)*. So setzten sie sich aktiv in den Status historisch Handelnder, ohne sich zuvor einen Begriff davon gemacht zu haben, ob sie das überhaupt konnten.

Was dabei abgegolten blieb – bleiben musste – war die *Überwindung von Herrschaft* jenseits ihrer aktualisierten Neubegründung – ein Gedanke, der als logischer Schluss aus den Desillusionierungen revolutionärer Erfahrung seither von verschiedensten Bewegungen, angefangen mit dem Anarchismus des 19. Jahrhunderts, formuliert worden ist. Sofern dies Anliegen jedoch von seinen Verfechter:innen als „revolutionäres" verstanden wurde, war und ist das, wenngleich *politisch* unzweifelhaft legitim, *analytisch* ein Kategorienfehler, der nicht nur den Charakter von Revolutionen als innerherrschaftlicher" Neuordnungsprozesse verkennt, sondern auch den gewaltförmigen Ballast, der dem Begriff infolge seiner inneren Beziehung zu dem des Krieges anhaftet. Denn Arendts These postuliert ja der Form nach eine Kontinuität zwischen beidem: So hat sich die *Strategie,* als Methodik rationaler Kriegsführung, durch die Revolutionen von der zwischenstaatlichen Ebene aus in den innerstaatlichen Raum fort- und der sich hier konstituierenden, nun erst als solche denkmöglich gewordenen *Gesellschaft* eingeschrieben, innerhalb derer nun verschiedene Parteien, Klassen, Interessengruppen nach der gleichen strategischen Rationalität um die Definitionsmacht über die nationale Souveränität ringen. Krieg und Revolution folgen gleichermaßen dem *strategischen Paradigma* des vom Feldherrenhügel aus geplanten, methodischen Einsatzes begrenzter (menschlicher) Mittel zwecks Erringung des Sieges. Revolution ist eben auch insofern Teil der Moderne, als diese sich in ihrer Gesamtheit als Bewegung der strategischen Durchformung aller sozialen Beziehungen im Zeichen von Wettbewerb und größerer Rationalität lesen lässt. Wenn Revolution derart das historische „Nachfolgemodell" des Krieges ist, dann ist sie eben nicht nur als Befreiungskampf zu verstehen, sondern zugleich als Transmissionsriemen der strategischen Logik des Krieges in die Gesellschaft hinein, als Vehikel der *Verkriegerung des Sozialen* (Eversberg 2014: 160 ff.).

Dass auch die radikal transformativen Bewegungen der Gegenwart zunehmend Probleme damit haben, sich als „revolutionär" zu verstehen, hat seine Gründe in drei eng verbundenen Dezentrierungen, die sich in der Praxis ihrer Kämpfe als unumgänglich erwiesen haben:
– Die *Dezentrierung des Nationalstaats*, der seinen *privilegierten* Status als Arena und Gegenstand von Befreiungskämpfen verloren hat. Neben zum Beispiel Wertschöpfungsketten, Regionen, Kontinenten, Geschlechterbeziehungen oder Naturverhältnissen sind nationale Grenzen nur noch eine unter vielen Kategorien „kampfrelevanter" Strukturierungslinien eines globalen, weltgesellschaftlichen Raums. „Revolution" im Sinne einer Übernahme der Macht im Staate kann

unter diesen Bedingungen kaum noch als adäquates Mittel der Befreiung erscheinen.

– Daher die Dezentrierung des für Revolutionsvorstellungen zentralen *Bruchs* mit dem Bestehenden: Auch er wird nicht verworfen, aber nur noch als *ein* Aspekt weitreichender, langwieriger Veränderungen gesehen, die sich notwendigerweise auf ganz unterschiedlichen Ebenen abspielen, sehr verschiedenen Zeitlichkeiten gehorchen und unterschiedlichste Formen annehmen. Am augenfälligsten ist das vielleicht in der seit den frühen 1990er Jahren fragend fortschreitenden Praxis des zapatistischen Aufstands in Chiapas, jenem paradigmatischen Fall eines „postmodernen Aufstands" (Spehr 1996), dem John Holloway (2002) in der Formel „Die Welt verändern, ohne die Macht zu übernehmen" ein theoretisches Denkmal gesetzt hat.

– Auch die dritte Dezentrierung, nämlich die des *strategischen Paradigmas,* wird an der zapatistischen Praxis mit ihrer inzwischen deutlichen Distanzierung von staatlichen Unabhängigkeitsbestrebungen und generalstabsmäßiger Mobilisierung besonders deutlich. In einer bis ins Mark strategisch durchformatierten Welt mag es praktisch unmöglich sein, sich jeder Strategie komplett zu enthalten, doch kann sie jedenfalls nicht mehr der unhinterfragte Boden der Kämpfe sein.

Vielmehr ist es vielleicht das wichtigste Merkmal „postrevolutionärer" Bewegungen, sich bewusst dem grundsätzlichen *Strategiedilemma* jeder auf die Überwindung von Herrschaftsverhältnissen gerichteten Politik zu stellen. Das Dilemma entspinnt sich zwischen der postulierten Notwendigkeit einer strategischen Orientierung auf „Hegemoniefähigkeit" und die Organisation von Mehrheiten für emanzipatorische Politik auf der einen sowie den normativen Ansprüchen auf Gleichheit und Autonomie auf der anderen Seite. Eine zu einseitig strategische Orientierung läuft stets Gefahr, diese Ansprüche im Interesse der Verbreiterung der sozialen Basis zu opfern oder zu verwässern, während andererseits eine zu starke normative Aufladung die soziale Marginalität emanzipatorischer Bewegungen zementieren und damit reale Möglichkeiten gradueller Veränderung im Ergebnis sogar blockieren kann.

Dass die Revolution *diskursiv* dennoch bis heute alles andere als überholt zu sein scheint, mag auch daran liegen, dass ein Nachfolgebegriff von vergleichbarer analytischer Qualität und mobilisatorischer Prägnanz (aus guten Gründen) fehlt. Die theoretische Diskussion über das *Wie* von Emanzipationsprozessen setzt sich gegenwärtig in den radikaleren Strängen der Debatte um gesellschaftliche – mal sozial-ökologische, mal emanzipatorische, mal einfach „große" – *Transformation* fort (Brie 2015; Wright 2017; Brand i. E.). „Transformation" ist allerdings kein Kampfbegriff, sondern eher ein *Terminus technicus*, der sich auf jegliche weitreichende politisch herbeigeführte Änderung sozialer Verhältnisse beziehen kann. Eben deshalb eignet er sich aber als analytische Folie für den Vergleich der verschiedenen Umbruchsvorstellungen gegenwärtiger Bewegungen.

Degrowth oder die Suche nach Wegen aus dem Dilemma

In der Debatte um *Degrowth* ist mehr oder weniger Konsens, dass am gegenwärtigen Zustand der Welt nicht lediglich die ungerechte Verteilung des Reichtums und der Kontrolle über Produktionsmittel überwunden gehört, sondern auch die in den materiell-technologischen, institutionellen und mentalen Infrastrukturen kapitalistischer Gesellschaften verankerten Zwänge zur stetigen Steigerung von Produktion, Ausbeutung und Konsum: Neben den Produktionsverhältnissen sind auch die Produktivkräfte selbst explizit Gegenstand der Kritik. Dabei wird schon mit dem Begriff *Degrowth* das Strategiedilemma bewusst in den Vordergrund gerückt: Sich offensiv die Negation eines im Alltagsbewusstsein der großen Mehrheit fraglos positiv besetzten Werts auf die Fahnen zu schreiben, ist in seiner antipopulistischen Normativität kaum anders zu verstehen denn als gezielte Distanzierung von politischer Strategie.

Innerhalb des *Degrowth*-Spektrums (Eversberg/Schmelzer 2016) lassen sich nun grob vier verschiedene *transformatorische Ontologien* unterscheiden – Ontologien deshalb, weil sie nicht einfach Vorstellungen des Wandels sind, sondern nur zu verstehen in ihrer Einbettung in umfassendere „politische Weltverhältnisse".

a) Die *Ontologie der Katastrophe:* Insbesondere in der radikalökologischen, zu Spiritualität und starken Gemeinschaftsvorstellungen neigenden Gruppe der *Suffizienzorientierten Zivilisationskritiker:innen* ist die Vorstellung verbreitet, dass die Gesellschaften des Globalen Nordens in naher Zukunft so oder so an Problemen wie Ressourcenerschöpfung oder Überbevölkerung zugrunde gehen würden. Die eigene Aufgabe wird darin gesehen, nachhaltige und autarke „Parallelgesellschaften" (Adler 2016) zum Beispiel in Ökodörfern aufzubauen, um nach dem Kollaps ‚übrigzubleiben' und zu Kernen eines grundsätzlichen Neuanfangs zu werden. Strategie wird unter diesen Bedingungen unnötig, weil der Lauf der Dinge ohnehin unabwendbar scheint. Diese zusammenbruchstheoretische, *negativ-eschatologische* Ontologie prägt in abgeschwächter Form auch die Transition-Town-Bewegung mit ihrer auf die Vorstellung von *„peak oil"* gegründeten Zielsetzung des Aufbaus von „Resilienz" lokaler Communities (Hopkins 2009). Die Sicht auf die moderne Zivilisation als grundsätzlich verdorben und dem Untergang geweiht und die Vorstellung eines „einfacheren" vormodernen Zustandes, dem man sich wieder annähern müsse, sind aber auch anschlussfähig gegenüber konservativer und völkischer Kulturkritik. In mancher Hinsicht stehen diese Ansätze wohl in der Tradition der „Lebensreformbewegung" des 19. und frühen 20. Jahrhunderts, die damals ebenfalls nicht klar auf der Rechten oder der Linken zu verorten war.

b) Die in zwei Varianten differenzierte *Ontologie des „Hinüberwachsens"* gründet auf der optimistischen Vorstellung, dass sich kleine Schritte im Alltag und graduelle Reformen zu einem sehr weitreichenden Wandel kumulieren können. Ähnlich wie in der revisionistischen Strömung der Sozialdemokratie seit etwa 1900 wird die Notwendigkeit eines radikalen Bruchs mit allem Bestehenden geleugnet und der zu erwartende Widerstand der an seinem Fortbestand interessierten Kräfte als überwindbar eingeschätzt. Während die *Immanenten Reformer:innen*, gewissermaßen in direkter revisionistischer Tradition, Wachstumszwänge mittels strategisch gewonnener Mehrheiten innerhalb der bestehenden Institutionen graduell „wegreformieren" möchten, stellen sich die *Voluntaristisch-pazifistischen Idealist:innen* den Wandel eher als eine „friedliche Epidemie" vor, in der die zunächst von Postwachstums-Pionier:innen im Kleinen erprobten Alternativen sich allein aufgrund ihrer vermuteten inhärenten Attraktivität im Alltag immer weitreichender durchsetzen. Gemeinsam ist beiden Varianten dieser *evolutiven* Vorstellungen, dass die notwendig konflikthafte Dimension des angestrebten Wandels relativiert, teilweise sogar regelrecht tabuisiert wird.

c) Präsent ist auch die klassische *Ontologie des Bruchs,* die von den Jakobiner:innen über Marx und Lenin alle revolutionären Bewegungen der letzten zweieinhalb Jahrhunderte geprägt hat. Im *Degrowth*-Spektrum tritt die Strömung der *Modernistisch-rationalistischen Linken* in dieser Tradition weiterhin für eine Strategie des offenen Konflikts mit der wirtschaftlichen und politischen Macht ein, mit dem Ziel, die bestehenden gesellschaftlichen Strukturen grundlegend umzuwälzen. Mit der Hinwendung zur Wachstumskritik hat sich zwar auch diese Strömung vom aus der marxistischen Tradition ererbten Produktivkraftdeterminismus gelöst. Sie hält aber fest am strategischen Paradigma und der *positiv-eschatologischen* Vorstellung einer revolutionären Überwindung des Bestehenden als Realisierung menschlichen Fortschritts.

d) Die vierte Ontologie geht auf anarchistische Traditionslinien zurück und lässt sich am ehesten als *antistrategischer „Bruch mit dem Bruch"* beschreiben. Prägend ist sie für die Strömung der *Libertären Praxislinken,* und sie scheint auch den transformatorischen Orientierungen der meisten jener intellektuellen Traditionen am nächsten zu kommen, in denen sich die *Degrowth*-Debatte mehrheitlich aktiv verortet. Das Strategiedilemma wird hier recht radikal in normativer Richtung aufgelöst, ohne ein festgefügtes und kohärentes Konzept für den gesellschaftlichen Umbruch anzubieten, weil dies der Verweigerung gegen das als Teil der zu überwindenden Logik von Krieg und Wettbewerb erkannte strategische Kalkül zuwiderliefe. In dieser Ontologie sind die drei Dezentrierungen am konsequentesten vollzogen – ihre Perspektive ist a priori *global,* und sie betont die Notwendigkeit einschneidender Veränderungen nicht nur der (theoretisch) recht schnell umzuwälzenden Institutionen und Eigentumsstrukturen, sondern ebenso der erheblich trägeren materiellen wie mentalen Infrastrukturen steigerungsfixierter Gesellschaftsformationen. Praktisch läuft das gegenwärtig auf eine Taktik des Experimentierens mit alternativen Formen des Wirtschaftens und Zusammenlebens hinaus. Diese Versuche werden jedoch nicht als „Inseln" der Freiheit oder als überlebensfähige Kerne für die Zeit nach einem Zusammenbruch gedacht, sondern als Teil einer aktiven Überwindungspraxis, die eine Selbstverortung als Teil der zu verändernden Gesellschaft erfordert. Sie werden insofern eher als Ansätze zur Schaffung alternativer Möglichkeiten verstanden, ohne deren Sicht- und Lebbarkeit auch eine bewusst gesuchte Transformation ziellos bleiben muss.

Was gerade in dieser letzten Strömung stattfindet, ist Teil größerer Suchbewegungen unter denen, die die drei Dezentrierungen vollzogen haben (vgl. z. B. Wright 2017: 11) – und beileibe nicht alles daran ist neu. Auf die anarchistische Tradition als historische Vorläuferin habe ich schon verwiesen, aber auch der Zapatismus oder die Alternativbewegungen der 1970er/80er Jahre sind wichtige Referenzgrößen. Vor dem Hintergrund Letzterer hatte Peter Brückner damals einen Theoretisierungsversuch unternommen, indem er fragte, ob sich nicht in den neueren sozialen Bewegungen ein neues, „auf Umwälzung von Alltäglichkeit, auf die Aufhebung von „Entfremdung", auf die Wiederaneignung von ent-eigneten Lebensbedingungen gerichtet[es]" Paradigma von Revolution durchgesetzt habe, das er provisorisch „Aneignungsparadigma" nannte (Brückner 1982, 262 f.; siehe auch Eversberg 2016). Neben der Produktionsweise im engen Sinne stehe in diesem Paradigma „auch die herrschende Produktion von Erfahrung, von Ich-Synthesen, von Wissen, von Sinn" (ebd.) zur Disposition, und deren Transformation wiederum sei abhängig von „einer historischen Veränderung der Materialität des psychischen und sozialen Lebens, d. h. der Gesellschaftsformation" (ebd.: 121). Diese dicken Bretter bohren auch die „dezentrierten" Bewegungen – und gerade ihre Dezentrierungen bedingen die zwei wichtigsten Neuerungen gegenüber den frühen 1980er Jahren: Die Einsicht, dass die angestrebten Veränderungen, wie schon von Brückner selbst festgestellt, „eine nicht-revolutionäre Zeitstruktur" (ebd.) haben, das Paradigma also (was er nicht sah) den Geltungsbereich des Begriffs „Revolution" verlassen hat, sowie, bedingt durch die verstärkte Reflexion der globalen ökologisch-sozialen Ungleichheiten, eine Verschiebung weg von dem starken hedonistischen, auf die eigenen Wünsche zentrierten Element, das in der Rede von der „Aneignung" anklang. Stärker als damals sind inzwischen die eigenen Wünsche und Bedürfnisse auch im Hinblick auf ihre Bedeutung für die Möglichkeit global gerechter Verhältnisse als Teil des Problems erkannt (ohne damit im Ansatz bewältigt zu sein), und damit wird der bei Brückner zentrale Aspekt der *Entfremdungs*kritik überlagert durch eine global gedachte *Ausbeutungs*kritik, die sich konsequenterweise auch gegen die eigenen alltäglichen Externalisierungspraktiken auf Kosten des Globalen Südens und der Zukunft richten muss (Lessenich 2016).

Was *Degrowth* an dieser Stelle im Kern ausmacht, ist die Zurückweisung der immer neuen technikoptimistischen Versprechen, denen zufolge die stetige technische Optimierung der Vernutzbarkeit menschlicher und außermenschlicher Natur allen Menschen Zugang zu einem guten Leben verschaffen werde. Die digitalen Illusionen auch des linken Postkapitalismus-Diskurses (Mason 2016) werden als idealistische Verklärungen zurückgewiesen, weil dieser dem zwar von Marx und Lenin geteilten, im Kern aber bürgerlichen Glauben an die unbedingt positive historische Rolle des Produktivkraftfortschritts aufsitzt. Das beinhaltet eine kaum überbrückbare Differenz im Menschenbild: Gegen den linken Technooptimismus, der sich Menschen nicht anders denn als zwar vielfältig interessierte und weltweit vernetzte, aber prinzipiell unabhängige, seltsam „masselose" Individuen denken mag, beharrt *Degrowth* in feministischer Tradition auf der *Relationalität* von Menschen, ihrer grundsätzlichen *Angewiesenheit aufeinander* (Eversberg/Schmelzer 2017; D'Alisa et al. 2016, 127–31; Rendueles 2015). Es geht eben gerade nicht um die individualistische Illusion einer völligen Abwesenheit von Verpflichtungen und Grenzen, sondern darum, eine Welt vorstellbar zu machen, in der die eigenen sozialen Bindungen selbst gewählt und freiwillig eingegangen sind. Und das setzt voraus, die (strategischen) Marktbeziehungen, denen die (nichtstrategischen) gegenseitigen Sorgeverpflichtungen im Kapitalismus strukturell untergeordnet sind, zurückzudrängen.

Damit sind direkt zwei weitere, eng miteinander verbundene Kerngedanken von *Degrowth* berührt: Konvivialität und Autonomie. Autonomie ist ein zentraler normativer Anspruch des *Degrowth*-Denkens, und sie steht keineswegs im Gegensatz zur Anerkennung gegenseitiger Abhängigkeit. Sie ist nicht individuell, sondern selbst relational zu verstehen: Menschen sind in ihren Beziehungen untereinander dann autonom, wenn sie die Regeln dieser Beziehungen jederzeit gleichberechtigt neu aushandeln können und nötigenfalls auch *gleichermaßen* die Wahl haben, die Kooperation einzuschränken oder zu beenden. Das aber setzt voraus, dass sie sich nicht bereits in erzwungenen Abhängigkeitsbeziehungen befinden, die ihre Fähigkeit zur Kooperation einschränken – dass also nicht immer schon klar ist, was sie mit sich, ihrer Zeit, ihren Wünschen und Fähigkeiten, den ihnen zur Verfügung stehenden Ressourcen und dem Produkt ihrer eigenen Arbeit sowie der sie umgebenden Natur anfangen. *Konvivialität* bedeutet daher die Fähigkeit zur gemeinsam beschlossenen ökonomisch unproduktiven, aber soziales Lebensglück stiftenden Verausgabung (*Dépense*) des Reichtums (Bataille 1985; D'Alisa et al. 2016: 279 ff.), und zugleich die Anforderung, dass eine solche Verwendung Vorrang haben muss vor der instrumentellen Investition von Überschüssen in Produktionsmittel, die menschliche Autonomie nicht erweitern, sondern gerade beschränken (Illich 1998, Samerski i. E.). Auch Jacques Ellul, ein weiterer *Degrowth*-Vorläufer, stellte bereits Mitte der 1970er Jahre die Technologie als notwendigen Gegenstand „revolutionärer" Überwindung heraus und betonte, dass sich damit die Kämpfe auf das Feld der Subjektivität verschöben:

„Entfremdung ist heute keine Frage des Enteignetseins von durch Arbeit geschaffenen Werten mehr. Vielmehr besteht sie in einem Zusammenbruch der Persönlichkeit, einer Verstreuung von Bedürfnissen und Fähigkeiten, […], einem Verschwinden des autonomen Entscheidungszentrums. […] Eine Revolution, die ökonomische oder politische Strukturen verändert oder eine Gruppe von Menschen (Feinde, Unterdrücker) zerstört, ist nunmehr völlig ungenügend, weil sie sich außerhalb des wirklichen Schauplatzes der Entfremdung abspielt. Das Problem dabei ist, dass diejenigen, die eine Revolution planen und herbeizuführen beabsichtigen, immer noch in Vorstellungen der nahen wie ferneren Vergangenheit befangen sind. Sie denken immer noch, das Problem sei der bürgerliche Staat oder die kapitalistische Wirtschaft, während in Wirklichkeit das Problem nun in einer ganz anderen Sphäre angesiedelt ist. Seit der Mensch in seiner Eigenschaft als Individuum angegriffen und abgewickelt worden ist, muss die Revolution, die wir benötigen, innerhalb des Menschen selbst stattfinden und nicht in ‚den Strukturen'. Wir brauchen etwas, was manche einen Austausch von Ideologien nennen würden, was aber in der Tat viel tiefer reicht, denn es verlangt, dass alle einen neuen Faktor (wieder-)entdecken, der gleichermaßen individuell und kollektiv ist." (Ellul 1978: 137 f. Übersetzung D. E.)

Befreite Seinsweisen lassen sich per definitionem nicht dekretieren, sondern sie konstituieren sich als Korrelat befreiter Verhältnisse, unter Bedingungen, in denen Gleichheit und Autonomie mehr sind als hehrer Anspruch. Es gilt daher – jenseits des von Ellul gegen Ende aufgemachten, natürlich falschen Widerspruchs – an beiden Enden gleichzeitig tätig zu werden: sich selbst zu verändern, indem man taktisch, provisorisch *andere Strukturen* schafft und sich diesen aussetzt; die Textur der Realität zu verändern, um Räume für Prozesse der Selbstkonstitution zu legen, denen solcherlei Zwänge nicht eingeschrieben sind.

Befreiung im postrevolutionären Zeitalter: Die imperiale Lebensweise abwickeln

In so schwammigen Formulierungen wie den zuletzt angebotenen schlägt nun freilich das Strategiedilemma wieder mit Wucht zu. Was soll denn das heißen? Lässt sich denn nicht irgendwie Konkreteres sagen, ohne selbst strategisch zu werden und „Masterpläne für den Übergang" vorzulegen, die dann schon wieder zu konkurrierenden Konzepten herrschaftlicher Zurichtung geraten?

Ausgangspunkt von *Degrowth* ist die Überzeugung, dass Gleichheit und Autonomie nur auf dem Weg einer praktischen Kritik der Produktivkräfte zu verwirklichen sind: Es hat keinen Sinn, die Bäckerei zu übernehmen, wenn in ihr nur immer mehr Kuchen, aber keine Brötchen, kein Pudding und kein Curry hergestellt werden kann und die Backenden selbst zudem an nichts anderes als an immer mehr Kuchen denken können. Vielmehr ist das Dispositiv „Bäckerei" selbst zu überwinden. Das aber geht nicht in einem einmaligen, generalstabsmäßig organisierten Gewaltakt im Sinne der (von der revolutionären Linken mehr als genug fetischisierten) Lenin'schen Leitmetapher des „Zerschlagens" – der auch Gefahr liefe, viele erst mal sehr hungrig zu hinterlassen. Ablaufen müsste es eher nach dem Muster dessen, was Christoph Spehr schon vor gut 20 Jahren als „Abwicklung des Nordens" (Spehr 1996), später allgemeiner als „Abwicklung von Herrschaftsverhältnissen" (Spehr 2003) beschrieben hat. Der Begriff der *Abwicklung* gibt der oben so schwammig umrissenen Ontologie strategisch dezentrierter postrevolutionärer Transformation einen Fokus:

> „Es reicht nicht aus, den ganzen Prozeß [des technokratischen Naturmanagements] für ‚etwas Gutes' einsetzen zu wollen.

Man muß ihn auseinandernehmen, abrüsten, abwickeln.
Man muß die Reichweite der Kombinationen zurückführen.
Man muß die Natur ent-managen: die Umwelt genauso wie
die eigene, die menschliche Natur." (Spehr 1996: 179)
Die technologisch aufgerüstete strategische Durchformung des
Sozialen mitsamt seinen Naturverhältnissen ist nicht durch groß
angelegte Gegenstrategien zu beenden, sondern nur durch praktische Taktiken, die dazu beitragen, die Strategien zu durchkreuzen,
die herrschaftlichen Technologien zu ent-mächtigen, indem sich
Menschen ihre Möglichkeiten und Handlungsräume selbst aneignen:

> „Als individuelle Orientierung heißt Abwicklung, unabhängiger zu werden. Sich im Zweifelsfall für Strategien zu entscheiden, die auf das setzen, was aus eigener Kraft oder direkter gemeinsamer Organisation mit anderen erreicht werden kann, anstatt auf die vagen Zukunftsversprechungen, die von der herrschenden Ordnung noch angeboten werden. Es ist nicht die Suche nach dem umfassend korrekten, ökologisch und subsistent einwandfreien Leben. Es ist die Suche nach mehr Unabhängigkeit, aber auch nach persönlicher ‚Abrüstung', nach weniger Zwang zur Selbstzurichtung." (ebd.: 226)

Damit stellt sich nicht so sehr die Frage des *„upscalings"* lokaler
Experimente (obwohl die im Einzelfall interessant sein mag) wie
vielmehr die des *„downscalings"* ökonomisch-politischer Prozesse,
um sie in für lokale Vergesellschaftungsformen handhab- und kontrollierbarer, also autonomiegewährender, konvivialer Form neu
zu konstituieren. Öffentliches Eigentum per se garantiert weder
emanzipatorische Qualität noch demokratische Kontrolle – erst
die Beherrschbarkeit durch basisdemokratisch organisierte Sozialzusammenhänge ermöglicht das. Das Ziel ist – wir reden hier, wie
im *Degrowth*-Diskurs überhaupt, zunächst über Gesellschaften des
Globalen Nordens – *„die Wirtschaft" zu schwächen*, ihre „Wettbe-

werbsfähigkeit" zu untergraben, den hoch vernetzten, material- und ressourcenintensiven, externalisatorischen und Autonomie verunmöglichenden „globalen Sektor" auszutrocknen. Das, was dann nicht mehr durch Ausbeutung anderer geleistet werden kann, gelte es selbst zu machen:

> „Anstatt die Gesellschaft kaputtzusparen, damit der globale Sektor optimale Standortvorteile genießt, soll der globale Sektor langfristig kaputtgespart werden – wovor niemand Angst zu haben braucht, wenn die Gesellschaft im gleichen Zug lernt, auf eigene Rechnung zu leben." (ebd.: 225)

Innerhalb des strategischen Revolutionsparadigmas hieß so was mal „Sabotage" – und doch ist es etwas ganz anderes, weil die Behinderung, Beschädigung der bestehenden Maschinerie der Herrschaft gleichsam Nebenprodukt der Emanzipation ist, Ergebnis davon, dass Menschen sich gemeinsam entschließen, etwas Anderes zu tun. Und dieses Andere ist gerade nicht der planvolle strategische Aufbau eines „Gegenmodells", das dann wieder nichts brächte, außer die Autonomie der einen den Zielen der anderen zu opfern.

Den Norden sabotiert, wer für ökonomisch ineffiziente, teure, aber sozial und ökologisch verträgliche Problemlösungen streitet: Straßenbahnen zum Nulltarif statt Verkehrsleitsysteme, so was in der Art. Den Norden sabotiert auch, wer übers Mittelmeer hierherkommt oder anderen, deren Länder durch die „Wettbewerbsfähigkeit" Europas zerstört worden sind, dabei hilft. Dass das die Stabilität der Verhältnisse hier gefährdet – das ist genau der Punkt. Mehr ist es erst mal nicht: Räume für autonomes Handeln neu öffnen, die bisher verschlossen sind, die allein vom Anspruch auf Gleichheit gesetzten Grenzen der eigenen Möglichkeiten anerkennen, und Sorge dafür tragen, dass Autonomie gegen strategisch-instrumentelle Bestrebungen verteidigt werden kann. Dies ist kein Rezept für das gute Leben – denn das lässt sich abstrakt nicht bestimmen –, es ist nur eines, um dafür notwendige Voraussetzungen zu schaffen:

> „Das Konzept der Abwicklung schafft nicht per se eine freie Gesellschaft. [...] Die Politik der Abwicklung ist nur dafür offen. Sie schafft einen Ausweg aus der sozial-ökologischen Krise, der ökologisch tragbar und emanzipatorisch fortschrittlich ist. Sie ist ein Rahmen für zukünftige Gesellschaftsgestaltung. Die heute herrschende Politik ist keiner mehr." (ebd.: 226)

Doch auch das will erkämpft sein. Auch nach dem Bruch mit dem Bruch muss um die Räume gekämpft werden, auf deren Boden dieser kollektive Neubestimmungsprozess stattfinden kann. Und je gewalttätiger die jeweiligen Verhältnisse sind, desto weniger wird sich in diesen Kämpfen auch vollständig auf – eingebettete, rückgebundene, immer sozial kontrollierbar zu haltende – *Strategie* verzichten lassen. Siehe Chiapas, siehe Rojava. Diese Situationen zugespitzter Kämpfe sind dennoch keine Revolutionen: Sie wollen kein Staatswesen errichten, nicht „die Maschine übernehmen" oder sie zerschlagen, sondern jenseits von ihr, unter Absehung von ihr, einen Raum eröffnen, in dem das gute Leben Gegenstand kollektiver, autonomer Aushandlung sein kann. Nicht nur in Kurdistan oder dem Nigerdelta, auch in Europa braucht es solche – hier zum Glück nicht im Ansatz auf ein ähnliches Maß von Gewalt angewiesenen – „postmodernen Aufstände":

> „Sie gestalten nicht Nischen, sondern wollen ein Gesamtprogramm stoppen. Sie predigen nicht die individuelle alternative Verrenkung, sondern schaffen eine Situation, die die Verrenkung überflüssig macht. Sie formulieren keine individuelle Lebenshilfe, sondern einen alternativen Entwicklungsweg für eine ganze Region einschließlich der dafür notwendigen Rahmenbedingungen. Regionen in diesem Sinne sind nicht isolierte Landstriche oder kleine alternative Flecken. Die kriti-

sche Größe liegt in der Größenordnung von Bundesländern oder Bundesstaaten." (ebd.: 231)

Das Letztgesagte ist ein Schlüssel: So verstanden liegen die wichtigsten Schauplätze postmoderner Aufstände in unseren Breiten vielleicht weniger auf den Straßen des Schanzenviertels als bei den – von der *Degrowth*-Bewegung aktiv unterstützten – Kämpfen gegen die Braunkohle im Rheinland und der Lausitz. Was würde für diese Regionen „regionale Autonomie" bedeuten? Vielleicht so was: Parallel zum Aufbau eines dichten Netzes lokal wirtschaftender Agrar- und Energiegenossenschaften, Handwerks- und Pflegekollektive, Food Coops usw. wäre gemäß eines Vorschlags aus der *Degrowth*-Debatte (Liegey u. a. 2014, vgl. auch grundauskommen. net) allen, die sich entschließen, hier ihren festen Wohnsitz zu nehmen, ein nicht monetarisiertes, garantiertes Grundauskommen an Notwendigkeiten des täglichen Bedarfs – Nahrung, Wohnung, Kleidung, Mobilität, Bildung, Gesundheitsleistungen, Wasser und Heizenergie in angemessener Menge, ein Anteil an einer Energiegenossenschaft … – als garantiertes *soziales Recht* zu gewähren (ebd.). Unter dieser Voraussetzung wären die Menschen – ohne existenziellen Druck und bei verminderter Statuskonkurrenz – in neuartiger Weise frei, sich einer oder mehreren der entstehenden Kooperationen der lokalen/regionalen Ökonomie anzuschließen, selbst eine zu gründen oder sich erst einmal ganz den eigenen persönlichen Interessen zu widmen. Wie alles, was mit Menschen zu tun hat, würde es ganz sicher nicht ohne erhebliche Probleme ablaufen – aber zumindest auf einer weit weniger zerstörerischen Basis, und die Menschen wären imstande, diese Probleme autonom miteinander zu bearbeiten. So etwas wäre doch mal ein Anfang.

Literatur:

Adler, Frank (2016): Transformation zur Postwachstumsgesellschaft – ja, aber wie und wer?, kommentiert von Stefanie Graefe, Working Paper, Jena: Kolleg Postwachstumsgesellschaften.

Arendt, Hannah (1963): Über die Revolution, München: Piper.

Bataille, Georges (1985): Die Aufhebung der Ökonomie, München: Matthes & Seitz.

Brand, Ulrich (2016): „How to get out of the multiple crisis? Contours of a critical theory of social-ecological transformation", Environmental Values 25(5), 503–525.

Brand, Ulrich/Wissen, Markus (2017): Imperiale Lebensweise: Zur Ausbeutung von Mensch und Natur in Zeiten des globalen Kapitalismus, München: oekom.

Brie, Michael (Hrsg.) (2015): Lasst uns über Alternativen reden, Hamburg: VSA.

Brückner, Peter (1982): Psychologie und Geschichte: Vorlesungen im „Club Voltaire" 1980/81, Berlin: Wagenbach.

D'Alisa, Giacomo/Demaria, Federico/Kallis, Giorgos (Hrsg.) (2016): Degrowth: Handbuch für eine neue Ära, München: oekom.

Ellul, Jacques (1978): The Betrayal of the West, New York: Seabury Press.

Eversberg, Dennis (2014): Dividuell aktiviert. Wie Arbeitsmarktpolitik Subjektivitäten produziert, Frankfurt/M. [u. a.]: Campus.

Eversberg, Denis (2016): „Wachstumskritik als freiwillige Selbstreorganisierung: Versuch, uns und anderen die Degrowth-Bewegung zu erklären", Psychosozial 39/I, S. 81–98.

Eversberg, Dennis/Schmelzer, Matthias (2016): „Über die Selbstproblematisierung zur Kapitalismuskritik: vier Thesen zur enstehenden Degrowth-Bewegung", Forschungsjournal Soziale Bewegungen 29/1, S. 9–17.

Eversberg, Dennis (2017): „Mehr als Weniger: Erste Überlegungen zur Frage nach dem Postwachstumssubjekt", Psychosozial 148, S. 83–100.

Georgescu-Roegen, Nicholas (1971): The entropy law and the economic process, Cambridge, Mass.: Harvard University Press.

Holloway, John (2002): Die Welt verändern, ohne die Macht zu übernehmen, Münster: Westfälisches Dampfboot.

Hopkins, Rob (2009): The Transition Handbook: From Oil Dependency to local Resilience, White River Junction: Chelsea Green.

Illich, Ivan (1998): Selbstbegrenzung. Eine politische Kritik der Technik, München: C.H. Beck.

Lessenich, Stephan (2016): Neben uns die Sintflut: Die Externalisierungsgesellschaft und ihr Preis, München: Hanser Berlin.

Liegey, Vincent/Madelaine, Stéphane/Ondet, Christophe/Veillot, Anne-Isabelle (2014): Un projet de décroissance: manifeste pour une dotation inconditionnelle d'autonomie (DIA), Montréal: Les Éditions Écosociété.

Mason, Paul (2016): Postkapitalismus: Grundrisse einer kommenden Ökonomie, Berlin: Suhrkamp.

Osterhammel, Jürgen (2009): Die Verwandlung der Welt. Eine Geschichte des 19. Jahrhunderts, München: C.H. Beck.

Rendueles, César (2015): Soziophobie: politischer Wandel im Zeitalter der digitalen Utopie, Berlin: Suhrkamp.

Samerski, Silja (i. E.): „Tools for degrowth? Ivan Illich's critique of technology revisited", Journal of Cleaner Production.

Spehr, Christoph (1996): Die Ökofalle. Nachhaltigkeit und Krise, Wien: Promedia.

Spehr, Christoph (2003): Gleicher als andere: Eine Grundlegung der freien Kooperation, Berlin: Dietz.

Wright, Erik Olin (2017): Reale Utopien: Wege aus dem Kapitalismus, Berlin: Suhrkamp.

Autor_innen und Herausgeber

Martin Birkner ist politischer Theoretiker in Wien und im Südburgenland. Er ist Redakteur bei mosaik-blog.at, schreibt regelmäßig in unterschiedlichen linken Zeitschriften und leitet die Edition *kritik & utopie*. Buchveröffentlichungen: *Lob des Kommunismus 2.0* (Wien 2014), *(Post)Operaismus. Von der Arbeiterautonomie zur Multitude* (gemeinsam mit Robert Foltin) (2. Auflage, Münster 2010).

Ulrich Brand, Professor für Internationale Politik an der Universität Wien, Mitglied der Redaktion mosaik-blog.at und im Institut Solidarische Moderne, Mitherausgeber der *Blätter für deutsche und internationale Politik*. Jüngste Buchveröffentlichungen: *Imperiale Lebensweise. Zur Ausbeutung von Mensch und Natur im globalen Kapitalismus* (gemeinsam mit Markus Wissen, München 2017), *Lateinamerikas Linke. Ende des progressiven Zyklus?* (Hamburg 2016), *Globalisierung analysieren, kritisieren und verändern. Das Projekt kritische Wissenschaft* (herausgegeben gemeinsam mit Helen Schwenken und Joscha Wullweber, Hamburg 2016).

Rita Casale lehrt seit 2009 Bildungsphilosophie und Bildungsgeschichte an der Bergischen Universität Wuppertal. Autorin des Buches *Heideggers Nietzsche. Geschichte einer Obsession* (2010), hat sie verschiedene Bände zu pädagogischer Historiographie, zu feministischer Theorie und Geschichte herausgegeben und zahlreiche Beiträge zum politischen und pädagogischen Denken in der Moderne sowie zur zeitgenössischen Philosophie (Phänomenologie und Poststrukturalismus) verfasst. Zurzeit arbeitet sie an einem Buch zum Thema Bildung des Gemeinsamen.

Dennis Eversberg ist Soziologe und wissenschaftlicher Mitarbeiter in der DFG-Kollegforscher:innengruppe „Postwachstumsgesellschaften" an der Friedrich-Schiller-Universität Jena. Er promovierte 2013 mit einer Arbeit über die dividualisierende Dynamik aktivierender Arbeitsmarktpolitik (*Dividuell aktiviert. Wie Arbeitsmarktpolitik Subjektivitäten produziert,* Campus 2014). Derzeit arbeitet er unter anderem zur Soziologie der Degrowth-Bewegung, zu Wachstums- und Postwachstumssubjektivitäten sowie zu den Grenzen gesellschaftlicher Komplexitätssteigerung.

Silvia Federici, emeritierte Professorin für politische Philosophie und internationale Politik an der Hofstra University im Bundesstaat New York, ist seit vielen Jahren als politische Aktivistin tätig. Sie ist unter anderem Autorin von *Revolution at Point Zero* (2012) sowie Mitherausgeberin von *A Thousand Flowers: Social Struggles Against Structural Adjustment in African Universities* (2000). Bei mandelbaum *kritik* & *utopie* erscheint im Herbst 2017 *Caliban und die Hexe. Frauen, der Körper und die ursprüngliche Akkumulation* in vierter Auflage.

Claire Fontaine ist eine kollektive Konzeptkünstlerin aus Paris, die im Jahr 2004 erschaffen wurde. Sie arbeitet mit Neon, Malerei, Skulptur, bewegten Bildern und Text. Einzelausstellungen in jüngerer Zeit: *The Crack-Up,* 2017, Neuer Berliner Kunstverein, Berlin; Museo Canonica, 2016, Rome; *Tears,* 2013, The Jewish Museum, New York; *Redemptions*, 2013, Wattis Institute for Contemporary Arts, San Francisco; *M-A-C-C-H-I-N-A-Z-I-O-N-I*, 2012, Museion, Bolzano. Unter dem Titel *Foreigners Everywhere* publizierten Koenig Books 2012 eine Monographie ihrer Arbeiten; eine Anthologie ihrer Schriften publizierte Mute 2013 unter dem Titel *The Human Strike Has Already Begun & Other Essays*.

Michael Hardt unterrichtet an der Duke University. Er ist mit Antonio Negri Koautor mehrerer Bücher, zuletzt *Assembly* (2017), und Herausgeber der Zeitschrift *The South Atlantic Quarterly*. Gemeinsam mit Sandro Mezzadra leitet er das *Social Movements Lab*.

Isabell Lorey ist politische Theoretikerin am European Institute for Progressive Cultural Policies (eipcp) und Mitherausgeberin der Publikationsplattform transversal (transversal.at). Sie ist Professorin für Transnationale Geschlechterpolitik am Institut für Politikwissenschaft der Universität Kassel. Buchveröffentlichungen unter anderem: *Figuren des Immunen* (2011); *Die Regierung der Prekären* (2012; in Englisch 2015, Spanisch, Holländisch, Türkisch 2016); *Immer Ärger mit dem Subjekt* (mit neuem Vorwort 2017; in Spanisch 2017). Mit anderen zusammen: *Kognitiver Kapitalismus* (2012); *Inventionen 1* (2011); *Inventionen 2* (2012); *Foucaults Gegenwart* (2016). Lorey lebt in Berlin.

Sandro Mezzadra unterrichtet an der Universität Bologna und ist zurzeit Gastprofessor an der *New School for Social Research*, New York. Gemeinsam mit Brett Neilson ist er der Autor von *Border as method, or, the multiplication of labor* (2013). Mit Mario Neumann veröffentlichte er soeben *Jenseits von Interesse und Identität* (2017). Er ist einer der Gründer des Projekts euronomade.info und gemeinsam mit Michael Hardt Direktor des *Social Movements Lab*.

Gerald Raunig arbeitet am eipcp (European Institute for Progressive Cultural Policies), unter anderem in der Redaktion der multilingualen Publikationsplattform transversal texts sowie als Professor für Philosophie an der Zürcher Hochschule der Künste. Seine Bücher sind ins Englische, Serbische, Spanische, Slowenische, Russische, Italienische, Holländische und Türkische übersetzt.

Neuere Buchveröffentlichungen in deutscher Sprache: *Kunst und Revolution. Künstlerischer Aktivismus im langen 20. Jahrhundert*, Wien: Turia+Kant 2005; *Tausend Maschinen. Eine kleine Philosophie der Maschine als sozialer Bewegung*, Wien: Turia+Kant 2008; *Instituierende Praxen. Bruchlinien der Institutionskritik*, Wien: Turia+Kant 2008 (gemeinsam mit Stefan Nowotny, Neuauflage Wien: transversal texts 2016); *Fabriken des Wissens. Streifen und Glätten 1*, Zürich: diaphanes 2012; *Industrien der Kreativität. Streifen und Glätten 2*, Zürich: diaphanes 2012; *DIVIDUUM. Maschinischer Kapitalismus und molekulare Revolution*, Band 1, Wien: transversal texts 2015.

Karl Reitter ist in Wien geboren und kann sich nicht vorstellen, woanders zu leben. 2011 Habilitation für das Fach Philosophie an der Universität Klagenfurt zum Thema *Selbstbestimmung und Tätigkeitsvermögen. Zu den Grundlagen der Ethik bei Marx und Spinoza*. Über fünfundzwanzig Jahre Lehrtätigkeit an der Universität Wien und Klagenfurt. Zahlreiche Publikationen mit dem Schwerpunkt Marxismus und bedingungsloses, garantiertes Grundeinkommen. Mitbegründer der inzwischen eingestellten Zeitschrift *grundrisse*, seit 2015 Redakteur der *Volksstimme*.

Thomas Seibert ist Philosoph, Autor und politischer Aktivist und lebt in Frankfurt. Er ist Mitarbeiter von medico international, Vorstandssprecher des Instituts Solidarische Moderne und Mitglied im wissenschaftlichen Beirat der Rosa Luxemburg Stiftung, des Democracy in Europe Movement 2025 und der Interventionistischen Linken. Zuletzt erschienen von ihm *Krise und Ereignis. 27 Thesen zum Kommunismus* (Hamburg 2009); *alle zusammen. jede für sich. die demokratie der plätze* (Hamburg 2012, gemeinsam mit Michael Jäger) und *Zur Ökologie der Existenz. Freiheit, Gleichheit, Umwelt* (Hamburg 2015).

Gerold Wallner, geboren am 25. April 1953, wohnhaft in Wien. Beschäftigung mit kultur-, kunst- und gesellschaftskritischen Themen, fallweise Veröffentlichungen dazu. Literarische Hervorbringen und Lesungen. www.gerold-wallner.info.

mandelbaum *kritik & utopie*

Bisherige Entwürfe gesellschaftlicher Befreiung werden bewertet und es wird gefragt, was aus vergangenen antikapitalistischen Bestrebungen für die Gegenwart gelernt werden kann.

Max Henninger
ARMUT, ARBEIT, ENTWICKLUNG
Politische Texte
292 Seiten, Euro 16,-

Noll zeichnet zum einen die sozialen und politischen Rahmenbedingungen der Entstehungsepoche nach, andererseits analysiert er den Bedeutungsgehalt sowie die Grenzen des Lockes'schen Entwurfes.

Alfred Noll
JOHN LOCKE UND DAS EIGENTUM
Eine Einführung in den Second Treatise of Government und seine ‚great foundation of property'
346 Seiten, Euro 18,-

Unter Rückgriff auf Michel Foucault unterzieht Angelika Grubner die Psychotherapie einer machttheoretischen Prüfung und zeigt ihre enge Verstrickung mit dem Neoliberalismus auf.

Angelika Grubner
DIE MACHT DER PSYCHOTHERAPIE IM NEOLIBERALISMUS
Eine Streitschrift
386 Seiten, Euro 20,-

www.kritikundutopie.net

mandelbaum *kritik* & *utopie*

Andrej Holm spricht ausführlich über die DDR, Herkunft und Jugend, seine Hausbesetzerzeit und die U-Haft unter Terrorverdacht, Bewegungserfahrung und Regierungsverantwortung.

Kommen. Gehen. Bleiben
ANDREJ HOLM IM GESPRÄCH
mit Samuel Stuhlpfarrer
256 Seiten, Euro 16,–

Die Biografie von Emmy und Roman Rosdolsky gewährt Einblicke in die Linke im Wien der Zwischenkriegszeit und stellt maßgebliche Beiträge zu marxistischer Theorie und Widerstand gegen den Faschismus vor.

Rosdolsky-Kreis
MIT PERMANENTEN GRÜSSEN
Leben und Werk von Emmy und Roman Rosdolsky
456 Seiten, Euro 22,–

Der Band enthält Texte zur Geschichte der Ideologie, zur Kritik des Rassismus und Antisemitismus, zur literarischen Inszenierung ideologischer Konflikte und zur Kunstproduktion.

Jost Müller
IDEOLOGISCHE FORMEN
Texte zu Ideologietheorie, Rassismus, Kultur
204 Seiten, Euro 16,–

www.kritikundutopie.net